陪孩子度过青春期

杜启龙　柳学方　著

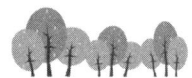

中国铁道出版社有限公司
CHINA RAILWAY PUBLISHING HOUSE CO., LTD.

图书在版编目（CIP）数据

陪孩子度过青春期：全新升级版 / 杜启龙，柳学方著 . —北京：中国铁道出版社有限公司，2023.10
ISBN 978-7-113-30229-0

Ⅰ. ①陪⋯ Ⅱ. ①杜⋯ ②柳⋯ Ⅲ. ①青春期－家庭教育 Ⅳ. ①G78

中国国家版本馆 CIP 数据核字（2023）第 083073 号

书　　名：陪孩子度过青春期
PEI HAIZI DUGUO QINGCHUNQI

作　　者：杜启龙　柳学方

责任编辑：孟智纯	编辑部电话：（010）51873064
装帧设计：闰江文化	
责任校对：苗　丹	
责任印制：赵星辰	

出版发行：中国铁道出版社有限公司（100054，北京市西城区右安门西街 8 号）
印　　刷：河北宝昌佳彩印刷有限公司
版　　次：2023 年 10 月第 1 版　2023 年 10 月第 1 次印刷
开　　本：710 mm×1000 mm　1/16　印张：18　字数：260 千
书　　号：ISBN 978-7-113-30229-0
定　　价：68.00 元

版权所有　侵权必究

凡购买铁道版图书，如有印制质量问题，请与本社读者服务部联系调换。电话：（010）51873174
打击盗版举报电话：（010）63549461

前言

不知从什么时候起,父母发现孩子的日记不再像以前那样随便放在桌上,竟然偷偷地锁进了抽屉里,面对父母的目光时还惊慌失措地东掩西藏;不知从什么时候起,父母发现孩子对自己不再言听计从,甚至表现出不耐烦的反抗。似乎也是在一夜之间,父母发现孩子的个子突然长高了,声音也变了,在父母面前,他们不再是以前的乖宝宝,对父母的思想、言辞开始流露出不屑的神情,甚至还会与父母激烈地争论……

父母慌了,孩子这是怎么了?

很多孩子面对突如其来的变化也开始手足无措:我怎么变样子了,声音怎么这么难听……不知从什么时候起,他们开始对异性表现出强烈的好奇,他们努力压抑自己,怕别人说自己是"好色之徒",这种心理却如身边的空气挥之不去。面对不约而至的遗精或初潮,他(她)们更是无所适从,手忙脚乱……

孩子们慌了,我这是怎么了?

其实,这是孩子的青春期来了。

青春期是孩子走向成熟的门槛,是从儿童、少年到成人的必经之路。跨入青春期的大门,意味着孩子开始步入人生最美丽的春天。青春期是挂满露珠的花蕾,有几许清纯几许羞涩;青春期是试翼的雏燕,有几许憧憬几许胆怯；青春期更是通往美好未来的关键期，有几许美丽几许风险。在这条路上，既有明媚的阳光，也有灰暗的阴霾；既有绽放的鲜花，也有暗藏的荆棘……有的孩子在青春期发现了无数的美丽，从此踏上健康成长之路；也有太多孩子在这段时期因迷失方向而误入歧途，最后悔恨终生。如何让孩子走好这段人生的必经之路，已成为无法回避的问题。

本书以众多孩子为主人公，讲述了一系列青春期成长故事，通过一个个鲜活的事例，剖析青少年成长的秘密。这是一本每个青春期孩子及其父母不可或缺的宝典，也是每个父母送给青春期孩子最好的礼物。

通过阅读本书，父母能够知道如何用生动活泼、浅显易懂的语言，给孩子讲述有关青春期的知识，为所有懵懂的孩子解答关于身体和心理的种种疑问；还能教会孩子如何关心、照顾、保护自己，如何处理自己与他人之间的关系，如何更好地学习，如何培养自己的优良品格等。

通过阅读本书，相信父母们不再为自己那个处于青春期"目无王法"的孩子而感到束手无策了；而处于青春期的孩子们，也会发现青春期不再令自己难堪、羞涩和困惑，而是充满了成长的快乐。

青春是美好的，喜怒哀乐都充满了动人的色彩。在你哭泣时，本书愿成为一块手帕，轻轻拭去你脸上的泪花；当你喜悦时，本书愿成为一捧鲜花，装点你的美丽。

把青春期孩子的"危险期"变成"机遇期"，把青春期孩子的"爆发期"变成"创造期"，让孩子对青春期不再恐慌，真切享受青春期快乐美好的时光。这就是我写这本书的真正目的。

杜启龙

2023年7月1日

第一章 千万次地问——孩子这是怎么了 … 001

- 引言：从乖乖女到叛逆儿 … 002
- 青春期究竟是什么 … 004
- 青春期的男孩和女孩 … 007
- 青春期男孩和女孩的区别 … 010
- 青春期生理变化的因素 … 012
- 揭开青春期的盖头 … 014
- 青春期，孩子学习能力的爆发期 … 017
- 青春期，孩子心灵脱胎换骨的转型期 … 019
- 青春期，孩子的心理断乳期 … 022
- 青春期的忧伤向谁诉 … 024
- 青春期的孩子更需要父母的爱 … 034

第二章 孩子的心思你别猜——走出教育误区 … 039

- 引言：爱为何却成了伤害 … 040
- 本能的爱不一定对孩子的成长都有利 … 041
- 家长的心态出了问题 … 043
- 误区一：生活上无微不至的照顾就是爱 … 045
- 误区二：考上大学才是成功的教育 … 057

3

- 误区三：我的孩子我做主 … 062
- 误区四：给孩子讲道理就是教育 … 069

第三章 让我轻轻地靠近你——走进孩子的内心并不难 … 077

- 引言：永远的朋友，永远的父母 … 078
- 父母角色的演变 … 080
- 了解孩子是教育孩子的前提 … 082
- 做孩子的良师益友 … 084
- 一样的孩子，不一样的父母 … 086
- 你的孩子孤独吗 … 088
- 引导孩子学会掌控自己的情绪 … 090
- 揭秘青春期孩子的困惑 … 092
- 叛逆期离不开父母的陪伴 … 094

第四章 孩子也是人——尊重让你如此美丽 … 97

- 引言：给孩子自己的空间 … 98
- 让孩子感受到家长的尊重 … 102
- 帮孩子心理断乳 … 104
- 孩子的日记要不要看 … 107
- 做孩子心灵的捕手 … 110
- 尊重孩子的"知情权" … 115

第五章 是小鸟就让它飞翔——给孩子更广阔的自由空间 … 117

- 引言：走出"包办"的误区 … 118
- 兴趣越广，天地越宽 … 120
- 鼓励孩子与人交往 … 126
- 鼓励孩子"自作主张" … 130
- 不是代替而是去发现 … 135

第六章 把耳朵送给他——学会倾听孩子的心声 … 139

- 引言：倾听的魅力 … 140
- 倾听是和孩子有效沟通的前提 … 141
- 主动向孩子倾诉感受 … 146
- 重视孩子的感受，让孩子侃侃而谈 … 148
- 注意孩子的体态语言 … 150
- 要多学习，了解孩子各种下意识的行为所包含的意思 … 153
- 读懂孩子的眼神 … 154
- 听懂孩子的"弦外之音" … 158
- 把话语权给孩子 … 160
- 成为孩子的倾诉对象 … 164

第七章 润物细无声——孩子需要这样的话 … 167

- 引言：父母只需变换一下说话方式 … 168
- 赏识的言语让孩子乐意与父母沟通 … 170
- 真实具体的肯定最有效 … 172
- 用肯定和赏识替代否定和贬斥 … 175
- 别让孩子走向自负的极端 … 178
- 学会向孩子道歉 … 181
- 给批评留点儿位置 … 183

第八章 爱就要说出口——正确解决孩子出现的问题 … 189

- 引言：父亲的遗嘱 … 190
- 如何帮助网络成瘾的孩子 … 192
- 正视孩子的逃学行为 … 195
- 正确对待孩子的早恋问题 … 197

- 别让孩子跨过爱的禁区 … 202
- 性教育，说出来怎么就那么难 … 203
- 离家出走，家里的世界很无奈 … 208
- 让孩子走出抑郁的阴影 … 213
- 向校园欺凌说"不" … 215

第九章　我用自己的方式爱你——教育离不开科学的惩罚 … 221

- 引言：孩子，我为什么打你 … 222
- 没有规矩，不成方圆 … 224
- 父母关于惩罚的观点要一致 … 229
- 规矩要严格，但是要公平 … 231
- 让孩子品尝一下"苦果" … 235
- 让愤怒拐个弯 … 239
- 让孩子学会自我反省 … 243
- 监督比惩罚更重要 … 245

第十章　有爱就有一切——让孩子在关爱中幸福成长 … 247

- 引言：让孩子学会看病 … 248
- 不要因为工作将孩子遗忘 … 250
- 从孩子的角度想问题 … 252
- 引导孩子参与聊天 … 255
- 用温和的态度对待孩子 … 259
- 把"下命令"变成"提建议" … 261
- 父母应适当反省自己的言行 … 264
- 父母切莫被手机"绑架" … 267
- "自我牺牲"式的教育不可取 … 270
- 好孩子也会犯错误 … 274

第一章

千万次地问
——孩子这是怎么了

青春期是人生的花季,姹紫嫣红,五彩缤纷;青春期又是人生的雨季,雨打芭蕉,风雨飘摇。在这个从青少年到成年过渡的关键期,孩子突变的身体、旺盛的求知欲、充沛的精力及不可思议的叛逆,给父母带来的是各种各样的担忧,那个天真可爱的孩子哪里去了?而羽翼初长成的懵懂少年,一方面为自己的成长兴奋,另一方面又对身体和心理的变化充满了各种各样的迷惑。面对这美好而迷惑的时代,父母和孩子都不禁要问:这是怎么了?

引言：从乖乖女到叛逆儿

小淼从小就是个人见人爱的乖乖女。在学校她是出类拔萃的优等生，在家里她对父母言听计从，且聪明乖巧，就像一个美丽的小天使。父母对其更是疼爱有加，在教育方面也投入了大量的财力、精力。小淼也很争气，不仅学习好，课余还学习了绘画、钢琴和舞蹈，而且都学得不错。从小学到初中，小淼一直是三好学生、班干部。有这么一个漂亮、有礼貌、有气质又聪明的女儿，小淼的父母觉得很骄傲，周围的人也很羡慕他们有这么一个乖女儿。

可是，小淼到了上初二的时候，忽然变得让她的父母招架不住了。

一天，小淼的母亲在整理小淼的书包时，发现了几张折成心形的纸条，打开一看，纸上写着"小淼，我好喜欢你，我们交朋友好吗？""小淼，我在等着你的答复"……署名都是"阳"。小淼的母亲看到这里，不由得浑身发抖：难道女儿早恋了？心急火燎的母亲急忙打电话告诉父亲，两人一商量，决定晚上好好"审问"自己的女儿。

晚上，父母把小淼叫到身边，拿出纸条准备问女儿，小淼却生气地一把夺过纸条，高声说："你们怎么偷看我的东西？"小淼的父母都愣住了，好一会儿才回过神来，向来温顺的女儿怎么变得如此无理？那天的事最后不了了之，小淼只是说，那个男同学喜欢她，可她又没理他，让他们别大惊小怪。

但小森的父母并没有不当回事，他们觉得小森的反应这么激烈，一定有事。于是，从那时起，母亲开始每天接小森回家。

日子平静地过去了两个月。一天，小森的母亲在学校没有接到小森，晚上6点多小森才回家。着急的父母追问女儿的去向，哪知小森说："你们烦死了，我自己去新华书店买书了！"父母觉得女儿越来越不像话，这么不尊重父母，一定在撒谎！

于是，父母开始逼问女儿，可是小森就是不合作。终于，当小森说出"烦死了，我又没做什么，你们有病呀！"这句话时，从来没有打过孩子的父亲在伤心、气愤、着急之下动了手。一记响亮的耳光，让争吵戛然而止，女儿哭着跑进自己的房间，重重地关上了房门……

这一次冲突后，父母觉得小森的心门也对他们关上了。在父母面前，小森要么沉默寡言，要么恶言相对。小森就像变了一个人似的，变得他们都不认识了。

小森拒绝母亲去学校接她，并威胁说："你要是去接我，我就不回来。"

有时，她会很晚回家，回家后只说："我去同学家了。"

有时，她会在网上和同学聊天，一直聊到凌晨一两点。

星期天，她说和同学去杭州，结果夜不归宿。

她开始出入游戏房、KTV，开始向父母要更多的零用钱。她的成绩开始下降。

小森的变化让父母痛心不已又束手无策——乖孩子为什么会变成叛逆儿？

当看到小森的故事时，你是否会发现小森的情况怎么这么熟悉呢，她的改变仿佛就发生在身边似的。是啊，小森的例子比较w普遍了。随着孩子一天天长大，很多家长会发现，突然某一天，原来的乖孩子变得叛逆了，不仅不再听父母的话，父母让她向东她偏要向西，而且还时不时地顶撞父母。这让家长们很不理解，自己所做的一切都是为孩子好，而孩子则老把他们当敌人。乖孩子为什么会变成叛逆儿？这是很多父母百思不得其解的问题，而且家长们还担心，这样下去孩子会不会走向他们无法掌控的方向。

何止是父母呢，孩子们也有了很多的烦恼，他们开始望着天空发呆，对着日记流泪……他们也开始思索：无忧无虑的日子怎么一去不复返了呢？这究竟是因为什么呢？

这，是孩子的青春期来了。

那么何为青春期呢？下面，咱们就一同走进这个人生中美丽而迷惑的时期……

青春期究竟是什么

请看一位母亲的日记：

儿子到了初二后有一年左右的时间，明显感觉身体发生莫名其妙的变化。那天早晨，他起床特早，起来后就到卫生间拧开水管哗哗地洗衣服。我很纳闷，就装着去洗手到了他身边，看到他正拿着自己的内裤，用肥皂使劲地搓啊搓。他看到我，脸一下红了。

他去上学了，我翻开他的被窝，果然不出我所料，褥子上有很多白色的斑点。我知道，这是儿子遗精了。

儿子与其他孩子一样，从"活泼开朗"到"人前腼腆"，产生了不安和羞涩心理，他表现出对异性的疏远。有一天，他重感冒没上学，晚上要去一个住得不远的女生家问作业，还让我陪他。我知道，长期下去他会缺少单独面对异性的勇气，会让他产生异性交往恐惧。我鼓励他参加学校足球队，让班上男生经常来找他一起踢球。有一天，他说到下午好多女生为他加油、喝彩的情景，说得兴奋不已。他说："妈，长大了真好！"我一直以来不动声色的紧张心情终于松弛下来。

此后，我发现儿子渴望与异性交往，他内心出现了一种新的神秘，叫异性的感情引力吧。来我家玩的男生，都说我儿子现在很积极，乐于助人，特别喜欢帮助女生。有一回下雨，我去给儿子送雨伞。回来的路上，他突然对我说："前面那个女生漂亮吧？她成绩也好。"儿子开始对异性表现出较大的兴趣……

从这位母亲的日记中可以看出，儿子的青春期来了。

青春期是指青少年生理发育和心理发展急剧变化的时期，是童年向成年过渡的时期，是生长发育的高峰期，也是心理发展的重大转折期。

在我国，一般把12～18岁这一年龄段看作青春期，这是人体生长发育的第二个高峰。这个时候的孩子生理上发生巨大变化，身高、体重迅速增长，各脏器如心、肺、肝脏功能日趋成熟，各项指标达到或接近成人标准。一般情况下，女孩青春期要早于男孩一年左右，从乳房开始发育到月经初潮，需2～3年，继而长出腋毛、阴毛，骨盆变大，全身皮下脂肪增多（尤其是胸部、肩部等），形成女性丰满的体态。男孩长出胡须，喉结突出，声音低沉，肌肉骨骼发育坚实，形成男性的魁伟体格。伴随着青春期的性发育，青少年的性心理发展也发生了质的飞跃。具体来说，青春期有以下特点：

💡 青春期是一个过渡时期

青春期是个体由儿童向成年人过渡的时期。通常人们把青春期与儿童期加以明显区分，区分的界限是性的成熟。对于男性来说，性成熟的标志是遗精（通常在夜间睡眠时遗精）；女性是初潮，即第一次来月经。以性成熟为核心的生理方面的发展，使少年有了与儿童明显不同的社会、心理特征。他们逐渐有了一定的判断力，并开始自己决定某些活动如何进行；对自己的行为，尤其是部分犯罪行为要负一定的刑事责任。但青少年也不同于成人；他们虽有一定的独立性，但还没有完全独立，在许多方面，尤其是在日常生活方面还要依赖父母；他们还没有成为有完全行为能力的人，并不对自己的所有行为都要负完全责任。由此可见，这种介于儿童和成人过渡阶段的地位，使得青少年成为社会学上所说的"边缘人"，这些都使他们产生了许多特殊的心理卫生问题。

💡 青春期是一个发展时期

青春期是人的身体发育完成的时期。研究表明，在人的一生中，身体生长迅速、身体发育发生最显著变化的阶段有两个，一个是在产前期与出生后的最初半年，另一个则是青春期。青春期的快速生长发育，被称为青春期急速成长现象。事实上，这种现象开始于性成熟之前或与性成熟同时开始，终止于性成熟后的半年到一年。男性的急速成长从 10.5～14.5 岁开始，在 14.5～15.5 岁达到顶峰期，此后逐渐减慢，到 18 岁左右时身高便达到充分发育水平，体重、肌肉力量、肩宽、骨盆宽等也都得到增加。与此同时，性机能和第二性征也发育成熟。女性在出现月经及第二性征这些外部变化的同时，生殖器官也逐渐成熟，外阴开始出现阴毛，阴道内分泌物开始增多，子宫发育变大，卵巢皮质中的卵泡开始有了不同阶段的发育变化。一切都表明已开始向性成熟期过渡。由于身体及性的发育，对青少年的心理特征及社会生活产生了重大的影响，由此也产生了一系列的心理卫生问题。

💡 青春期是一个变化时期

青春期是青少年身心变化最为迅速而明显的时期。在这个时期，青少年的身体、外貌、行为模式、自我意识、交往与情绪特点、人生观等，都脱离了儿童的特征而逐渐成熟起来，更为接近成人。这些迅速的变化，会使青少年产生困扰、自卑、不安、焦虑等心理卫生问题，甚至产生不良行为。在这个时期里，从儿童向成人发展是可预测的，但是在发展过程中会出现什么情况或问题则不可预测。

🎈 青春期是一个反抗时期

由于身心的逐渐发展和成熟，个人在这个时期往往对生活采取消极反抗的态度，否定以前发展起来的一些良好本质。这种反抗倾向，会引起少年对父母、学校及社会生活的其他要求、规范的抗拒态度和行为，从而引起一些不利于他们适应社会的心理卫生问题。

🎈 青春期是一个负重时期

从他们所要应付的各种问题来看，青春期也是一个负担很重的时期。青春期是过渡时期，少年要逐渐担负一部分由成人担负的工作，环境可能会不断把一些由成人来办理的事项交给他们去办理，加重了他们的负担，但这些负担是他们走向成熟所不可缺少的。他们要应付由于身高、体重、肌肉力量等的发育成熟，特别是性的发育成熟所引起的各种变化及问题，心理压力相对增大过速。他们必须抛弃各种孩子气、幼稚的思想观念和行为模式。少年在应付自己的反抗倾向的同时，还要极力维持和保护个人与社会的正常关系。此外，异性兴趣、异性交往、繁重的学习任务等也会给他们的身心造成极大的负担，有时候还可能成为主要矛盾。

青春期的男孩和女孩

张珊珊和李玉龙是同桌。最近，张珊珊发现李玉龙的嘴巴边开始长出很多绒毛，她想，这就是传说中男人的胡子吧。不仅如此，李玉龙说话的声音开始变得浑厚了，并且在说话时脖子上有个疙瘩在动。而这些，自己却没有。这是为什么呢?

张珊珊的这些发现反映了青春期男孩和女孩的不同。在这个时期,男女性别特征逐渐凸显,也就是说他(她)们就要成为真正的男人和女人了。那么,青春期的男孩和女孩究竟还有哪些不同呢?

男孩、女孩进入青春期后,在神经内分泌的调节下,身体迅速生长,出现了人体生长发育的第二个突增阶段(第一个突增阶段在婴儿期)。随着生殖系统的发育和第二性征的出现,男女身体形态发生了显著的变化,最后形成了真正的两性分化。青春期生长突增在起止的早晚、身体部位上等都显示着明显的性别差异。突增开始的年龄,女孩为8~9岁,男孩为10~11岁,男孩一般比女孩晚两年。最后形成成年男子身材较高、肩部较宽、肌肉发达,而成年女子则身材较矮、骨盆较宽、体脂丰满的不同体态特点。

反映青春期形态发育特点和规律,一般常用人体测量的方法,通过人体长度、宽度、围度、重量等常用指标的改变加以说明。

(1)身高。身高生长突增的出现是男孩、女孩进入青春期的信号。青春期男孩身高每年可增长7~9厘米,最多可达10~12厘米,整个青春期平均增长28厘米;青春期女孩身高每年可增长5~7厘米,最多可达9~10厘米,整个青春期平均增长25厘米。由于男孩青春期开始发育的年龄比女孩晚,骨骼停止生长的时间也相应晚些,加之男孩突增幅度大,持续时间长,故到成年时男性的平均身高一般比女性高10厘米左右。

(2)体重。体重容易受环境因素的影响,因此体重的变化非常大,主要反映骨骼、肌肉、脂肪组织和内脏器官在量上的变化,所以,即使在青春期后仍可继续增长。体重表示身体的总重量,包括骨骼、肌肉、脂肪、内脏器官等。女孩随年龄的增长,脂肪一直在增加,青春期达到脂肪积累高峰,成熟时是男孩的2倍。男孩随年龄的增长,肌肉一直在发育,到30岁时达到高峰,成熟时是女孩的1.5倍。

（3）瘦体重与体脂肪。瘦体重又称去脂体重，包括全身的骨骼、肌肉和各种内脏器官，以及神经、血管等，又称为代谢活泼组织。体脂肪通常指全身所有的脂肪组织，但大部分储存在皮下组织里，又称为代谢不活泼组织。二者之和即为人体的体重。女孩体脂肪含量高是正常的生理现象，女孩过分担心自己患了"肥胖症"是没有必要的。有些十六七岁的女孩，不懂得这些生理变化，缺乏必要的卫生知识，错误地认为越瘦越好，唯恐自己发胖而极力节食，导致生理功能失调，即神经性厌食，严重影响正常的发育，应引起大家的重视。男孩和女孩由于瘦体重与体脂肪含量不同，而出现男孩肌肉发达、肩部较宽、胸围较大的健壮体型，而女孩则形成体脂肪含量高、骨盆较宽、肩部较窄的丰满体型。

（4）围度和宽度。胸围、臂围、腿围、肩宽、盆宽等形态发育指标，也都有各自的突增阶段，并存在着明显的性别差异：男孩肩宽的突增幅度大，女孩盆宽的突增较男孩明显。胸围的变化和肩宽类似，臂围与腿围的突增男孩较女孩幅度大，而且青春期后这些差别随着年龄增大，越来越显著，最终男性形成了肩部宽、骨盆窄、胸围大、肌肉发达的男性体态，女性则形成了骨盆较宽、肩部较窄、体脂丰满的女性体态。青春期少年围度和宽度的改变，充分反映了男女不同的体态特点。

青春期男孩和女孩的区别

男孩和女孩在小的时候,从外表上看,也没什么太大的区别。男孩头发短一些,女孩头发长一点,男女服装也有一些差异。男孩女孩在一起玩,两小无猜,并没有多少性别意识。可是,到了小学高年级,男女生的性别意识随着身体的变化开始出现了。这些生理变化可以从下面的表格中反映出来。

女孩和男孩的生理变化

年龄(岁)	女 孩	男 孩
8～9	身高突增开始	
10～11	乳房开始发育,身高突增高峰,出现阴毛	身高突增开始,阴茎、睾丸开始增大
12	乳房继续增大	身高突增高峰,出现喉结
13	月经初潮出现,出现腋毛	出现阴毛,阴茎、睾丸继续增大
14	乳房显著增大	变声,出现腋毛
15	脂肪积累增多,丰满,臀部变圆	首次遗精,出现胡须
16	月经规律	阴茎、睾丸已达成人大小
17～18	骨骼闭合,生长基本停止	体毛接近成人水平
≥19		骨骼闭合,生长基本停止

所有这些变化，每个人都会出现。不过，有的会早一点，有的会迟一些，但都是正常的生理现象。这说明男孩女孩开始向成年人过渡了。再过几年，他们就会长成小伙子和大姑娘了。人的身体经过这些变化，也必然会引起心理上的很多反应，所以，你需要做好准备哦。

在所有的变化中，生殖器官的变化最突出，在人体性激素的影响下，生殖器最终发育成熟，意味着男女具备生殖能力。人的生殖器官是人体各类器官中发育比较迟缓的。在传统社会的观念中，人们对与生殖有关的知识了解不多，同时充满着神秘与不洁的思想。社会上至今还有一些人将生殖器官看成是丑陋的、肮脏的。其实，这些器官与人体的其他器官一样，既不丑陋，也不肮脏，它们都担负着生命的生长、延续、运行功能。

男性外生殖器官的正式名称是阴茎。它包括阴茎、阴囊，阴茎开口的部分被皮包着，打开可见阴茎头，也称龟头。阴囊在阴茎的后面，内有左右两个小球，叫睾丸。女性外生殖器官包括阴唇、阴道（位于尿道口与肛门之间）等。

男女两性在身心上的特征性差异主要包括三类。首先是男女内外生殖器官方面，男子有阴囊、阴茎、睾丸，女子有阴唇、阴道、卵巢等，这被称为"第一性征"，这些特征在人出生时就有了。男女躯体上除生殖器以外的其他明显差异，如男子有喉结、胡须、遗精，女子有乳房、宽大的骨盆、月经等，称为"第二性征"，也叫"副性征"。这些是在青春期逐步出现的。此外，男女两性在气质、性格上的差异，基本上属于心理上的差异，也有人将此称为"第三性征"。

青春期生理变化的因素

要知道为什么有这些变化，首先要向你介绍身体中几样重要的东西：脑垂体、荷尔蒙和性腺。性成熟受大脑控制。大脑在身体发育到一定时期产生脑垂体，脑垂体的位置在脑的下面，由一个短柄同大脑底相连悬垂其下，故而称"脑垂体"。成年人的脑垂体如豌豆大，大约重 0.6 克。腺体虽小，作用却很大。当你的身体进入一定的生长发育阶段时，脑垂体就向你的性腺发出指令，让它们开始工作。性腺由于性别的不同而不同，男孩的性腺是睾丸，女孩的性腺是卵巢。一开始你不会有什么感觉，因为一切都在你的体内悄悄地发生着。

荷尔蒙是一种在血液中运行的化学物质，也就是人们通常所说的激素。女孩在八九岁的时候大脑底部就开始制造特定的荷尔蒙，它可以通过血液循环到达身体的其他部分，正是它，在你的身体内将生长发育的指令带到身体的各个器官，我们可以将荷尔蒙想象成一种化学传递的系统。以女孩为例，脑部的荷尔蒙借着血液循环到达卵巢，卵巢这时也形成一种荷尔蒙，即雌性激素，雌性激素遍传到身体的各部分，引起许多青春期的变化，这是你的身体初次发生变化的根本原因。同样，男孩的睾丸也能制造出男性特有的荷尔蒙——雄性激素，这些激素引起了性的变化，使你的身体外形更像男人。

很多人这时候感觉四肢不协调，这是因为青春期身体发育快而且很突然，臀部变宽，而且长得飞快，手臂和腿也变长。人体各部位此时发育不均衡，使骨骼和肌肉绷得很紧，所以你会觉得自己笨拙而不协调。你的体形要发育到一定程度才会达到平衡。

每个人都要经历这个过程。尽管青春期有许多新鲜事，然而它对于每个人来说都不是一件轻松的事。同时，青春期的学生个个都有自己的想法，不再是小学时代的乖宝宝了。他们的想法还经常发生变化，这些还没有成熟的"青苹果"生活在憧憬、渴望、犹豫、激动与动荡之中。看看他们的想法：

"嘿嘿！我们是丑小鸭！或者是长不大的孩子。"

"不对！我们是大人，看看我们的身高，与大人差不多了！"

"刚才我是大人，现在我是小孩。在外边，我是大人；在家里，我是乖孩子。"

"我喜欢小学时候的我，那时我多快乐啊！同学之间也没什么矛盾，我自己也没有烦恼，我就希望长不大！"

"我有一种强烈的愿望，走出家门，去闯世界，但是，我没有钱，而且听说出去很艰难，远远不如在家里。可我还是想出去，我想自立，我得用几年的时间准备，考上大学，我就自立了。"

"现在上学，我是独来独往，再也不要爸爸妈妈送了。我有了更多的自由权利，父母与我说话，大多是用商量的口气，长大多好啊！当然，我还是喜欢看动画片。嘻嘻！"

同处在青春期，各人的感受不一样，但是，如果要找共同点，还是有的，就是都感受到了变化。

揭开青春期的盖头

青春期是孩子性格、心理成熟的关键时期，也是学习能力的爆发期。如果这个时候父母与孩子沟通不畅，将对孩子的一生产生极为不利的影响。因此，父母需要注意自己与孩子的沟通方式，让青春期成为孩子一生的完美转折点。下面我们就来揭开青春期的面纱。

当婴儿一天天长大，度过儿童期，成长为小少年，也就是11岁左右时，会迎来青春期（也叫"叛逆期""反抗期"等），也是人一生的关键时期，它决定着以后的人生方向。很多专家把青春期称为人的"第二次诞生"。这是个谜一样的时期。心理学家指出，青春期的孩子开始建立自我同一感。这一时期，孩子开始关心自己在别人心目中的形象，开始思考"人为什么活着""我是谁""我是个怎样的人"等问题，不再是儿童时期的只知吃喝玩乐，而是开始了自我审视。

儿童期是"外界的获得时代"，青春期则是"内部的获得时代"。由于性本能的启动，孩子逐渐将注意力转向自己的内部。青春期的孩子常常会因自己不能掌握这种变化而烦恼，昔日儿童时期平静的内心被搅乱，陷入反抗、冷淡、蛮横、怠慢、多变等不安的情绪中。他们不仅对外界，就是对自己也都采取了否定的态度。因此，心理学家把青春期又称为"否定期"或"反抗期"。父母们对此的感受是怎样的呢？

案例1：

张小虎今年14岁，是个初二学生。他是学校的"不良学生"。学校要求男生的头发短至一寸，他却非要把头发留得长到能扎个小辫，还把头发染成黄色。上课的时候也不认真听讲，碰到老师管得严说他几句，他就干脆不交这门作业。妈妈知道后唠叨了他几句，他就很不高兴地嚷嚷：

"烦不烦啊！成绩好就有出息吗？那么多大老板都是连小学都没毕业的。"老师的劝解、妈妈的要求、同学的建议，他统统听不进去，而且还总是和别人逆着来。总之，你说一，他就说二；你要往东，他就非得向西。

案例2：

许女士的儿子今年上初三。许女士为了能和儿子保持联系，监督儿子的学习情况，就给儿子买了个手机。但是，最近许女士发现儿子每日和手机形影不离，盯着微信疯狂聊天，即使睡觉时也要放在枕边。许女士很纳闷，儿子和谁有这么多的话说呢？那次，儿子在电脑上忘记把微信退出了，许女士抓住这个机会，查看了儿子的聊天信息，发现他每天热聊的是一个女孩。许女士十分着急，她对儿子进行教育，儿子不屑一顾，并且死不认账，直到许女士说出那女孩的名字他才默认了。但儿子突然发脾气，怪妈妈太过分，随便查询他的信息。最后儿子当着许女士的面把手机摔了，这让许女士无法理解。

不止是这两个孩子，很多孩子进入初中阶段突然像变了个样儿，本来很乖巧听话的孩子，到这个时候却和父母生疏了起来，变得极其不听话。有的孩子和父母"冷战"，有的孩子和父母之间就像"火星撞地球"；有的孩子突然之间从一个乖孩子变成了"顶撞鬼"，有的孩子则从"淘气鬼"变成了"闷葫芦"；有的孩子与电脑"e网情深"，有的孩子追星追到痴迷……种种变化让父母们瞠目结舌，无法接受。

一位专家曾经给青春期孩子做了一次演讲，在演讲期间，下面总是有人叽叽喳喳地"开小会"，但是当他提问那些开小会的同学问题的时候，这些孩子却回答得头头是道，可见他们是认真听了。演讲结束后，有个开小会的同学拉住这位专家的手说："老师，你讲得太好了，所有人都认为你讲得好。""那你们在下面为什么还在小声说话影响纪律呢？"

专家好奇地问道。这个同学说:"要是不和别的同学聊天,那多丢脸啊,会被人笑话的。"

普遍以叛逆为荣,不叛逆就被同龄人瞧不起,这就是青春期。青春期又称为"青春危险期"或者"消极反抗期"。这个时期的孩子,好像走到了人生的十字路口,他们身体和心理的巨大变化让他们自身也充满了疑惑和迷茫。而他们叛逆的性格却成了父母心中的难题:孩子究竟在想些什么?为什么总是和我对着干?怎么不听我的话了?这些问题始终萦绕在父母的脑海中,久久不得散去。

青春期的孩子就像一个魔盒,盒子里面包罗万象,应有尽有,可能会突然蹦出个东西震撼了你;青春期的孩子就像一个魔方,同样是旋转,有人可以复原,有人却把它弄得更加凌乱;青春期的孩子就像一个迷宫,处处是门,出口却只有一个;青春期的孩子喜欢顶撞自己的父母,却愿意听从同龄人的意见。

"怎么把头发染成黄色了?"

"头发怎么搞得这么乱,还要都竖起来?"

笑笑一进家门,就引起了一片尖叫。笑笑从众人的责怪和惊叫声中穿过,高昂着头,对周围的一切不屑一顾,好像是在走电影节的红地毯一样得意。

"把头发颜色染回来!"爸爸对笑笑发出了最后通牒。"不,电影里的主角都是这样的,我就喜欢这个颜色。"笑笑反驳道。爸爸看笑笑脸上那坚毅的表情就知道他是不会听话了。"头发染不回来,晚上就别回来了!"爸爸生气了。"不回就不回!"笑笑也不甘示弱。

下午放学妈妈去接笑笑的时候,在校门口听到一个女孩对笑笑说:"黄头发真难看。"笑笑听了之后低下头,看到妈妈后,非缠着妈妈先带他去理发店把头发染回来。妈妈觉得很奇怪,爸爸那么严厉的批评都没让孩子改变主意,这个女孩随口一句话就有这么大的作用吗?这孩子实在是太奇怪了。

这就是青春期的孩子，似乎懂事了却又顽劣调皮，似乎长大了却又充满了稚气，让父母欢喜也让父母忧。他们像一个谜，让父母百思不得其解，却又吸引着父母去探索和发现。

青春期，孩子学习能力的爆发期

青春期不只是身体的疯长期，更是孩子学习能力的爆发期。

小鲁的妈妈就发现了这一点，小学时孩子的学习成绩不是很好，尤其是孩子的记忆力差，让妈妈很是头疼，但是自从上了初中之后，好像一下子开窍了似的，对课本上的知识记得特别熟，这让妈妈大吃一惊。

不只是小鲁妈妈有这样的发现，很多父母都发觉自己的孩子在升入初中之后学习成绩一下子提高了很多。而这一切都与青春期孩子各方面能力的迅速提高密不可分。

首先，用心理学上的标准量化来看，青春期孩子的记忆力不仅明显高于小学生，也高于大学生，甚至超出了成人短时的记忆容量。同时，在青春期，记忆力有三大特点：第一，除了运用机械记忆之外，开始自觉地运用意义记忆；第二，青春期各方面的记忆效果达到最佳时期，如形象记忆在此时达到最高，抽象记忆也达到一个很高的水平；第三，青春期抽象记忆发展远高于形象记忆。学习很大程度上依赖于记忆力的高低，青春期的记忆水平和特点，可以为青春期孩子学习能力的提高打下坚实的基础。

其次，青春期孩子的思维有了很大的改善。童年时期的孩子主要是通过形象记忆来进行抽象的逻辑思维，而进入青春期之后，孩子可以摆脱具体的事物和情境，用符号来直接进行抽象思维。这主要表现在他们解决智力问题时，不再像童年时那样要么知道，要么寻求帮助，而是根据实际的情境和问题进行分析，提出假设，假设各种可能出现的结果，然后通过逻辑分析和实验证明，确定哪种可能性是事实，通过"假设—检验—失败—再假设—再检验"这种锻炼，使自己的思维能力得到逐渐提高并趋向成熟。同时，青春期的孩子还可以自己运用抽象思维来提出一个自己从未体验过的情境假设，然后再通过上面的假设和检验来解决问题，这已经是一种比较科学的解决问题的办法了。逻辑思维和抽象思维的逐渐成熟，会使青春期的孩子在学习数学、物理、化学等理科方面游刃有余。

思维的改善还体现在思维形式和思维内容的分离，这有助于青春期的孩子更快速地解决遇到的问题。举个例子，如果问一个处于童年期的孩子如何去灭火，他就需要亲眼见到火，然后学着大人的样子去浇水，或者尝试用其他的方法。但是，同样的问题对于青春期的孩子来说，他就会在脑海中思考，燃烧需要的条件是温度和氧气，可以通过泼水来降低温度，通过用沙子把火盖起来隔绝氧气的方法来灭火，这就是青春期孩子相对于童年期孩子的一大进步。这种能力可以使孩子解决很多经验之外的问题。

再者，注意力明显加强。关于注意力的时间与年龄的关系见下表。

注意力时间与年龄的关系

年龄（岁）	注意力时间（分钟）
5~7	15
7~10	20
10~12	25
12以上	30

从表格中我们可以明显地看出，注意力在12岁以上达到顶峰。对于

孩子而言，脑部在青春期得到了前所未有的发育，因此，注意力也在青春期得到了明显的提高。而教育学、心理学等科学研究表明：注意力是最重要的基本学习能力之一，注意力集中的孩子，学习效率高，学习轻松，成绩好；注意力不集中的孩子学习负担重，学习困难，成绩不好。同样是一个老师，同样是45分钟的课程，有的孩子就能在课堂上学到80%～90%的内容，而有的孩子就只能学到50%的内容，而造成这种情况的主要原因是有些孩子注意力难以集中。还有些学生学习努力，成绩却不见起色，其原因是做作业拖拉，或者考试粗心，而这一切现象的根源都是注意力不集中。

最后，在青春期，孩子的认知能力和自觉性有了明显增强。由于理性思维和自我意识的发展，孩子青春期的观察力、有意识记能力、有意想象能力迅速发展。

学习能力的高低主要取决于注意力、记忆力、观察力和想象力。在青春期，这些能力都处于高峰期。因此，如果趁着青春期努力学习，学习能力会得到快速增强，学习成绩一定会有很大的提高。学习能力提高的好处不只在于一时，对孩子以后的成长也有很大的帮助。在竞争日趋激烈的社会，只有不断地学习，才能不被社会淘汰，也只有不断地学习新东西，才能提高自己。

青春期，孩子心灵脱胎换骨的转型期

古明今年上初一，让妈妈感到疑惑不解的是，曾经淘气的孩子似乎一下子长大了，"坏小子"似乎蒸发得无影无踪，开家长会时老师也对古明的表现大加赞赏：诚实、懂事、刻苦，与妈妈眼中的印象似乎完全不同。妈妈不禁想问："孩子究竟怎么了？怎么突然之间变化这么大？"

李刚一直都是一个邋遢的孩子，衣服很脏了也不愿意洗，但是今年初二的他像是突然之间变了一个人，每两天洗一次头发，衣服也总是弄得干干净净的，更加让妈妈不能理解的是，连冬天穿的羽绒服他都要三天洗一次，还非得自己手洗，嫌洗衣机洗得不干净。这一系列的改变让妈妈有点儿哭笑不得，孩子的变化太突然了，她还真有点儿接受不了。但这总归是进步的表现，她也就没有说什么。

李萍今年才上小学六年级，早上上学出门前总是要磨蹭很久，不是不停地试衣服，就是对着镜子照了又照，头发也是梳了一遍又一遍，还总是不满意。这让萍萍的妈妈很是无奈，催她的话，她还非常不乐意。这该怎么办呢？

如果这些变化出现在一个小孩子身上，或者出现在一个成年人的身上，那么的确很令人奇怪。但是，对于青春期的孩子来说，这是再正常不过的事情了。当孩子在经历青春期时，不只身体发生着巨大的变化，心理上也开始成熟，想要改变自己。这个时候的他们不再像童年的孩子做事随心所欲，并且不关心周围人的看法和想法，他们开始评价自己眼中的别人，并思索别人眼中的自己。他们的自尊心正在慢慢形成，更希望自己能够留给其他人一个良好的印象。他们心理上的满足感日趋强烈，而获得这种心理满足感的方法就是外表和行为上的改进。他们迫切希望通过自己行为上的努力改变别人对自己的印象，内心深处希望被尊重的渴望不停地在呼唤着。他们像是准备破茧而出的毛毛虫，即将变成一只美丽的蝴蝶。

上面的情况都算是向好的方向发展，孩子内心的标准是正确的。不过，青春期也是一把双刃剑。由于青春期的孩子可塑性特别强，一旦他们的价值观和人生观定位错误，他们的人生方向就会产生很大的偏差，下面这位妈妈就很为自己的女儿苦恼。

女儿不知从什么时候开始迷恋上了一个综艺明星,手机和电脑屏保都是他的照片。为了支持偶像,只要是其代言的吃穿用各类产品必买。此外,每天还会和其他粉丝一起在网络平台为自家偶像刷话题。由于追星过于狂热,孩子在一段时间里渐渐放松了学习,在学习上投入的精力越来越少,成绩一天不如一天。我告诉她只有好好学习,将来才能过上好生活,谁知她竟然反驳我说:"学习有什么用,还不如一首歌出名快呢!"她的反驳让我没办法再解释,只能以自己的权威来强制她多花心思在学习上,但是她的成绩依然没有起色。这可怎么办啊?

正如上面这位母亲所述,青春期的孩子太容易受到外在环境的影响,追星只是问题之一,我们现实的社会很复杂,充斥着各种各样的东西,许多负面因素随时都有可能渗入青春期孩子的心里,让孩子痛苦一生,再如何亡羊补牢也可能无济于事。

青春期孩子的认知、情感等能力都有了很大的进步,而他们的世界观、人生观、价值观也在慢慢地形成,这成为他们走入社会的基础。但是,如果在青春期,他们的观念和习惯是错误的,就会影响他们一生的发展。因此,父母必须从一开始就让孩子对自己有个正确的认识,树立正确的世界观、人生观、价值观,让孩子在青春期顺利完成自我蜕变。

青春期，孩子的心理断乳期

刘雨是家里的独生女，父母从小很宠着她，一直到12岁她都没有自己独立去理发、外出的经历，更不要说在很多事情上直接与外人打交道了。有一天，妈妈接到老师打来的电话，说刘雨发烧了。妈妈迅速赶到了学校，发现刘雨坐在办公室里，咬着嘴唇一言不发。老师告诉小雨妈妈："这孩子发烧了也不吭声，后来看到她脸色不太好，坐在座位上总是发抖才知道的，让她去看病她还不去，非要等放学回家了再说，于是我就把您给叫来了。"妈妈问刘雨："为什么不去看病呢？""你来干吗？大家知道我连自己看病都不会肯定会笑话我的，都怪你，让我变成这样……"

妈妈这才想起自己的孩子从来没有独立去办过事情，从小到大孩子的事情都是自己和小雨的爸爸一手操办的。

刘雨的事例反映了青春期孩子正在面临的一个问题——身体成熟与精神依赖的矛盾。在青春期，生理上发生着巨大的变化，这种变化冲击着心理上的发展。一方面，身体上的快速成熟使孩子产生了成人感，因此便认为自己的思想也属于成人，希望周围的人把自己当作成人来平等对待，渴望父母、老师给予成人般的信任与尊重，开始变得"要面子"，但实际上心理水平正逐渐从幼稚的童年向成人过渡，依然处于一种半成熟状态，这就出现了一种矛盾，即自认为心理水平与实际心理水平的差距，这就是身体上的成熟感与心理上的半成熟状态的矛盾，这种冲突无可避免。

另一方面，成人感使得青春期孩子的独立意识变得很强烈。他们希望能在精神生活方面脱离成人的帮助，走出父母的羁绊，自己做主。但事实上，面对错综复杂的矛盾和问题，他们依然希望在精神上得到成人给予他们的慰藉。

有一本关于"青春成长"的小说叫《你别碰我》，是一个叫王小柔的女孩子写的，字里行间透露出她在青春萌动期的迷惑和在迷茫中进行的尝试，每页都饱含着一个少年追寻梦想的心，以及尝试失败后的眼泪。她书中有一句话是："青春期的教育如同一个谜语，该知道的时候没有人告诉我们，得到答案的时候我们已经付出了代价。"

从她的话中我们可以看出，青春期对于孩子是一个谜团，他们也在尝试着寻找一种最佳的方式度过青春期，他们迫切地渴望有人可以为他们指点迷津，指出正确的方向。

然而，在实际生活中，父母和老师却经常采取一种错误的方式对待青春期的孩子，如下面的例子：

王磊今年上初一，有一天不知道因为什么事情，在上课的时候和同桌的女生吵了起来，扰乱了课堂秩序，被老师叫到办公室。老师不分青红皂白就训斥了王磊一顿，还让王磊把父母叫到学校。爸爸到了学校，听说王磊的事之后，劈头盖脸地训斥王磊说："我都不知道该怎么教育你了！你看，你都和我一样高了，怎么能光长个子不长脑子呢？你太让我失望了，真是白长这么大了……"王磊实在忍受不了了，就大吼道："你都还没问究竟是谁的错，就这样批评我！""还敢顶嘴！你扰乱课堂秩序就是不对，和女生吵架也不对！你什么时候脑袋能清楚一点儿，不再让我和你妈操心呢？""苦口婆心"的劝说不但没有让王磊悔过，反而使王磊夺门而出，这让老师和爸爸都始料未及。

且不说这件事的责任究竟在谁，我们先来分析一下爸爸的话，"你都和我一样高了，怎么能光长个子不长脑子呢？"这句话的潜在意思就是一个人随着个子长高，身体发育成熟，自然而然地就该什么都懂了，这是水到渠成的事情，但是对青春期的孩子，这是一种错误的看法。身体上的成熟和心理上的成熟其实没有必然的联系，身体上的成熟是时间的效应，但是心理上的成熟则需要更多的人生经历和磨炼，二者并非成正比。

另外，例子中的老师和爸爸的做法本身就是矛盾的，老师不分青红皂白就训王磊，这明显就是一种错误对待孩子的方式；而爸爸的话则是为了说明孩子已经长大了，是个大人了，应该懂得该怎么做。这种矛盾与孩子身体成熟和精神依赖的矛盾是一致的，这样的处理方式只会让孩子内心的矛盾更加强烈。

因此，在孩子的心理断乳期，迫切需要解决的是孩子身体和心理发展不均衡的问题。由于孩子的身体已经发展到一定程度，父母就需要帮助孩子提高心理成熟感，多与孩子沟通，走近孩子，了解孩子，给予孩子成人般的尊重感，同时又要帮助孩子完成心理上的独立，使其心理能量逐渐增大。这样，才能正确地帮助孩子度过心理断乳期。

青春期的忧伤向谁诉

少年不识愁滋味，爱上层楼。爱上层楼，为赋新词强说愁。
而今识尽愁滋味，欲说还休。欲说还休，却道天凉好个秋。

这首词是南宋词人辛弃疾写的《丑奴儿》，其中上阕是说：少年感受不到忧愁的滋味。可是，不少中学生看到这里就会感慨："辛弃疾只知道赋词之愁，哪里明白我们现在的苦哦！"

一、悄悄来临的动荡

每个人在进入中学以后，都要面对身心与环境的巨大变化。在不少学生的心中，常常有说不清、道不明的烦恼或忧愁。正因为刚刚体验到人生的烦恼与忧愁，虽然不识忧愁的深浅，感到无所适从，但也体会到小学时不曾有过的情感波动，这意味着人生旅程的动荡年华来临了。

"有的科目我不喜欢，一点儿意思都没有，还要逼着自己去学，又学不好，老爸知道我最不愿意学这门课，他就经常抽查我。我恨不得把这些书全撕掉！"

——西西

"站在阳台上，看着来来往往的人，我不知道他们在想什么。我的脑袋里一片空白，看着西坠的夕阳，禁不住流下眼泪。我也不知道这是为什么。"

——淼淼

"我的拳头发痒，我的腿发麻，让我整天去打球，我决不会喊一声累。我浑身都是劲，但是没处使。上次不小心打破玻璃，真是不小心，我不知道我的拳头那么硬。老是坐在教室里，我就像被关在笼子里的老虎一样难受。"

——飞雪

"为什么我的成绩往下掉？为什么我长得越来越胖？为什么她们要说我的坏话？中学生活真让人不舒服！"

——莉莉

中学生正处于人生的黄金时代，正是茁壮成长的年华，可是，有不少同学总觉得"烦透了""没劲"。常常感到心情压抑、苦闷、不舒畅，用学生们自己的话来说："不爽！"这些负面情绪有种种表现形式，大多属于不良的心理。好多做父母、老师的都觉得青春期的孩子特别难琢磨，刚才还兴高采烈的，怎么一会儿就"晴转多云"，甚至"电闪雷鸣、暴雨倾盆"了呢？确实，情绪的强烈和不稳定，正是处在青春发育期的少男少女普遍存在的现象。这并不是故意的，也不是"有病"或者"犯神经"，而是青春期的心理特点之一。

处在青春期的青少年，至少要面临三方面的压力和挑战：一方面，身体正在急剧发育，特别是性方面的发育和成熟，使他们积蓄了大量的能量，容易过度兴奋；另一方面，学习上的任务很重，不得不面对激烈的竞争，心理压力普遍比较大；再一方面，随着年龄的增长，他们渴望对外部社会有更多的了解，人际交往也逐渐增多，各种各样的信息纷至沓来，这就使他们需要处理的问题越来越多，也越来越复杂。这三方面的压力常常交织在一起，矛盾此起彼伏。虽说生活的内容大大丰富了，但再也不像幼儿园、小学时那样单纯、容易了。而这时，他们大脑的神经机制并没有发育健全，调节能力还比较差，因此面对各种压力和刺激，很容易产生心理不平衡。青少年又不像成年人那样善于控制或掩饰自己，常常喜怒皆形于色，便显得情绪忽高忽低，特别不稳定了。

二、情感干扰

我们每个人认识自己都有一个很长的过程。小的时候，很多孩子看到镜子里的自己或者自己的照片，逐步形成了初步的自我认识。进入青春期以后，对自己的身体、性格、情感有了更多的认识，这些认识都是在体验困境或挫折的过程中，感受到情绪起伏的过程中得到的。当我们喜爱某一件事情时，就会感受到情绪高涨，并投身其中而不知疲倦；当我们厌恶一件事情时，则会感受到情绪低落，尚未参与就打起退堂鼓；当我们知道一件事有价值，但做起来又比较艰难时，就可能犹豫不决，缺乏信心；当我们经过努力却未能成功，失败的痛苦就会占据心头，悲观与失望让我们没精打采……

让我们走近青春期的孩子，看看他们有些什么样的特点。

第一，独立性增强。随着少男少女自我意识的形成，他们的独立性急剧增强，他们不再被动地听从父母的教诲和安排，表现出"顺从"和"听话"，而是渴望用自己的眼睛看世界，用自己的标准衡量是非曲直，做自己命运的主人。这种从被动到主动、从依赖到独立的转变，对于青少年来说是成长的必由之路。

第二，情绪两极化。青春期孩子情感浓烈，热情奔放，情绪的两极性表现得十分突出。他们既会为一时的成功而激动不已，也会为小小的失意而抑郁消沉。他们情绪多变，经常出现莫名的烦恼、焦虑。

第三，心理加上"锁"。进入青春期，少男少女结束了"少年不识愁滋味"的孩童时代，进入了"多事之秋"。此时，由于心理的不断发展，他们的情绪自控能力比孩提时有了较大的提高，学会了掩饰、隐藏自己的真实情绪，出现心理"闭锁"的特点。过去爱说爱笑的孩子，进入青春期可能会变得沉默寡言。他们常把自己关在房间里，很少和父母交谈，甚至拒绝父母的关心和爱抚。

第四，心理向成熟过渡。青春期是长大成人的开始，是由不成熟向成熟的过渡。这一过程对于他们来说是漫长而痛苦的。此时，他们既非大人，又非孩子，原来的孩童世界已被打破，但新的成人世界又尚未建立。因此，他们的内心充满了矛盾和冲突。比如，生理成熟提前和心理成熟滞后的矛盾；独立意识增强与实际能力偏低的矛盾；渴望他人理解但又心理闭锁的矛盾；以及理想与现实、爱好与学业、感情与理智、自尊和自卑的冲突与矛盾，等等。

第五，行为易冲动。最新研究指出，人的大脑中有一个重要的控制中心，负责控制感情和冲动，要到成年早期才能完全成熟。换句话说，在处于青春期的青少年的大脑中，控制神经尚未发育成熟。这是他们行为易冲动的原因。

在小学里，峰峰是班长，知识面比较宽，属于学校里的"头面人物"之一。可进了中学，周围的学生似乎个个能说会道，大家谈论的很多话题他知之甚少，以前他开朗健谈，现在却变得沉默寡言。有一天看报纸，无意中看到一位大学生因能力差而感到自卑，学习成绩不断下降，干什么事情都失去了激情……看着看着，突然之间他理解了"自卑"一词的含义。

就峰峰而言，引起他情绪波动的原因主要有两方面。从外因来看，小学到中学过渡得不顺利，繁重的学习都会引起不良的情绪。不少中学生课余生活不丰富，每天从家到教室，连操场都很少去。除了读书还是读书，甚至连节假日都没有，难免感到厌烦。特别是在学习感到吃力的时候，烦恼便油然而生。从内因来看，中学生的生理发育迅速，必然会带来心理上的变化，产生烦躁的情绪；同时，中学生也正是心理发育成熟的关键时期，情感在不断波动中逐步走向稳定。自信心也在经历从自卑到自信的过程中逐步形成。不过，有不少学生对自己的心理不够了解，在面对逆境时，下列心理或认识是有害的，请多加注意哦。

💡 嫉恨比自己好的人。口头禅是："他有什么了不起？"

看到老师表扬某位同学，心里就开始不舒服，不是看到那个同学的优点，向他学习，而是嫉妒与反感，盯着别人的缺点。因此，这样的学生看到的永远是负面的东西。

💡 感到自己没有人关心。口头禅是："就是没人真正关心我！"

面对各种事情，都以自己为中心。学习成绩不好，就怪家长不关心自己；卫生打扫不干净，是别人没有负责。既娇气，又骄傲，没有对自己负责任的态度，怎么能够得到快乐呢？

💡 总是自我否定。口头禅是："我就知道我不行！"

遇事退缩，没有自信心。事情还没做，就怀疑自己，不相信自己的能力，哪里能够成功？一旦失败，就更怀疑自己，以致恶性循环。

💡 只有梦想，没有行动。口头禅是："我以后会……"

想得很好，说得也不错，就是没有行动，或者行动一开始，就打退堂鼓。缺乏持之以恒的精神，哪里能够成功？

💡 对任何事情都没有真正的兴趣。口头禅是："没意思！"

无所事事，漫无目标，懒散的生活使他们缺乏活力。不像青春期的少年，倒像七八十岁的老人。

在每个成功人士的征途上，这些心理或多或少都曾经存在。所以，不要害怕出现不良的心理状况，重要的是要用积极的态度去认识它们，要充分理解烦恼、忧愁、自卑、痛苦，等等。负面心理总是伴随着我们每一个人的生活，问题的关键是学会识别它们，并掌握自我控制的方法，就能走向情感的独立。

三、走向情感的独立

让我们来看看峰峰在上高二时的一篇日记：

我可以解决我遇到的困难，我不会像以前那样不知所措，白白浪费时间。

我可以面对挫折微笑，我不再在乎别人说什么，但我愿意接受朋友向我提出的建议。

我喜欢快乐的感觉，也喜欢悲伤的情调；我喜欢群体活动，也能够独立面对痛苦。

我喜欢我自己，我相信我自己，我感受到了成长的烦恼与快乐。

峰峰是怎样度过困难时期，做到用自信、坚强面对困难与挫折的呢？其实每个人都会有自己的方法，峰峰的方法仅供大家参考。下面是峰峰写给大家的一封信，从中你能得到哪些启示呢？

中学的朋友们：

你们好啊！

在我写这封信的时候，我首先要让你们知道的是：我只是一名普通的大学生，但是，我在按照自己的方式探索自己的发展道路。我曾经非常悲观，经历过很多失败，也曾经自暴自弃，逃过学，不再想对自己负责。然而，我想对你们说的最重要的一句话是：你面临的问题与困难谁也帮不了你，而且你根本无法逃避，哪怕你出了国，懒散、自卑、不负责任依然在你身上，只有你自己面对它、战胜它，你才能得到真正的快乐，并且会在快乐中长大。以下是我觉得对我有用的方法，是否适合你，只有你自己去努力才知道。

1. 要了解坏心情有很多种，烦恼、自卑、敌对、暴躁、紧张、懒散等，它们都会导致我们放弃努力，最终走向失败。

2. 要了解坏心情产生的原因，弄清哪些原因是因为自己造成的。不要自责、自卑，而要自信、自强。

3. 一旦发现自己处于坏心情中，马上提醒自己，让自己处于临战状态，可以对自己说："我准备好了，来吧！我能战胜你！"

4. 用活动摆脱坏心情。去打球、游泳、登山、扫地、唱歌、弹琴、整理房间、背单词、做数学题等，反正你要明白，坐在家里发呆，什么也解决不了。

5. 看名人传记，吸取战胜困难的营养。收集一些名人名言，并用自己喜欢的名言激励自己，我喜欢的名言之一是歌德说的："痛苦留给你的一切，请细加回味！苦难一经过去，就变成了甘美。"

好了，先写到这里，祝你们在逆境中成功！

一个在大洋彼岸的大学生
2020 年 5 月 3 日

我们可以将那些不利于我们健康成长的心理因素称为负面心理，负面心理有多种表现形式，了解这些表现形式，我们就可以更好地认识自己，增强控制与调节心理的能力。下列表现你有吗？如果有，你可要认真对待了。

1.忧郁。做事没有好的心情，整日闷闷不乐，愁眉苦脸，沉默寡言。如果长时间处于这种状态，就应当予以充分重视。

2.暴躁。不论大事、小事，只要自己感到不顺就发火，轻则高声争吵，重则摔打东西。当然，有的学生在学校很正常，一到家里，完全是另一副模样。

3.狭隘。遇事斤斤计较，心胸太狭窄，不能容纳别人，也不理解别人。对小事也耿耿于怀，爱钻牛角尖。

4.嫉妒。当别人比自己好时，表现出不自然、不舒服，甚至怀有敌意，更有甚者竟用打击、中伤手段来发泄内心的嫉妒。

5.惊恐。对环境和事物有恐惧感，如怕黑暗、怕高、怕考试等。轻则心跳加快、手发抖，重则头昏脑涨、失眠、梦中惊叫等。

6.敏感，多疑。常常把别人无意中的话、不相干的动作看成对自己的轻视或嘲笑，为此而喜怒无常，情绪变化很大。

7.自卑。对自己缺乏信心，以为在各方面都不如人家，无论在学习上，还是在生活中，总把自己看得比别人低一等，抬不起头来。这种自卑心理严重影响自己的情绪，压抑感太强。

四、自我检测

下列题目中，每道题都有多个备选答案。根据你的实际情况，选择一个适合你的答案。

1.你愿意帮助别人吗？

A.别人要求我帮助时，我很少拒绝。

B.要是我能做的事真能对别人有帮助的话，我会做的。

C.实际上我并不以此为乐，但是当我感到自己应该为别人做点什么的时候，或者由于某些原因使我很感兴趣的话，我是会做的。

2. 你的睡眠情况属于哪一种？

A. 睡得熟，入睡没什么困难。

B. 睡不熟，容易醒来。

C. 睡得熟，但入睡困难。

3. 你是否经常需要有独自一人的时候？

A. 非常需要，我最平静和最有创造力的时候就是我独自一人的时候。

B. 不，我喜欢有人和我在一起。

C. 我不讨厌独自一人，但也并不特别需要。

4. 你认为保持你的环境整洁重要吗？

A. 非常重要，我可以容忍别人的不整洁，但对自己从不这样。

B. 是重要的，实际上我希望自己更整洁一些就好了。

C. 比较重要，我是相当爱整洁的，但对不整洁也不那么在乎。

D. 不重要，我宁愿在一所杂乱但让人感到轻松的屋子里，也不愿待在一所整洁但人人谨小慎微的屋子里。

5. 以下三类人中你最不喜欢哪一类人？

A. 媚上欺下，自命不凡。

B. 欺软怕硬，对那些没有反抗能力的人十分凶狠。

C. 野心勃勃，举止粗野。

6. 你亲近的人发生了不幸的事时，你会怎样对待他？

A. 我会尽力劝慰他，使他振作起来。

B. 我会和他一样难过，如同自己受到伤害一样。

C. 我要让他了解我很难过，但我还和平时一样对待他。

7. 你遵守时间吗？

A. 非常遵守，我的时间观念很强。

B. 完全不遵守，即使我提前出发，也不会按时到达。

C. 不一定，有的事情上我遵守，有的事情上我不遵守。

D. 遵守，我一般都是按时间到达的。

8. 如果有人对你无礼，你对他的愤怒会持续多久？

A. 很长一段时间，对于无理举动，我一般是不会宽恕的。

B. 我不会生气。

C. 时间不长。我会生气，但不会怀恨在心。

D. 我不会老是生气，但以后我会提防他。

9. 你将来找爱人的第一个条件是什么？

A. 美貌

B. 富有

C. 有知识

D. 能和谐相处

E. 爱情至上

F. 相互了解

10. 你的社交态度是哪一种？

A. 我乐意和少数亲密的朋友来往。

B. 我善于交际，熟悉的人有好几百。

C. 我有许多朋友，但和他们的交往不够多，我一般只和来看我的人交往。

评分规则：对照下列答案，每题选择正确计1分，选择错误不计分，然后将各题得分相加，得出总分。

答案：1.B 2.A 3.C 4.C 5.B 6.C 7.D 8.C 9.D 10.C

你的总分：

2分以下：说明你在生活中没有多少乐趣。

3~6分：说明你在生活中有许多愉快的时刻。

7分以上：你的生活相当快乐。

青春期的孩子更需要父母的爱

小时候，我和爸爸无话不谈，在我的眼中，爸爸是世界上最了不起的人。妈妈非常疼爱我，对我照顾得无微不至。可是，最近家里的气氛变了，我总觉得他们在重复那几句话。我当然还爱他们，但同时，我也嫌他们太烦。有时，我会与他们争吵，我也不知道为什么这样，是我变坏了吗？

——莉莉日记一则

一、翅膀开始硬起来

"长大了，翅膀硬了，眼睛里就没有父母了？"不少进入中学的学生都听过这句责怪。随着年龄的增长，个子高了，有的学生还超过了父母，知识与阅历也越来越丰富，过去自己眼中的父母似乎变了。其实，倒不是父母有多少变化，而是中学生一个个开始向成人转变了。不过，虽说转变已经开始，但中学生毕竟还小，大多数自我控制、应变及思考的能力并不强，所以，在与父母的冲突中大多意气用事，赌气不吃饭是常有的。同时，中学生也有了自己的秘密，不愿意告诉父母。当觉得自己的决定不比父母差，或者有了自己的秘密时，青春期的"独立宣言"就开始发表了。它意味着中学生的独立意识进入一个新的阶段，也意味着你要注意去学习处理人际（首先是与父母的）关系了。

二、家里的"冷战"与"热战"

父母与孩子是亲密无间的一家人，到了孩子的青春期，矛盾逐渐尖锐起来。有的学生一生气，就与父母"冷战"，不说话，不吃饭。其中不吃饭的战术最厉害。有的则喜欢"热战"，争吵或摔东西。

为什么会出现这么尖锐的矛盾呢？要回答这个问题不容易，因为很多家庭矛盾涉及不同的原因。我们可以从两个不同的角度来看这个问题，具体见下表。

两个角度看问题

从孩子的角度看	从父母的角度看	评评谁有理
父母不理解我，我要做的事情他们老是觉得不好，不让我做，比如滑旱冰，就怕我摔跤	现在的小孩动不动就说父母不理解他，我们是最理解他的，而且在帮他学得更好	每家只有一个孩子，因此，父母更注重孩子的安全，所以，关键在于共同商讨活动的"安全措施"
他们太爱我了，我讨厌他们这么爱我，照顾得太多了，生怕我吃苦，怕我自己做不好	我们爱他有什么不对？这孩子没良心，我们辛辛苦苦照顾他，他根本不在乎	爱确实没有错，但过度照顾，不让孩子自己尝试独立，对孩子成长相当不利。至于孩子，则应体谅家长
他们觉得学习很重要，我并不反对，但是，我又不是机器，不能整天只学不玩吧	这个孩子很不自觉，成绩不太好，就要加倍努力。现在苦一点，对他的将来好啊！将来他会明白的	家长总是考虑得比较长远，孩子一般比较注重眼前。但是，学习更重要的是效率，而不是拼时间
我妈她太啰唆，烦死了，一件事情讲一千遍，而且不让我说话，真没办法。所以，现在我基本不听她的	我知道我说话多了一点，可这都是为了他好啊！现在不管他不行啊！可他老是不听，只好多说他几句。我知道他反感，反感也得说	孩子与家长之间的交流很重要，但是，交流的关键是达到目的。如果孩子反感，目的就难以达到

从孩子的角度看	从父母的角度看	评评谁有理
他们对我感兴趣的事情一窍不通，还特别反感我唱歌，也反对我在房间里挂球星的照片	现在的社会乱透了，小孩子就知道流行歌，追什么球星，他怎么不学那些学习上的榜样？那些球星我看着就反感，追星就是想着玩	这就是"代沟"的表现，两代人处在不同的社会历史时期，对不同的事物感兴趣，家长要理解孩子，而孩子也要注意，追星不能追过了头

开始走向独立的学生与家长的观点不同，有些学生与家长认为，家庭本来是风平浪静、和和睦睦的地方，所以，家里有了矛盾就很费解，情绪上受到很大影响。有的学生想不通，甚至认为父母不再爱他了。其实，从上面表格中可以看出，父母是关心、爱护孩子的，只是对待中学阶段的孩子与对待小学阶段的孩子，在方法上应该不同了。这方面家长也是需要探索学习的。因此，矛盾实际上是孩子与家长相互不适应的体现，与爱不爱并没有关系。

那么，如何解决矛盾呢？

三、平等交流很重要

沟通交流是解决家庭矛盾的好方法，我们先来看看下面两个案例。

案例1：

今天是星期天，作业很多。小翠费了九牛二虎之力才从作业堆里抬起头来。她走出房间，伸了个懒腰，就打开电视。妈妈立刻走过来问：

"小翠，你的作业写完了吗？"

"当然了！"小翠理直气壮地回答。

"那你复习功课了没有？"

"没有。但是……"小翠已感到不妙。

"不复习怎么行?不及时复习,怎么跟得上?快进屋学习去。再说看电视对眼睛不好。"

"怎么了?我写了大半天了,还不能休息啊?"小翠急了,大声喊起来,心里想:"上学还有课间休息呢!"

"怎么了?我还管不了你了吗?"妈妈严厉地说。

矛盾已经开始激化了,交流的双方都认为自己有理由,我们认为她们的解释都正确。那么,再让我们看另外一个案例。

案例2:

今天是星期天,作业很多。沈宏费了九牛二虎之力才从作业堆里抬起头来。他走出房间,伸了个懒腰,就打开电视。妈妈立刻走过来问:

"作业做完了吗?"

"刚做完,想放松一下。"

"那你复习功课了没有?"妈妈接着问。

"还没有。我想休息10分钟。"

"好吧。你最好少看电视,多看看窗外的绿色,让眼睛休息一下。"妈妈关心地说。

"好的。妈,你忙去吧。10分钟后你别忘了提醒我,好吗?"

"行。"妈妈说完便忙自己的事情了。

案例2中沈宏的心态一直保持平和,妈妈也反对他看电视,希望他好好复习功课。但是,他用理智的方式、互相理解的心态与妈妈平等交流,特别是把自己的想法清楚地告诉妈妈。做父母的一般都严格要求自己的孩子,孩子自己很自觉,当然也就没有必要看得太紧,那么孩子的自由空间也就大得多。

所以，不少学生有这样一种经验：若想摆脱父母的严加管教，唯一有效的方法，就是培养自己的自控能力，养成良好的学习习惯，再以非常理智的方式告诉他们。

第二章

孩子的心思你别猜
——走出教育误区

用"可怜天下父母心"来概括现在的许多家长并不为过。家长为了孩子无论是在金钱还是在精力上,都是不遗余力。然而,现如今一些家长在对待孩子的问题上,往往把自己的思想和观念强加给孩子,从而容易走进教育的误区。

引言：爱为何却成了伤害

"妈，我给你准备了一样东西，你把头低下，眼睛闭上，不准看。"话音刚落，郑州某名校高中生郭某举起准备好的哑铃砸向妈妈。

农历正月十六，郭某就这样亲手杀死了自己的母亲。当办案人员痛心地问他是否后悔时，他随口答道："不后悔。我可以不用学习了，不用有那么大的压力了。"很难想象，一名高中生竟用如此残忍的手法将亲生母亲杀害。这不仅是一个家庭的悲剧，更是社会的悲剧。

一位非常优秀的班主任，她输送了许多优秀的学生上清华、北大，但对自己孩子的教育十分头痛。她经常对孩子讲：班上某某同学如何刻苦用功，如何懂事，等等。孩子一听就烦，一边用手遮住耳朵，一边不耐烦地说：不听不听，他是他，我是我。据这位母亲说，孩子现在念高中了，行为越来越不像话，逃课、泡网吧、说谎，谁也拿他没办法。

有个女孩从二十几层的楼上跳下来，死了。原来这女孩大学毕业后，当了"宅女"。"宅女"是时代的产物，信息社会为其提供了生存空间。可"宅女"的母亲不断要求女儿去考公务员，而且向她保证考后一定会找到好工作。为此，母女俩经常发生冲突，女儿就是要通过网络服务去赚钱。"宅女"自杀前在微博上对母亲的逼迫表示了强烈的不满和忧愤。

许多家长不禁要问：爱为何却成了伤害呢？

本能的爱不一定对孩子的成长都有利

从前有一位皇帝，有一张非常漂亮又非常舒适的金床。这位皇帝有个嗜好，他每天命令一个仆人睡在他的金床上，但是他要求睡在金床上的人一定要与金床的尺寸相吻合。如果睡在金床上的仆人比金床小，皇帝就会命令卫兵把这个仆人拉长以适合金床的尺寸；如果睡在金床上的仆人比金床长，皇帝就会命令士兵砍下仆人超出金床尺寸的那部分。

初次听到这个寓言的时候，我们会觉得这个以伤害仆人的身体来满足自己嗜好的皇帝很残忍。可是，当反思我们的家庭教育时，忽然觉得有些父母在教育孩子的方式上，又何尝不是上演着"皇帝的金床"的故事呢？

在一些家庭中，父母们用自己的愿望和理想，为孩子的成长规划出一张自认为华丽且舒适的"金床"。然后，父母们用自己的需要或自己的理想，设计"金床"的尺寸，并以这个标准来要求自己的孩子。当孩子的兴趣、爱好、成长速度不符合父母的意愿和要求，当孩子的某些行为让父母感觉到失望时，父母们不是去了解孩子们的需要，按照孩子本身的潜质和能力制定教育标准，而是用强制、打骂、处罚，或以爱作为条件来要挟孩子等方法，迫使孩子接受父母的愿望和设想来发展，这就如同揠苗助长，把孩子"拉长"以符合自己的"金床"的标准。在生活中，这种例子有很多，如强迫孩子学弹琴、学绘画，或者考试必须考第一，等等。如果孩子不能满足父母的愿望，轻则被讽刺辱骂，重则被拳脚相加。

当孩子到了青春期，需要长大、需要独立思考、需要尝试着在实践中去验证自己的想法的时候，父母们会觉得孩子对自己的话不再言听计从，担心孩子变坏了，千方百计地想出各种办法去干涉、压制孩子的成长需要，希望把孩子变回到童年时期的那种没有自我的、完全依赖于父母的状态。这就又如同砍下孩子超出了"金床"的部分，让孩子的成长符合父母的需要。具体做法如轻易否定孩子的想法，不允许孩子想学习以外的事，干涉孩子正常的同学间交往，限制孩子去做一些有益的探索活动，因而也使得孩子因为怕被父母否定和阻拦，许多想做的事情也只能偷偷进行，这就使得父母失去了对孩子行为的掌控。为了防止孩子误入歧途，只好变本加厉地限制孩子的行为。父母这种以爱的名义满足自己的需要，用孩子的未来实现父母自己内心的某些愿望的教育方式，与那个寓言是不是有异曲同工之处？

父母常常把这种教育方法视为对孩子的爱，殊不知，这种对孩子的教育方式并不是在爱孩子。这种爱孩子的方式，不仅不利于孩子健康成长，还会造成孩子在成长过程中的人格和心理发育的扭曲。在这样的教育误区中，尽管父母们自认为是在为孩子竭尽一切所能、呕心沥血地付出着，殷切期盼着自己的孩子能拥有一个成功的未来，但是失当的教育方法，更容易导致孩子的发展与父母们良好的愿望背道而驰。

我这样比喻，并不是在否定父母对孩子的爱。父母爱孩子是天性，是本能。从孩子降生的那天开始，父母们在这种爱的本能的驱使下，竭尽所能使自己孩子生活得健康、快乐，最大的心愿就是盼望孩子未来的人生比自己的人生更精彩。

然而，本能的爱不一定对孩子的成长都有利，父母对孩子的教育不能只凭本能，还需要理性地参与，要用科学的态度和方法来实施教育。在帮助孩子成长的整个教育过程中，父母需要用理性来识别自己在爱的本能驱使下所陷入的教育误区，并且遵循孩子成长的规律和身心发育的需要，来指导、帮助、教育孩子成长。这样，才能把孩子培养成具有健康的人格、健全的能力和积极的人生态度的人才，才能帮助孩子由一个无知的幼童逐渐成长为有能力在复杂的社会环境中独立生存的成年人，也才能帮助父母把自己良好的愿望与孩子的健康成长统一起来。

家长的心态出了问题

厌学情绪、与父母沟通障碍、心理危机、强迫症、早恋、另类行为等，这些问题在现在的孩子们身上都或多或少地存在。实际上，人际关系的紧张与冲突，往往是双方参照框架的冲突，也就是评判事物标准的冲突。本章引言案例中的女孩比一般人更早地运用信息手段为自己谋生，如果家长能够理解女儿，就不会引发悲剧了。为什么家长不能换位思考呢？

家长往往以心理上的优势要求孩子应该怎样怎样，而不是启发孩子发自内心地、自觉自愿地做某一件事情，孩子往往"被强迫"。家长应该认真检查一下自己是不是做到了"无条件"尊重孩子，我们对孩子的爱是不是附加了条件。家长往往挟心理上的优势，无形间对孩子造成了心理上的压迫，其后果往往是孩子的心灵被扭曲。

如果家长老是盯着孩子的缺点不放，甚至不厌其烦地历数孩子的"错误链"，就会无形中放大孩子的阴暗面，孩子也不可能拥有阳光心态。

当今社会，父母们"望子成龙""望女成凤"，然而，充满功利性的教育，往往会毁了孩子。而家长的人文情怀和科学的教育观，才是塑造孩子健康人格的双翼。

如果孩子出现了心理问题或行为问题，我们的注意力会放在哪里？大家的注意力都会集中在孩子身上。然而，我们错了。问题是出在孩子身上，根源却是在家长身上。换句话说，家长要为孩子的心理问题或行为问题负 95% 以上的责任。

有一位母亲，带着她念初三的女儿去咨询。女孩说："我现在学习压力非常大。有时在考场上头脑一片空白。可一交卷，思路就出来了。"

这时，她的母亲马上插话："你骗谁呢？如果你知识掌握得很牢固，怎么会做不出来呢？你就是功夫下得不够嘛！"

当咨询老师建议她给孩子减压时，那位母亲十分反感，几乎尖叫起来："你说给孩子减压？这是什么话！现在大家都很现实，分数达不到就进不了重点高中，进不了重点高中你还想进重点大学？进不了重点大学，孩子将来的前途怎么办？"

极大的心理压力和考试恐惧，就会导致孩子所说的那种情况。而从家长的反应看，无疑是家长教育孩子的心态出了问题。

"功利心太强了，却不知道孩子受教育的过程，首先是一个享受现代文明的充满生活乐趣的过程。换言之，这位母亲的心态反映出她缺乏人文素养。"程利国教授不无遗憾地说："我把非功利性也称为人文性。面对孩子的教育首先要抱有一种人文性的心态，要使我们的孩子成为一个享受现代文明、感受生活幸福的人。"

相对于教育孩子的技能来说，教育孩子的心态更为重要。"家长的心态决定了孩子的状态"。

2011年，中国的父母一下子有了与动物相关的代号："虎妈""狼爸""猫妈""羊爸"。"虎妈"的许多育子招数让人心惊胆战：不准经常看电视或玩电脑游戏，不准选择自己喜欢的课外活动，不准任何一门功课的学习成绩低于"A"，不准在某一天没有练习钢琴或小提琴……主张"三天一顿打，孩子进北大"的"狼爸"萧百佑则宣称"小孩是没有朋友的，不需要朋友的"。

然而，有两个有趣的"羊爸"则通过温情教育，为孩子们营造平实温馨的家庭环境，和孩子做朋友，同样也培养出了优秀的孩子。

尊重孩子，给孩子多一点儿自由，不要过分约束。"虎妈""狼爸"受到一些家长盲目追捧和效法，反映的问题都是父母凌驾于孩子之上，不尊重孩子生存、参与的权利。我们教育的一大问题就是，教育没有适龄性，没有顾及儿童心理发展的年龄阶段性，用成人的高标准去衡量孩子的课业成败。

孩子的成长具有阶段性，每个年龄阶段之间心理结构具有质的不同。不同年龄阶段的儿童在行为上具有异质。比如，孩子在小学阶段，大概什么话都可以对父母说。但到了初中阶段，孩子就把心扉封闭起来了，不是什么心里话都会对父母说，这就叫心理的"闭锁性"。这其实是孩子成长过程中的一种社会适应。"一个初中女生，进入了青春萌动期，这时喜欢上一个帅哥班长，并有许多美好的遐想。这些心理活动能够告诉家长吗？"程利国教授风趣地说。

那么，儿童成长的原动力又在哪里？在主客体互动的过程中。也就是说，儿童在与他人，尤其是与朋友的互动中，获得人格的成长。如果家长们能给孩子营造一个健康成长的人文环境，孩子就会在主客体互动的过程中自动、自发、自主地成长。现在城市里还有相当多的独生子女家庭，孩子之间缺乏互动，而亲子间的互动又往往缺乏平等的关系，家长往往以权威者自居。这样，给孩子的心灵成长空间往往会投下巨大的阴影。

家长还应该意识到孩子也是自己最好的老师，应自觉地与孩子一起成长。作为家长，首先要了解孩子，站在孩子的角度，去感受孩子的体验，也就是要用孩子的参照框架去看问题。

误区一：生活上无微不至的照顾就是爱

一、不可缺失的心理需要

小林，12岁，某校初一年级在校生。

第一次走进心理辅导室的小林，是被班主任送来的。原因是小林入学仅两个月的时间，在宿舍里6次偷窃同学的钱物，经学校德育处反复教育仍然不能悔改，班主任怀疑小林有心理问题，送到心理辅导室为其做心理辅导。

站在我面前的小林，是一个长相清秀却头发蓬乱、衣着邋遢的小姑娘。看得出来，这是一个平时不爱修饰自己的女孩。处于青春期的少女正是最爱美的阶段，这类不在意外表修饰的少女是不多见的。

在与小林的交谈中逐渐了解到，小林的父亲是卡车司机，长年在外出车，多数时间是小林和母亲两个人一起生活，而小林的母亲是一个不太喜欢说话的人。小林告诉我，她的妈妈每天除了做家务、照顾小林的生活外，就是坐在客厅里看电视，很少与小林聊天，也从不过问小林的学习情况。小林一直生活在这样一个缺乏感情交流、缺少关注和指导的环境中。

小林从小学四年级开始，就有了偷拿同学物品的坏习惯。同时，她对学习缺乏兴趣，上课时不能遵守课堂纪律，学习成绩极差。两年以来，家长与老师都曾多次对小林进行过教育，但是，直到小林升入中学，其不良行为和学习态度仍没有发生根本的改变。她为什么养成了偷窃的习惯？

小林在上小学四年级时，一次偶然偷拿了同学的学习用品，被班主任发现后告知其家长。为此，小林的妈妈与小林认真地谈了一次话，这使从来没有与妈妈聊过天的小林，第一次感受到了妈妈对自己的关注。经过这次谈话，小林在半年的时间内，再没有拿过别人的东西。

但是，当小林改正了错误行为后，妈妈又恢复了常态，仍旧每天晚上在客厅里看电视，小林与妈妈的感情交流又中断了。几个月后，小林偷窃的行为再次出现了，而且自此以后，小林犯错的次数也在逐渐增多。小林每次偷窃被抓到后，妈妈和老师都会找她谈一次话，小林也就会好几天，可是过不了多久，她仍会继续犯错。尽管妈妈和老师把道理讲了无数遍，而且在生活中妈妈也尽可能地满足小林的物质需要，家长和老师都希望通过这些方法能帮助小林改变偷窃习惯。但是，老师、家长对小林的教育，随着小林偷窃行为的增多，逐渐成了一种例行公事，无法帮助小林彻底纠正不良的行为习惯。

未成年的孩子因自控能力较差，因而都曾有过偷拿别人东西的行为。经过父母或老师的批评教育后，多数孩子的这种行为都能及时得到纠正。但是，对于一个学习成绩不好、在家中和学校里都得不到关注的孩子，孩子对被关注的渴望会胜过其他的一切需要。而偶然的错误行为，却无意中使小林感受到了老师和家长对自己的关注。尽管她知道拿别人东西的行为不对，但是她在接受批评中获得了被关注的满足感。当她不再犯错误的时候，这种关注也就随之消失了。为了重新引起别人对她的关注，她只能通过不断地犯错误来继续引起关注，偷窃行为在小林的潜意识中被当成一种获得关注的手段保留了下来。正是这种被关注的心理需要，使小林无法摒弃不良习惯。而家长平时不能满足孩子对情感交流的需要，只有当孩子犯错时才会来关注孩子，这样的批评只会被孩子当成自己受到关注的一种方式而被接受下来，孩子从批评中体会到自己受到关注的满足感，便不再重视家长说了什么。所以，这样的批评教育反而从反面强化了小林的不良行为，致使不良行为成了孩子的一种习惯行为。

二、情感关注，孩子成长的重要环节

每个人都需要感情上的交流，作为年幼的孩子，他们更渴望与自己最亲也是最信任的父母进行感情交流。对于正在成长中的孩子，他们需要依赖父母的爱来生存，更渴望父母对他们的关注，通过与父母的交流感受父母的爱，体会自己在家庭中的重要性。他们希望父母能抽出点时间跟他们说说话，能听听他们谈自己感兴趣的事情。盼望父母为他们小小的成功而骄傲，让父母与自己一起分享成功的快乐；当他们在生活中遇到一些不如意的事情时，希望父母能听听他们的烦恼，为他们分担痛苦，教他们如何面对挫折。父母的理解和安慰是孩子心灵上最好的疗伤药。

每个孩子都有向上的愿望，但是这种良好的愿望，需要通过父母在情感上的关注来注入能量。孩子通过父母关注中的肯定与否定来学习分辨是非，通过父母的称赞来培养自己的信心，通过对父母的倾诉来化解挫折的压力，提升承受挫折的能力。

但是，有些父母总是以工作太忙、没有时间为借口，没有耐心去听孩子的那些"废话"。在这些父母看来，孩子在生活中遇到的小挫折和小成功都算不了什么，孩子感兴趣的事情也都是些幼稚的小事情。他们忽视了孩子的心理成长正是靠着对生活中小事的体验，积累起人生的经验，寻找成长的正确方向。当父母认为自己每天工作和做家务已经够辛苦了，不值得浪费时间和精力去关注孩子的兴趣的时候，就是撤去了孩子成长的路标。

有些父母甚至在日常生活中禁止孩子谈学习以外的话题。他们觉得只要让孩子吃饱、穿暖，孩子就应该一心只想着学习，不需要再想其他的事情，认为任何与学习无关的事情都是不务正业，都是多余的。而且这些父母还认为他们不让孩子谈其他的话题，是对孩子负责。可是生活中各种事情是相互关联、相互作用的，绝对不是吃饱、穿暖和学习就可以替代孩子成长中所需要的一切。当父母们认为只要孩子不出什么错就没有必要与孩子进行感情沟通，把与孩子进行感情沟通视为可有可无的事情时，父母这种做法就如同抽去了孩子人格、自信、能力养成的阶梯，不仅使孩子失去了努力向上的方向，同时也使孩子因情感上被忽视而无法从内心感受到父母的爱，很容易导致孩子们的心理和行为在成长中发生错位。

当孩子出现了打架、偷窃、逃学、不完成作业、迷恋网络、离家出走等一些现象时，父母们在生气、恼怒、抱怨社会风气的同时，不妨反思一下，为什么孩子会有这些不良行为。或者问问自己，孩子为什么会沉迷于网络，为什么宁愿跑到外边去受苦也不愿留在父母的身边，孩子的心里缺失了什么，需要用这些错误的行为方式来满足。社会上从来就是充满了各种诱惑，为什么许多孩子能抵抗住各种诱惑，而自己的孩子却经不起诱惑。

自己对孩子的教育到底缺失了什么？父母只有清楚地认识到家庭教育中的盲点，学会反省自己教育的失职之处，找出自己在教育上的误区，才能从根本上帮助孩子走出不良行为的阴影。

三、帮助孩子改变不良的行为习惯

当孩子因在家庭中情感被忽视而养成了不良的行为习惯的时候，要有效地帮助孩子纠正其错误行为，就需要先从关注他们的心理需要入手。先要满足他们正常的心理需要，然后再调整其不良行为。

在对小林的辅导中，我要求小林的父母每周必须抽出一个小时的时间与小林聊天，耐心地听她讲学校中发生的事情。同时召集小林同寝室的同学谈心，请这几位同学谈小林的优点，帮助孩子们看到小林的长处，化解她们与小林之间的矛盾，调动起孩子们帮助小林的热情。

当我把小林置于大家热情的关注之中后，接下来才开始对小林的行为进行调整。

先是理解她改变一个坏习惯的难度，然后为她制定了一个很低的标准：跟她约定，在一周内争取控制住自己，不拿别人的东西。一周后的第二次辅导时，我及时表扬了她的自控能力，同时又约定下一周的努力目标。每周都是如此，坚持一周，就及时表扬，然后再制定下周的目标，耐心地陪伴着她一同坚持下去。与此同时，在辅导中还要有意地与她一起探讨班级里那些受大家喜欢的学生是怎么获得大家的尊重的，班内那些不受大家欢迎的同学的行为又是怎样的。通过这些比较，帮助小林体会通过努力学习、遵守纪律、热心助人等方法获得同学关注时的尊严感，以及因为不良行为引起关注时的屈辱感，帮助小林懂得自己的行为与自己的处境间的因果关系，重建分辨行为对错的能力，引导她学习以正确行为方式获取同学们的关注。

在接受了两个月的心理辅导后，小林由于有了努力的方向，有了对自己行为的责任感，并主动对自我行为进行约束，她不仅没有再出现偷窃的行为，而且上课说话的现象也有了明显的改变。4个月后，经过不懈的努力，小林的学习成绩也有了显著的提高。

四、溺爱的危害

每个做父母的都知道溺爱对孩子的成长是有害的，但是在家庭教育中，许多父母往往分不清自己的哪些做法是对孩子的溺爱，而哪些对孩子无意识的溺爱成了孩子成长的障碍。

诺诺的父母是演员，因为经常要扔下孩子到各地去演出，总是觉得对不住孩子。所以，只要在家的时候，对诺诺就尽可能地迁就，诺诺的脾气越来越坏。诺诺平时看上去像个小大人，聪明伶俐，说话不太多，学习挺自觉，生活自理能力很强。但是在与她单独相处中，又处处感觉她冷漠、寡情、自我、缺少礼貌、刁蛮和不讲理。

昨天，诺诺的爸爸妈妈又要去外地演出，暂时由我陪她两天。与诺诺近距离的相处，让我看到这个13岁女孩的另一面。晚上睡觉时，因她的那只宠物小狗总喜欢舔人的脸扰人睡眠，我与诺诺商量，能不能让小狗睡在床下，诺诺一口回绝了我的请求。转天是她的生日，早上叫她起床时，我忘了及时说"祝你生日快乐"，她边穿衣服边大声地冲着小狗喊："笨猪！你怎么不说祝我生日快乐！"我听了一愣，赶紧脱口说："祝你生日快乐！"我接着反问道："你刚才说谁是笨猪呢？"她满不在乎地说："说狗啊！"我是她的长辈，又是受她父母的委托照顾她，她竟然这样出口伤人,我真不知如何是好。

下午,我在电脑上写这封信时,她纠缠着要看,我没有答应。她使出了任性蛮横的劲儿想制服我。此时,我已经是忍无可忍了,压抑了两天的情绪爆发出来,我严肃地对她说:"这是我的个人隐私,我有权保护!"她霸道地说:"你可以写,我就可以看!"此时,正巧诺诺的父母从外地演出回来了,趁诺诺去开门的时间,我赶紧将信件转移到信箱中,又把电脑中的底稿全部删除了。因为不想让她看到信的内容。做这样的处理时,我紧张得手脚发凉,胃部痉挛。诺诺给父母开了门后,又回电脑中去找这封信,当她发现我已将信件删除了,迎接父母的笑脸马上就沉了下来。她的变化让她的父母感到莫名其妙,她的母亲一脸茫然,自语道:"刚刚还情绪高涨,怎么转身就变了?"当时我也只能装着不明白,受人家之托,两天辛辛苦苦地照顾着这个小公主,却把人家的孩子弄得不开心了,怎么说得过去啊!这两天的经历让我很沮丧,胃痛得连饭也吃不下了。

两天的经历让我感觉到,这个孩子的心理可能存在着问题。不知道是不是我把事情看得太严重了,可是她迟早要走向社会,这样下去她将如何与人交往?希望能得到您的指导。

林

上面是一位朋友的求助信,信中提到的女孩是她的外甥女。正如林女士感觉到的那样,女孩的父母因为对孩子的愧疚,用无原则的迁就来弥补情感方面的缺失。这种错误的教育方式,已经使青春期的女儿人格发育出现了问题。

当父母误把满足孩子欲望作为爱的补偿或作为爱的表达方式的时候,父母们的爱很容易失去理性,在无条件地满足孩子的各种欲望中,爱就变成了溺爱。尤其是当孩子还小,他们的欲望也小,很容易被满足的时候,或者坏脾气还没有形成的时候,父母不忍心让自己的孩子"受委屈",

不管孩子的要求是不是合理，都尽可能地给予满足。这种爱的方式，其实是在助长孩子的以自我为中心的任性。

人的欲望是无止境的，孩子们的欲望更是如此。如果从小对孩子的各种欲望不进行任何理性的约束，对孩子的无理要求也不加以节制，孩子就不可能学会约束自己的欲望。父母对孩子的放纵，不仅使孩子逐渐养成了视自己的所有欲望为合理需要的错误认识和不良习惯，而且也会使孩子在成长中缺失自我情绪的控制能力。

错误的认知和习惯，使孩子变得自私、寡情、为所欲为，觉得自己所有的欲望都应该得到满足，别人不满足自己的欲望就是别人的错。孩子长大后，这种认知和习惯也会被带到社会的人际交往中。当一个人对自己的欲望缺乏自控能力，把满足不合理的欲望也看成是天经地义的事情时，在社会交往中就会把放纵自我欲望看得比任何人、任何事情都重要。可以随意放纵自己，随意伤害他人的利益，视纪律、行为规范、道德、法律为满足自我需要的障碍。

当孩子的内心世界狭小得只能放得下他自己的时候，当孩子把自己的需要看得比世界上的任何事情都重要的时候，他们就缺少了关心他人的能力和与环境和谐相处、适应环境的能力。同时，也缺少了获得快乐的能力。一旦社会不能完全满足他们那些无节制的欲望的时候，一旦他们想满足自我欲望但受到社会和他人的遏制的时候，他们就会觉得自己受到了天大的委屈，就会对社会和他人产生怨恨情绪，会陷入欲望不能被满足的自怜和痛苦之中，甚至可能会因为一点小事上的不满意而导致一些极端行为的发生。

老师，我觉得自己太放纵了，对什么都没有兴趣。上午上课不想听讲，想逃课又没有勇气，而且现在越来越沉迷于网络了。从前上网时间并不多，主要是学习，而现在一有空就往网吧里跑，然而当静下心后又觉得自己上网其实是在逃避做功课以及人际交往中的不快和其他莫名的烦恼。在网上消磨了时光后,回到现实却发现自己还是那么没有信心,那么颓废,除了学习基本上不会干别的。我很痛心自己怎么会是这个样子,不是我不想努力,而是力不从心。

这是一个大三学生对自己生活现状的描述。他刚到咨询论坛时,最常做的事情就是不断抱怨自己的父母不好,或者做一些无聊的事情,在论坛上捣乱。他幼稚的行为,让所有的人都误以为他只是个中学生。

因为他在论坛上不断制造麻烦,于是我约他进行了网上交谈,在交谈中才得知他已经是一个大三的学生了。按常理,大三的学生已经是有理性的成年人了,应该进入了关心社会、培养自己综合能力的阶段。可是他却像个初中生一样放纵自我,用一些幼稚的捣乱的小把戏吸引别人的注意,总是想方设法缠着别人,让人陪他聊天。只要是一时闲得无聊了,就到处骚扰别人。在生活中遇到任何一点儿小问题,都要缠着别人为他想办法、出主意,当别人对他的行为提出异议时,他又表现出青春期逆反的状态,故意在网络上给别人制造麻烦,在网络上做出一些破坏性的行为。他根本不考虑他的行为会给别人带来哪些不便或麻烦,只是一味地像小孩子对父母那样,对所有的朋友表现出任性和耍赖。

为什么一个即将毕业的大学生还对别人如此依赖?行为还如此幼稚?我们再看看他对父母的描述:

我妈妈老是给我打电话,现在基本上两三天一次,这还算少了许多,记得我刚上大学时几乎每天他们都打来,有时候妈妈单独给我打,有时候晚上和爸爸一起打给我,而且总是妈妈在说,爸爸坐在旁边听,不时地插话,弄得同学们都笑话我。我最气愤的还是他们的说话方式,一张口就是"你要如何如何,你要注意什么什么,你要怎么怎么样……"

如果遇到我心情不好或者感觉较累不想说话的时候,妈妈一听我说话的时候情绪不高,就开始担心了,然后爸爸也以迅雷不及掩耳的速度知道了，然后他们就问：怎么了？是不是遇到什么困难了？是不是……是不是……无论我怎么解释说没什么事，他们就是不信，坚持要了解原因，要给我出主意。气死我了，从小到大我就没有过自己做决定的权利。我现在都这么大了，他们还要什么都干涉，当然我也知道他们这样是在爱我，但是他们的这种爱真的让我受不了了。难道父母就不能给我一点独立生活的空间吗？

现实生活中，我们常常能看到有这样一些家庭：孩子在整个成长过程中，父母极尽所能地为孩子提供了一个不需自己动手就能舒适生活的成长环境。生活中的一切事情，无论是家务还是个人生活琐事，只要父母能插得上手，都会为孩子代做了，甚至连孩子解决日常问题也要代其思考和决定。考学时，上什么大学选择什么专业也都要强制性地替孩子做选择。就犹如这位大学生所描述的那样，孩子被父母的溺爱剥夺了为自己做决定的权利。当父母不忍心让自己孩子在成长过程中吃一点苦、受一点挫折，把孩子在生活中所遇到的所有问题都由自己扛了，送给孩子一片不用承担任何责任、不用面对任何困难、舒适成长的空间，这种对孩子的爱中已经隐藏了危险，为孩子的健康成长埋下了隐患。

每个人能力的养成，都离不开生活实践，仅靠给孩子讲道理是无法帮助孩子提高生活能力的。父母让孩子在日常生活中做点事、吃点苦、受点挫折，自己去面对一些困难，对孩子的能力培养是有益的。它不仅提高了孩子做事情时的逻辑思考能力和生存能力，同时，在处理生活事件的过程中，也培养了孩子的耐挫折能力。

父母用爱剥夺了孩子们在成长过程中学习各种能力的机会，长大后的他们就会缺少适应环境和独立生存的能力。在这样的溺爱中，由于能力上的缺乏，他们对生活的态度也会随之改变，他们已经不再会有独立解决问题的思路，习惯于依赖父母的他们，只要遇到困难，唯一的解决方法就是想办法去找人依赖，让别人为他解决问题。但是在现实生活中，除了父母以外，又有多少人愿意总是被别人长久地依赖呢？离开了父母，又找不到依赖对象时，他们就会感到茫然和无助。丧失了独立思考能力的孩子，因为无法适应环境，不知道如何为自己负责，就只能在孤独和自卑的痛苦中挣扎。

对孩子的行为不加约束也是溺爱。

涵涵的母亲在38岁时才生下她。由于得女较晚，对孩子不免宠爱有加。涵涵在其母亲的眼里总是最可爱的。幼年的涵涵与年迈的外婆争零食时，她母亲却抱怨外婆不懂事，不让着小孩子。涵涵七八岁时，一次母亲出门时，父亲因涵涵淘气就说了她几句。母亲回来后，竟然亲自坐镇教涵涵用棍子打她父亲出气。家里来了亲戚，只要涵涵不高兴，就可以随意冲撞客人，其母亲对孩子这种不礼貌的行为根本不在意。涵涵在学校里打了别人，老师找到她的母亲，她的母亲会说："涵涵没有打人，只不过是跟同学闹着玩，可能是涵涵的手重，别人就说涵涵打她了。"在涵涵的成长过程中，母亲对孩子所说的理由都深信不疑。在她的母亲看来，自己的孩子总是对的，如果孩子出现了什么问题，那也是别人的原因。在这样的姑息纵容之下，涵涵总能为自己的行为找出各种各样的借口，逐渐同学们都不再与涵涵交往了。

涵涵就是在这样的宠爱下长到了14岁。青春期是孩子的"心理断乳"期，在这个阶段，孩子在心理上开始疏离父母，逐渐把感情投向同龄的小伙伴，这种心理特点是在为孩子发展自身的独立性做准备。但是由于涵涵在生活中没有一个朋友，这种成长中的心理需要受到了阻碍，再加上青春期机体的不平衡带来的烦躁，使涵涵的情绪更加不稳定。于是，她开始用打她妈妈的方法来发泄情绪，而母亲会一动不动地坐在那里让孩子打，直到涵涵发泄够了她才会起身。别人问涵涵的母亲为什么不躲开女儿的殴打，她说："孩子心里难受，我再不让她打，她不更难受吗？"

最初涵涵还会为自己殴打母亲的行为感到内疚，但是在母亲的默许下，时间久了，涵涵把殴打母亲作为自己宣泄的正常行为。到了涵涵20岁时，她经常把母亲打得遍体鳞伤。终于，她的母亲再也承受不住女儿的殴打，只好另买一套住房躲了出去。每天早上，涵涵上学走了，她的母亲回来给女儿做好一天的饭，在涵涵快放学之前，她母亲赶紧离开。此时的涵涵在外面没有朋友，家里唯一可以宣泄情绪的母亲又躲出去了，孤独和无助的痛苦吞噬着她那已经被溺爱扭曲的心灵。为此，她选择用自杀来结束自己的痛苦。她在吃掉了家中能找到的所有药物后，点上一支蜡烛为自己送行。结果自杀未成，蜡烛却引起了一场火灾，家中所有的物品都被烧焦。幸得邻居及时救助，涵涵在火灾中才没有受伤。涵涵的母亲不仅不感激邻居的相助，却抱怨邻居要求居委会把涵涵送到精神病院的请求不近人情。

经医生诊断，涵涵患有人格障碍，这种心理疾病没有药物可以治疗，只能把涵涵关进精神病院来防止她对别人造成伤害。涵涵因为已经严重缺失了自身的社会功能，不能在社会中正常交往和生活，她无法为自己承担起独立生存的责任，余生只能在精神病院中度过。

她的母亲就这样用溺爱毁了自己孩子的一生。

人在婴幼儿时期是没有是非观念的，他们完全是凭借着自己的本能需要来做事情。孩子是非观念的建立，是要通过父母在生活中对孩子各种行为的不断指导来完成的。从孩子初懂人事起，在他们的游戏中，或与别人的交往中做对了一件事情的时候，父母要给予肯定和鼓励；当孩子做错了某件事情的时候，父母要及时制止和否定。孩子就是在父母对自己行为的肯定与否定中逐渐学会认识行为的对错，养成了正确的是非观。对孩子是非观的培养，是渗透在孩子整个成长过程的家庭教育之中的。孩子有了正确的是非观念，就会懂得如何按公众行为标准和社会标准来约束自己的行为，懂得如何在社会和团体中自觉地遵纪守法。这样他们才能融入社会和团体之中，在与大众的和谐相处中发挥自己的才能。

父母对各种事情的对与错的态度和看法，会直接影响到孩子是非观念的形成。如果家长对孩子过于溺爱，因疼爱孩子，不愿意让孩子不开心，对孩子的不当行为不给予制止和纠正，持有"树大自然直"的想法，认为孩子长大了自然就会懂规矩了，平时不注意从点点滴滴的小事上约束孩子的不当行为，让孩子在不能明辨是非的环境下长大，孩子就会对事情的是非缺乏辨别能力，也很难形成正确的是非观。这样的孩子很容易出现人际交往上的问题，甚至会影响到孩子将来的工作态度和生活能力，而人际交往的障碍带来的痛苦，更容易导致其社会功能的丧失和心理疾病的形成。

做合格的父母，应该理性地站在为孩子健康成长的角度去了解孩子在成长中需要的是什么，设身处地地为孩子的成长着想，把孩子成长中的心理需要放在父母个人的心理需要之上，根据具体的情况，适当、合理地满足孩子那些正常的需要，有意识地帮助孩子学会去约束那些不合理的欲望和需要，让孩子的思维和行为更符合社会规范的要求，这样才能有效地帮助孩子完成由自然人向社会人的过渡，也才能把孩子培养成能适应社会竞争、有修养、有高尚情操的品学兼优的人才。

误区二：考上大学才是成功的教育

一、优异的成绩不等于健全的人格

这是一封在网络上流传过的书信：

亲爱的儿子：

尽管你伤透了我的心，但你终究是我的儿子。虽然，自从你考上大学，成为我们家几代里出的唯一一个大学生之后，心里已分不清咱俩谁是谁的儿子了。从扛着行李陪你去大学报到，到挂蚊帐、缝被子、买饭菜票，甚至教你挤牙膏，这一切，在你看来是天经地义的，你甚至感觉你这个不争气的老爸给你这位争气的大学生儿子服务，是一件特沾光、特荣耀的事。

的确，你考上大学，你爸妈的确为你骄傲。虽然，现今的大学生也不一定能找到工作，但这毕竟是你爸妈几十年的梦想。我们那阵儿，上大学非常不容易，这也就是我们以你为荣的原因。然而，你的骄傲却是不可理喻的。在你读大学的第一学期，我们收到过你的三封信，加起来比一份电报长不了多少，言简意赅，主题鲜明，通篇字迹潦草，只一个"钱"字特别工整而且清晰。你说你学习很忙，没时间写信，但同院里你高中时代的女同学，却能收到你洋洋洒洒几十页的信，而且每周一封。每次从收发室门口过，我和你妈看着你熟悉的字，却不能认领那种痛苦是咋样的，你知道吗？

后来，随着你读二年级，这种痛苦煎熬逐渐少了，据你那位高中同学说，是因为你谈恋爱了。其实，你不说我们也知道，从你一封接一封的催款信上，我们能感受到，言辞之急迫、语调之恳切，让人感觉你今后毕业大可以去当个优秀的催债人。

当时，正值你妈下岗，而你爸微薄的工资，显然不够你出入卡拉OK、酒吧、餐厅。在这样的状况下，你不仅没有半句安慰，居然破天荒来了一封长信，大谈别人的老爸老妈如何大方。你给我和你妈心上戳了重重一刀，还撒了一把盐。最令我伤心的是，今年暑假，你居然偷改入学收费通知，虚报学费。这之前，我在报纸上已看到这种事情。没想你也同时看到这则新闻，一时间相见恨晚，即时纯熟地运用这一招，来对付生你养你爱你疼你的父亲母亲。虽然得知真相后我并没有发作，但从开学到今天的两个月里，我一想到这事就痛苦，就失眠。

这已经成为一种心病，病根就是你——我亲手抚养大却又备感陌生的大学生儿子。不知在大学里，你除了增加文化知识和社交阅历之外，还能否长一丁点善良的心？

辛酸的父亲

读着这封充满了辛酸与无奈的信，虽然我们很同情这位父亲。但是，还是不禁要问一下，这个儿子为什么会对自己的父母如此无情？每个孩子在出生的时候都是纯洁无瑕的天使，那么，这封信中的儿子又是怎么从一个天使变成这样一个为满足自己需要而不择手段的人的呢？是谁把这个大学生变得如此的自私、如此的冷漠？

在信的叙述中，我们可以看到这样一些端倪：这位已经成为大学生的青年，上大学的行李要由父亲来扛，挤牙膏这种日常生活小事上了大学才开始学习……

一个已经成年的男子汉，在生活小事上还要如此依赖父母，而且没有为此感觉到丝毫的羞惭，还理所当然地享受着父母的服侍。由此可见，在他的成长过程中，早已习惯了由父母为他打理生活中的一切琐事。由父母为他的生存承担责任，他只要搞好学习，满足自己的任何需要理所当然地被他视为是父母的责任。

当一个人成年后，只知索取不懂付出，把应该由自己承担的生存责任视为父母应承担的责任的时候，有了如信中所写的这些自私、冷漠的行为，就不足为怪了。

无论上面这封信是不是杜撰出来的，但是这封信所反映出的教育模式在许多家庭中都确确实实地存在着。因此，信中讲到的这类对父母情感冷漠的故事，在当代大学生中早已屡见不鲜了。而目前盛行的父母辞职为上大学的孩子陪读的风气，把这种错误的教育方式推到了极致。

苏联著名教育家苏霍姆林斯基曾这样说过："爱抚，不是迁就调皮的孩子，不是不加思考地满足闲得发慌的孩子的稀奇古怪的要求。纵容、姑息孩子的顽皮淘气和刁钻古怪的要求会把孩子引入歧途，使孩子变得粗鲁、冷酷无情；因为淘气被溺爱的孩子只能看到自己而看不到别人。他是自私自利的人，而自私自利的人，他的个人小天地就是他快乐的中心。"

孩子的责任心和各种良好品质的形成并非天生就有，而是在孩子成长的过程中，通过父母理性的、有意识的引导，在生活中慢慢培养出来的。

在孩子成长过程中，如果父母们在生活上把孩子照顾得无微不至，为孩子提供一个无须付出就能享受的舒适生活，作为对孩子表达爱的方式，而忽视了对孩子的各种能力的培养；只知道无条件地满足孩子在生活中的各种合理或不合理的要求，不懂得孩子还需要情感与品德教育。那么，这样的教育就是非理性的教育，将会使孩子失去自我责任感和体谅、关心他人的能力。久而久之，孩子也就把依赖父母、向父母索取看作理所当然的事情，逐渐形成以自我为中心的缺乏独立性的依赖性人格。而孩子这种以自我为中心的思维习惯和人格上的扭曲，再加上各种能力的缺失，会造成孩子在适应社会环境，以及面对学习、工作和生活上遇到的各种挫折时难度的增加，也为各种心理疾病的发生埋下了隐患。

有的家长也许会说："我们也知道培养孩子品质的重要性，但是现在的孩子学习压力这么大，连完成作业都困难，哪有时间做其他的事情！"

其实，这不过是一些家长轻视孩子品质培养的借口，对于孩子品质的培养，并不需要占用孩子太多的时间，但是却需要家长在日常生活中持之以恒地坚持，培养孩子的品质要比单纯地抓学习难得多，家长需要付出巨大的耐心，付出更多的辛苦。

二、重视人格的培养才是理性的教育

萍萍，19岁，四川大学医学部本硕连读的在校生。以下内容是她的自述：

爸爸妈妈都很爱我，在我成长的过程中对我也很宽容。我从小最喜欢跟爸爸妈妈聊天，我经常把学校里发生的事情讲给爸爸妈妈听。他们对我说的任何事情都非常感兴趣，妈妈还会有意地告诉我，哪些人的做法是对的，哪些人的做法是错误的，以此来帮助我明辨是非。无论在哪方面，只要我取得了一些小的成功都会向妈妈炫耀，妈妈也会十分开心地称赞我，鼓励我。当我在学校里感到受了委屈的时候，妈妈会耐心地与我一起探讨事情的原因。如果是我的错误，妈妈会教我学会自省；如果是同学的不对，妈妈会告诉我不对的原因，并教我不要学习这种行为。从小到大，我没少犯过错，父母对我的教育态度是，犯了错误不要紧，但绝对不能撒谎。即使考试不及格，只要诚实相告，爸爸不仅不会打我，还会耐心帮我纠错。因此，一直以来学校发生的任何事情我都愿意跟父母分享。

到了考大学的时候，为了能使我得到锻炼，父母都鼓励我到外地读书。而我自己也认为，我不可能一辈子在父母的羽翼下生活。于是，我以优异的成绩考上外省一所重点大学。

我去大学报到那天，在宿舍里，爸爸看到床上蚊帐没有挂，他下意识地立即爬到上铺为我挂蚊帐，就在我愣神的时候，妈妈在旁边提醒我："你上去，自己弄。"爸爸这时也意识到这个问题，把蚊帐交还给我。

去报到处报到时，每次遇到缴费、排队等事情，爸爸的第一反应都是他来做，第二反应才想到这些事应该由我自己来做。于是又会立刻把我"揪"到前面去，他的这种感性与理性的矛盾做法，既让我哭笑不得，又让我很感动——感性与理性都是父母的爱。

很多父母以为爱孩子就是替孩子做好一切，而我的爸爸爱我，第一反应也是替我做，但他很快能意识到理性的爱才是真爱。只有"狠心"放手，才能让我健康成长——父母的爱就是这么简单却又这么艰难。

他们正是通过这些生活小事教会了我独立，教我懂得了要为自己的生活承担责任。他们的教育培养了我的自信，使我在成长中体会到了更多的快乐。

萍萍的母亲在谈对女儿的教育时说:"怎样的教育才是对孩子最有利的教育,是把孩子的学习放在第一位,还是把孩子的人格教育放在第一位?这个矛盾也曾使我很困惑。但是,我个人还是认为孩子的人格教育是最重要的,无论学习是不是拔尖,孩子在能力和行为上都应该是一个能够独立的、有责任感的、有是非观念的人。所以,我认为把孩子培养成一个'人'更重要。"

因此,萍萍虽然没有参加过奥数班学习,也没有读重点高中,却以优异的成绩考上了全国重点大学的热门专业,在应试教育竞争中成为佼佼者。

误区三:我的孩子我做主

一、压制教育是对孩子的伤害

在生活中,我们常常会见到这样一些父母,他们喜欢按照自己的愿望为孩子安排一切,小到兴趣爱好、生活小事的处理,大到选择学业和工作,完全以自己的爱好为标准,为孩子制定生活的目标,并要求孩子必须服从自己意愿。如果孩子对父母的安排有异议,父母就会摆出"我是父母你就要听我的"的架势强迫孩子接受。如果孩子违背了父母的意愿,等待孩子的就是父母的斥责、吵闹甚至是强制性的行为,而且这些父母还自认为自己为孩子安排的一切是为孩子好。在这些父母的意识中,孩子是自己生养的,就应该听从自己摆布。

有许多孩子,当自己的愿望与父母的愿望发生冲突的时候,既受不了父母的强制性的态度，又找不到解脱的办法。他们中间的一些人只好以离家出走、自我放弃、自我沉沦等方法来对抗父母对自己的压力和强迫，还有些孩子在这样的反抗过程中，因为误交了朋友而走上歧途。

作家张健鹏曾这样说过："（父母）用孩子来显耀自己，用孩子来补偿自己的缺憾，从本质上讲，是一种自私的行为。"

每个人在人生之路上，由于这样的或那样的原因，总会留下一些这样或那样的遗憾。当我们有了孩子以后，有意或无意之中，就会把弥补这种遗憾的愿望放到孩子们的身上。表面上看来，父母强制性的行为好像是在为孩子着想，不希望孩子再有自己曾经的遗憾，而事实上，这种做法其实是父母在试图利用孩子来补偿自己的缺憾，而这种一厢情愿的、不顾孩子意愿的、自作主张的安排孩子生活方式的做法，其结果是在为自己弥补遗憾的同时又在为孩子制造新的遗憾。

孩子是父母生命的延续，但不是父母的附属体，不是父母的私人财产，不是父母实现自己的理想和愿望的载体。他们是有着自己思想和愿望的独立的生命个体。当父母不能把孩子当成一个独立的生命个体来尊重的时候，孩子就被视为父母自身的一部分、父母身上的附属物、父母的私有物产，父母像摆布玩偶一样，把实现自己的夙愿凌驾于孩子个人的愿望之上，希望通过孩子代替自己去弥补自己人生的遗憾。因此，父母把个人的需要强加于孩子的做法也就被视为理所当然的事情。当父母不顾孩子的个性需要和成长需要，强行地把自己的意愿强加于孩子时，这种自私的行为，不仅是对孩子自尊、自信的严重的伤害，也有可能因这种伤害而导致孩子为逃避压力误入歧途，甚至因此毁了孩子的整个人生。虽然有些孩子也会在父母的强制下获得事业的成功，但是这种伤痛在心中埋下的阴影，会影响孩子一生的情感生活，甚至会在孩子成年后增加其心理疾病发生的概率。现实中，有些大学生或研究生，因心理疾病最终选择自杀的事例，为这种压制式教育对人一生的危害提供了最好的佐证。父母本来是想让孩子不再有自己曾经的遗憾，这种善良的愿望却因不当的表达方式而成为孩子心灵健康的杀手。

二、教育需要讲究方法

我是一个母亲，我女儿刚过14周岁。我想对青春期的女儿进行性教育，但一提这类问题她就要想尽各种办法逃避，一提到敏感话题孩子就跑。我曾要求她赤裸身体接受我的查看，但我的孩子不愿接受。我觉得母女同性之间，应该可以坦然面对呀。我有个朋友也对我说："孩子是咱生的，咱还不能看吗？"

我强迫女儿裸身检查，女儿为应付我的检查，把阴毛和腋毛都给剃掉了。我在强行检查时，看见女儿（14岁）这么大还没有一丁点体毛就急了，要带她去医院检查，女儿情急之下才道出真相。我和女儿现在闹得有点僵，我难以理解女儿的做法。看来想对孩子进行生理教育也不是一件易事啊，我们应该怎样对孩子进行教育呢？

这位求助者和她的朋友，都是对孩子很负责任的母亲：孩子进入了青春期，她们意识到为了孩子的健康成长，要主动对孩子进行青春期的教育。这两位母亲关心孩子成长的认真态度是值得称赞的，但是在实施教育中，由于传统的错误观念的作用，所使用的方法却是不得当的，因而使她们良好的愿望变成了对孩子的伤害。

十三四岁的女孩刚刚进入青春期，由于生殖器官开始发育成熟引起的身体上的变化和心理上的新体验，使她们对性充满了神秘和困惑。这种神秘感和困惑会使孩子们既羞于面对自己身体上的变化，又渴望了解这种变化。所以，在这个阶段对孩子进行性教育，既要传授知识，也要照顾到孩子敏感的心理，只有采取孩子们能够接受的教育方法，父母的教育才可能被孩子们所接受。

我在一次与高中女生的座谈中，有个女孩抱怨道："我母亲总是不让我晚回家,我回家稍晚点儿,她就会训我,可是男同学的父母就不会这样做。"她的抱怨得到了许多女生的附和。听着孩子们的抱怨,我给女孩子们讲解了女性的生理构造,讲述了女孩如果被坏人意外伤害会给她们带来哪些后果,太晚回家对于女孩子有哪些危险,等等。因为性教育是在解答问题的过程中介入的,并没有引起孩子们的尴尬。当我的讲解结束时,那个提问的女孩恍然道:"妈妈管我原来是为了我好呀!"

其实对孩子进行性教育的方法有许多,如有些家长会购买相关书籍放在孩子看得到的地方,让孩子自己去学习。这种方法,既可以帮助孩子了解科学的性知识,又可以避免孩子面对性问题的尴尬。也有的家长,利用孩子第一次遗精或月经初潮的机会,当面欣喜地祝贺孩子的长大,同时适时地讲解一些性知识,既解除了孩子面对自己性发育的尴尬,也帮助孩子形成正确认识性发育的态度和给予孩子健康的性教育。

上面提到的那两位母亲,因持有"孩子是咱生的,咱还不能看吗"这种视孩子为私有物品的错误观念和"母女是同性之间,应该可以坦然面对"的一厢情愿的想法,不顾孩子的自尊和意愿,采用了对孩子进行身体强制性查看的错误方式,这种做法给思维发育还不成熟、自我意识已经很强烈的女儿带来了心理上的伤害。那位14岁的女孩正是为了保护自己的隐私,才想出了用脱毛膏脱毛的方法来保护自己发育的秘密。

孩子们对问题认识的能力是有限的,一些在成人看来很简单的问题,对于孩子来说却是很费解的。父母自认为自己是为了孩子,就不顾孩子的感受,对孩子采取一些强制性的措施;而孩子往往是因为不了解父母的意图,会本能地拒绝父母的教育和指导。这样的教育,不仅仅会导致教育上的无效,而且孩子还可能会因无知或逆反情绪的作用,用故意对抗的方法来抗拒父母的强制。而这些幼稚的故意行为,很有可能给孩子的成长带来更多的危险和更大的伤害。

因此,在对孩子的教育过程中,父母仅有帮助孩子成长的愿望是不够的,正确选择教育方法才是教育成功的关键。尤其是面对青春期阶段的孩子，父母需要随着孩子的成长，放弃"我是父母你就必须要听我的"这种居高临下的强权思想，放下父母的架子，学会尊重自己的孩子，耐心地体会和理解孩子在半成熟期的想法和行为，改变简单说"不行"的做法，耐心地给孩子们讲清楚道理，使孩子明白事情可为和不可为的原因。当孩子明白了其中的道理时，就会自觉配合父母的教育，同时也能在父母的教育中体会到父母对自己的关爱。

教育的目的就是为了帮助孩子成长，为了达到这个教育目标，父母应该在教育方法上多下点功夫，让自己的教育方式更容易被孩子接纳，使家庭教育成为孩子成长之路上的扶梯。

三、家庭教育也应与时俱进

在中国几千年的"君君臣臣，父父子子"的封建等级观念的影响下，压制性的教育在中国家庭中是很普遍的。"棍棒底下出孝子""严师出高徒"等说法不是一直被我们的父母作为压制性教育的理论依据吗？许多父母甚至视这种强权教育为不溺爱孩子的表现，并以此为荣地四处标榜自己教育有方。

这种观念其实是非常片面的。"严师出高徒"，严，并不是指对待孩子的态度上的严厉和强制，而是指对孩子一些不合理的欲望和要求的约束。教孩子学习约束自己的行为，不一定非要采用强制性的态度。当孩子有了不当的行为时，父母不姑息孩子的错误，用理性对其行为进行分析和指导，以理服人，这也是严格教育孩子的一种方法。父母对孩子的严格要求，应体现在对孩子各种认知和行为的理性管理上，而不是表现在对孩子错误的情绪化反应上。

虽然现在社会已进入了教育迅速发展的新时期，可我们的家庭教育却仍有很多家庭的家庭教育模式中。新时代的青少年在家中面对的教育，仍然是母亲喋喋不休地唠叨："你就不能认真点？""你为什么不听话？""你看×××多懂事！"或者不停地说孩子这也不好那也不对。而父亲就更干脆了：必须要这样！不许那样！你敢不听我的，我就惩罚你！许多新时代的父母们如今仍然沿用着他们父辈的教子方式，把那些无意义的情绪发泄当成对孩子的教育。

父母们之所以执着于这种无效的教育，一是因为父母对孩子幼稚的心理并不理解，用自己成熟的思维和社会经验去衡量孩子的理解能力，自以为不允许孩子做某些事情，孩子就应该知道其中的危害，所以会在平常的小事上，忽视对孩子行为的正确引导；二是只是简单地对孩子说"不"，而不耐心细致地给孩子讲道理，以为这样做要容易和更省力。

父母的这种教育方式，带给孩子的又是怎样的感受？

俊俊：我妈妈最让我讨厌的就是她的唠叨，让我无法忍受，提醒这个提醒那个，虽然我记性不好，但是总这样提醒也让我不舒服。而且我若犯了什么错误，我妈总是说起来就没完没了，常常是把以前的错误搬出来一起说，而且每次都是"我实在不想说你了，但是又不能不说"，接着又开始第二遍。所以，妈妈在我眼里就是夜叉。到了青春期，爸爸虽然少了呵斥，但也多了许多的唠叨。父母的做法使我始终无法感觉到这是一个家，我也不知道什么是亲情。

娜娜：我的父亲对我很严厉，严厉得让我害怕，害怕他的眼神。所以，我什么事都不想让他们知道，我也听他们说他们爱我，可我却从未看出他们真正地爱过我。在家里，我体会不到温暖和关怀，他们不了解我到底在想什么，我的梦想是什么。我常常在想：我为什么是个女孩而不是男孩呢？如果我是男孩，也许他们会爱我多一点，也许我就能体会到亲情，可我不是男孩，我真的很希望他们能像其他的父母一样慈祥。

妮妮：父母常把我当成炫耀和比较的对象，按他们的愿望塑造我，把学习成绩当成一切表现的指标；不尊重我的隐私和权利；认为养我是很辛苦的事情，总让我有一种自己欠了他们的感觉；他们缺乏幽默感和轻松的能力，总把家庭气氛弄得那么严肃。我最不能忍受的就是他们每次教训完我后，又会再说上一句："我这也是为你好，有哪个父母不是为子女好的？你看别人我还不说他呢。"我也知道他们为我好啊，可我也有我自己的想法嘛，为什么不允许我有自己的想法？

通过孩子们的感受，我们就不难理解父母们为什么总会觉得孩子很难管教了。父母的唠叨和强制，并不能帮助孩子了解事情对错的原因，提高对事情的判断力。而且父母的情绪化也会激起孩子情绪化的对抗，加上孩子本来对事情本质上的认识就很有限，在父母情绪化的说教中，他们往往感受到的只是父母对他们的呵斥，根本听不进父母的教训，更无法体会到这些呵斥背后的父母的深情。孩子们在这样的感受中，又怎么能理性地接受父母的引导和教育呢？

青春期孩子的思维受到大脑发育还不成熟的局限，他们的认知能力还很幼稚，又缺乏生活经验，对各种行为的后果和危害还缺乏预见性。如果父母只是用简单的否定来对待孩子的行为过错，孩子们会因为分不清对错或不懂行为错误的危害，而坚持自己的错误做法，并采取阳奉阴违、欺骗或封闭自己等方法来对付父母的唠叨。在父母这种强制性的教育压力下，如果孩子违背了父母的强制态度，或无意中做了违背父母意愿的事情，或偶尔犯了错的时候，为了逃避压力，孩子们常常会采用一些幼稚的、不计后果的，甚至是极端的方式——诸如撒谎、逃学、离家出走来回避责任。由于孩子的思维是肤浅的，想法是幼稚和简单的，他们所选择逃避压力的这些方法，很有可能会给他们的生活和健康带来更大的危害。

要规避孩子成长过程中因无知可能带给他们的伤害，父母需要跟上时代的进步，改变自己的教育态度和教育方法，摒弃已经落后于时代的传统教育观念，顺应社会的发展。拥有了新的教育观念，才会找到适应孩子发展的教育方法。

当父母能够把孩子那些因自控力有限，或因是非观念还不健全而导致的一些错误行为，视为是孩子成长中的正常现象的时候；当孩子做错了事情，父母不再是急着抱怨孩子给自己惹了麻烦，而是能够理性地帮助孩子弄清楚行为过错的原因及危害的时候；当孩子能够在父母理性的指导中，学会理性地反思和认识自己的过错，学会根据社会的需要自觉地约束自己行为的时候，孩子们才能在父母的指导下，提高对行为对错的分辨能力，养成为自己的过错承担责任的习惯，逐渐由幼稚走向成熟。

误区四：给孩子讲道理就是教育

一、孩子为什么会厌烦说教

每次给家长做辅导时，都会有父母无奈地诉苦："我们并不是不教育孩子，可是孩子总是听不进去。每次教育孩子，他不是敷衍应付，就是干脆走掉。只要我们多说几句，孩子就会嫌烦。孩子不让我们说，他能做好也行啊，可是他们又那么不自觉。现在的孩子真是太难管教了。"

每次遇到家长如此诉苦，我都会问这些父母："你了解自己的孩子在想什么吗？"几乎所有被提问到的父母的答案都是："不知道！"

如果不了解孩子的所思所想，做父母的会怎样实施自己的教育？许多父母是根据自己的想象，自以为是地送给孩子一些他们不理解也不需要的大道理。诸如，父母看到孩子在看电视或在听音乐，就会认为孩子在偷懒，就会训斥孩子在浪费时间，然后接下来就是强调学习的重要性，告诫孩子市场竞争有多激烈，搞不好学习、考不上大学，将来就会没出息，等等。父母们常常会把指责孩子这不对那不对然后加上一通说教当成是对孩子的教育，却没有考虑过，孩子是否能听得懂这些说教。父母在生活中经历过太多的挫折，积累了丰富的人生经验，那些道理是父母在生活的摸爬滚打中逐渐悟出来的生活的精髓。可是我们的孩子还没有进入社会，还不曾有过遭受生活挫折的体验，没有丰富的人生阅历，未来对于他们来说还是很遥远的事情。父母这种超越了孩子的理解能力的说教，孩子明白的只是表面上的道理，却很难体会到这道理背后的深刻含义。

有一位家长曾经给我讲过这样一件事情：她的女儿很懂事，平时也很会用道理开解别人，甚至还会在母亲遇到挫折时开导她的母亲。这一年女儿上了大学，刚上大学的女儿，对大学里的一切都充满了好奇和渴望。她与一位漂亮的女同学一起去学校里的各种社团参加招新活动，结果她的同学在当天就收到了好几份接收通知，而她却一份也没收到。

为此她感觉到非常失落、痛苦和不平，回到家中，她的母亲问她："你不是总是告诉别人要坦然面对现实吗？为什么你现在却不能坦然面对这个现实了呢？"女儿痛苦地说："可是我怎么知道现实竟然是这样的残酷啊！"

通过上面这个真实的故事，我们可以看出，尽管孩子们会讲许多道理，尽管他们以为自己懂得那些道理，但是没有经过实践的体验，孩子们很难真正理解和应用它们。所以，当父母们的那些苦口婆心的大道理解决不了孩子心理上的具体问题时，就不可能成为激起孩子学习动力和帮助孩子克服困难的指南针，这些对解决具体问题没有意义的大道理自然就成为孩子听不进去的唠叨了。

二、教育是有的放矢的引导

父母是成年人，所思考的问题多数是宏观的和长远的，而年幼的孩子还没有能力想得那么大、那么远，当父母发现孩子学不进去或心不在焉的时候，不要简单地认为孩子就是在偷懒。也许孩子此时正被某些对于他们来说很是烦心的问题困扰着，此时，他们最需要的是有人能给予他们一些关心、指导，帮助他们解决心理上的困惑。

青春期孩子身心的快速发育，给他们带来了许多新奇的感受，也带给了孩子许多的困惑与烦恼。青春期的变化会使孩子过度关注自己。脸上长出了小痘痘，他们会担心影响自己的形象；身体过早或过晚的发育状态，让他们感觉自己与大家有了不同会引起他们的不安；突然产生的性梦、性幻想会使他们有罪恶感，担心自己变坏了；由于青春期孩子在情感上不再过于依恋父母，开始向同伴转移，同伴对自己接纳与否的态度，也会引起他们情绪上的波动；还有体内迅速增多的性激素引发的心情烦躁，自己给自己制定的不切合现实的目标所带来的压力，因为心理断乳期淡化了孩子对父母的心理依赖而造成的学习动力的缺失、与同伴间的矛盾、对异性产生的爱慕情愫等，这一切与青春发育有关的因素，都会影响到孩子学习情绪的稳定，这些问题如果不能得到及时的指导和化解，就会使孩子处于焦虑的状态。这种焦虑和烦躁就会通过听不进课、注意力无法集中、学习心不在焉、放弃学习等现象表现出来。

当孩子出现这些现象时，家长首先要理解自己的孩子，对孩子的困惑不要大惊小怪，也不要认为这是小事而置之不理。家庭教育无小事，父母眼中的小事，常常是孩子心中天大的事情。父母对于孩子的烦恼既要重视，又要以一颗平常之心来看待，用自己过来人的经验指导孩子正确认识和处理这些成长中的烦恼，帮助孩子从这些烦恼中解脱出来，还给孩子一份有利于学习的愉快心情。

其次，父母还需要体谅自己的孩子，我们的孩子们每天要在学校里学习八九个小时，回到家后还要写上几个小时的作业，毕业班的学生们甚至连周末的休息时间也没有。这种日复一日、单调乏味且辛苦的学习生活，连我们这些成年人承担起来都很难，更不要说这些心智还未发育成熟的孩子们了，父母们应该理解这种生活给孩子们带来的厌倦感。俗话说"磨刀不误砍柴工"，其实让孩子学习一小时左右适当地放松一下，比一刻不停地坐在那里学习，能收到更好的学习效果，这也是更科学的用脑方法。大脑承担思考的负荷力是有限的，孩子也不是一架学习的机器，父母不能一见到孩子听音乐或者偶尔休息一下，就斥责孩子在偷懒。在家中父母需要给予孩子适当休息的时间，让孩子疲劳的大脑得以休息，提高孩子在单位时间内的学习质量。

最后，父母要及时为孩子化解厌学情绪。在家庭教育中，我们常常会看到这样两种极端的现象：一种极端是有些父母会为孩子制定过高的学习目标，过高的目标往往会超过孩子的实际能力，在这种过高的目标的压力下，孩子会因为恐惧心理而产生厌学的现象；另一种极端是父母对孩子成长不给予任何要求，使孩子因为没有方向、没有动力而厌学。无论是哪种做法引起孩子的厌学情绪，父母都应先调整好自己的心态，为孩子制定一个努力就能达到的目标，激发孩子向上努力的信心和兴趣。

如果父母能把那些空泛的大道理分解成一个个小问题上的具体指导，使其便于孩子理解，孩子就有可能在父母的帮助指导下，顺利地走出困惑的阴影，解除烦恼带来的压力，这样具体化的指导会更利于孩子专心学习。

三、身教比言教更重要

常言道："身教重于言教。"作为孩子出生后的第一任教育者的父母，其言行举止、对待生活的态度、对待孩子的态度等，都会对孩子的成长起到潜移默化的影响。我们很难想象一对不喜欢读书、不思进取、耽于享乐的父母，仅靠千百次地对孩子讲好好学习、天天向上的道理，孩子就能成为努力学习的学生。

在对家长进行的如何培养孩子自控能力的讲座中，我常听到父母抱怨自己的孩子贪玩，不知努力。孩子为什么会贪玩？父母先想一想，当你们沉迷于牌桌之上、沉迷于电视剧情之中时，你们是怎样的一种感觉？如果今天刮着大风、下着大雪，我邀请各位家长来听讲座，恐怕有许多家长会找出各种借口不来，但是无论天气有多恶劣，每当我走过那些棋牌馆时，都会看到里面热闹非凡。因为沉迷于享乐总是要比做正事更富有吸引力。我们成年人都如此，何况那些自控能力还很薄弱的孩子们呢？

孩子经不起玩乐的诱惑是人之常情，但是帮助孩子培养自控能力却是做父母的责任。我并不是说，我们做了父母就不能再有自己的娱乐生活，那种为了孩子学习连电视也不能看的做法也是错误的。只是凡事都要有一个度，当父母贪图享乐到了无度的程度，你就没有资格要求孩子必须能自控。想教会孩子学会自我控制，父母首先要学会自我控制，父母要教育好孩子就先要教育好自己。当父母能体会到用理性控制住自己的欲望时的感受，就会理解孩子在控制自己贪玩的欲望时他们的感受。当有了对孩子感受的理解时，父母就不会再用简单的斥责来教训孩子，而是会用你自己抗拒诱惑过程中的体会去引导孩子学习自控。父母只要自己学会了如何抵抗住各种诱惑，就能找到帮助孩子提高自控能力的有效方法。

在对孩子进行各方面的教育时，道理皆是如此。我们常说榜样的力量是无穷的，父母就是孩子的榜样。当孩子喜欢撒谎时，父母就要反思一下自己是不是经常用谎话来对付孩子；当孩子不守诺言时，父母要反思自己平时是不是对孩子的承诺总不兑现；当孩子不能适应环境，与同学关系不融洽时，父母就应反思，自己平时的言行中，是不是有太多的愤世嫉俗和对孩子及他人的过度苛求。

一个孩子就如同是父母的一幅作品，如果你对自己的孩子某方面不满意，请不要忘记反思一下，是自己的哪些言行举止在孩子身上留下的败笔，要想修复孩子身上的偏差，父母就要先修复自己。

四、教育是对孩子日常行为的管理

什么是成功的教育？许多父母认为孩子考上大学就是自己教育的成功。孩子考上大学就意味着父母教育成功了吗？这里有两封大学生的来信，可以帮助我们了解不同的教育方式对孩子适应环境的能力和抵抗压力的能力的影响，以及缺乏生存能力和抗压能力带给孩子们的痛苦与烦恼。

第一封信来自阳阳，男，20岁，某大学三年级在校生。

我觉得自己活得真累、真苦，不是我不想努力，而是力不从心。除了学习以外，其他的事情基本上都不会干。我总是闷闷不乐，因为我不是一个很聪明的人。我知道你会说有些人尽管条件不好却经过自己的努力成功的故事，我觉得那些道理并不适合我，因为在家的时候可以有自己的空间，没有太多外来的烦恼，可以一个人静静地看书、学习、思考问题。可回到学校感觉就不一样了：要面对功课学习的辛苦，面对那些解决不了的难题；要处理与同学交往产生的烦恼或者矛盾，很影响心情；也要费心思考将来的前途。虽然我为自己制订各种计划，但是总完不成，我又没有什么办法。

看吧，面对这么多压力和烦恼，我如何快乐得起来？

阳阳在谈到自己的父母时，这样说：

我是被他们伤透了心，伤得很痛，我一想起父亲心里就隐隐作痛，我觉得爸爸总是干涉我的选择！没有教会我为自己负责，只顾粗暴地抓我的学习。我认为是他毁了我的一生！我觉得很气愤！他的粗暴干涉把我变成了今天这个样子，想起来我就很愤怒！！！

第二封信来自萍萍，女，19岁，大学二年级在校生。

一个学期又这样不知不觉地走到了尾声，这意味着复习考试的日子又到了。这次不比往常了。这次是科目最多最难的一次，虽然这学期已是很努力了，期末的日子还是这么难过啊。

紧凑的安排、超难的试题，压得我透不过气。一切都要靠自己了，寒冷与孤独也时时侵袭着我，感觉好凄凉，好陌生，好艰难……想起了家的温暖，想起了父母的爱，我流着眼泪给妈妈打起了电话。

在电话中，我对妈妈诉说着我的无助，诉说着我有多么的痛苦。无论妈妈怎么开导我，我都不能振作，也不想明白妈妈所讲的道理。什么积极处世，什么相信自己，我全都听不进去了，恨不得放弃一切努力。

在多次劝说无用后，妈妈突然发火了。

平时打电话时，妈妈和我都格外珍惜通话的每一分钟，妈妈从来没有在电话中对我发过脾气。这次，妈妈却严厉地批评我："没有志气、软弱、惧怕困难……"

这是我吗？妈妈口中的那个懦弱的人真的是我吗？我不愿意相信，我不愿意面对自己的懦弱。我很想顶撞一句："我就是这样的！改不了了！"但是我知道妈妈说的是事实，我的确因害怕压力而想逃避。于是，我沉默了，妈妈的话字字如针，句句都是事实，我无法争辩，我也不想争辩。我只是觉得惭愧，那个健康、独立、自信、坚强的我哪儿去了？我怎么能越活越退步呢？

放下电话，我痛哭起来，对困难的恐惧随着泪水流走了。"笑一笑"，我轻轻对自己说。我努力地从桌子上抬起了头："我要面对自己！我不能被压力击败！"

我拿起手机，给妈妈发了一条短信："妈妈，我要谢谢你骂醒了我！我会振作的！我会集中精力于我应该做的事，我不再逃避，因为逃避没有任何意义！相信我吧！我能行！"

第二天考完四级，收到了妈妈的回复："考完了吧？短信看到了。过去的就让它过去，无论是成功还是失败，重要的是后面的路该怎么走。要有在逆境中不服输的毅力，困难是对人的磨炼，也是人在成长时的必经过程，挺住就意味着胜利，我不希望看到我的女儿整天愁眉不展、哭哭啼啼、牢骚满腹，希望看到的是有目标有信心有快乐的坚强女孩，在困难面前不低头不害怕不退缩，自己鼓励自己，坚韧不拔。我相信你能做到。"

我怎么不感激我的妈妈呢？是她一手培养了我，塑造了我独立的人格，教给了我做人的道理……还有什么比这样的爱更值得感激呢？

同样是面对依赖向独立转变过程中的压力和困难，阳阳选择的是逃避，并寻找一切理由为自己的畏难情绪做借口。而萍萍在母亲的指导下，选择了反思自己，认识并克服了害怕困难的怯懦心理，勇敢地去面对压力和困难，为自己的成长承担起责任。

阳阳和萍萍的例子说明，不同的人格面对压力时的承受力是不同的。而人格的形成，则与每个人的成长方式有着紧密的联系。

同样是大学生，两种不同的教育方式，塑造出他们不同的人格，不同的人格又给他们的大学生活和将来的独立生存带来不同的影响。这种对比给了我们这样的启迪：父母只有在日常生活小事上，处处留心去指导和管理孩子的行为，注意在细小的琐事中帮助孩子养成良好的行为习惯、培养孩子的各种能力，才能把孩子教育成为具有良好心理素质、敢于面对挫折和困难、对自己对社会具有责任感的、积极向上的、乐观进取的真正的人才。

第三章

让我轻轻地靠近你
——走进孩子的内心并不难

孩子怎么了？他们跟父母说话的时候为何心不在焉？很多家长困惑。其实走进孩子的内心并不难，要通过正确的方式、语言、表情等，才能与孩子进行良好的沟通，而不是和孩子产生对立。在孩子成长的过程中，父母要寻找适合自己的"角色"，才能最有效地帮助孩子，帮助他们克服一个个困难，实现自己的梦想。

引言：永远的朋友，永远的父母

下面是对某父子的访谈摘录：

儿子：

……父亲除了希望我能把字写得更整齐一些之类委婉的说法以外，几乎很少指责我什么。他总是先和我风马牛不相及地谈着，不知不觉就切入了正题。有时候，父亲会一边把书扔向躺在床上的我，一边为狄更斯的那种幽默开怀大笑，我却莫名其妙。有一阵子，金庸的书使我废寝忘食，父亲总在我睡后挑灯偷读，次日又总说我胡闹，却时不时问为什么只借上册，害得母亲老抱怨这些破烂弄脏了床单。在世界乒乓球大赛关键的几个傍晚，回家我总能掌握最新消息，四分之一决赛对阵形势及中国球员的状态皆在一张小纸片上。因为我的功课紧张，时间宝贵，我们不说废话。晚饭后的十分钟，是我们说话最多的时候。"先谈谈你的想法"，是父亲最习惯对我说的话。父亲从没把自己放在高高在上的位置，而是耐心倾听我的感受，所以说父亲是我永远的朋友。

父亲：

……其实，我们也没怎么管他。自上初中起，他就自己骑着自行车上学。那时候学校午饭比较贵，又不好吃，我们单位远，中午也就不回家，让他中午自己回家弄着吃，把冰箱里的菜热热，或者自己炒个简单的菜吃。我们觉得这样挺好，让他自己独立一些，他也挺习惯。每天晚饭，一家人总在一起吃。吃完饭休息的时候常常是一家子闲聊的时候。儿子还起了名字，叫什么家庭民主10分钟。平常就随便聊聊，当天发生了什么事，有的时候也就边看新闻边议论议论。记得有一阵子，大概是孩子变声那会儿，本来挺活泼的孩子变得有点闷，我们知道那肯定是他发育长身体了，开始想得多了，所以也不怎么老盯着他，要讲的道理他也都懂，老往他耳边上吹，会让他对我们不耐烦的，那时候的孩子最忌讳你唠叨。这小子还和我们顶过几次，所以我跟他妈妈也商量改变管理策略，平时没事不找他说话，就好好利用这晚饭后的10分钟。虽然不长，但要是用好了，也基本上都能知道孩子在想什么、要做什么，这小子有时候他自己想什么不明说，老是说他同学怎么怎么，这点小把戏，还能骗过我？不过我也不拆穿，听他讲，他讲完了，再跟他一起议论。讲讲这事好不好，该不该。虽然他不再像小孩觉得我什么都行，但总还会跟我说一些心事，听听我的建议。能这样，我就不担心他。

无疑，这位父亲还是非常懂自己孩子的。在孩子的成长中父母也在不断地成长。每个人的成长都不可能是一帆风顺的，即使是成功的人也必然会在生活中遇到不顺利、委屈、挫折，而关键是怎样去面对与解决。能适应变化的才是最终的强者。人类不就是经过千万年的演化，适应地球这个生存环境而发展到今天的吗？为什么我们不能像这位状元父亲那样，根据孩子成长的特点来调整我们的教育方式呢？

父母角色的演变

每个人都有自己的父母，而心中的父母各不相同，在不断变化。小时候什么都依靠父母，大了以后想着要离开父母独立，父母老了以后，该怎么办……有这么一组对比很有意思：

5岁：爸爸是世界上最了不起的人，什么都能干！
10岁：老爸好像有些事情也做不来！
20岁：老家伙最无能了，什么都不会做！
30岁：好像某些事情他说的还有点儿道理！
40岁：我想可以去问问爸爸的意见！
50岁：要是父亲还在就好了！

不知我们的父母看了有何感想，是在思考自己的变化，还是想到自己孩子的变化？几句非常简洁的话语就勾勒出父亲这个角色在孩子心目中的变化。从孩提时代心目中不可替代、至高无上的位置到20多岁被孩子看不起，再到后来因为孩子自己的经历而重新得到崇敬。这样的一个过程，其实是个人心理成长、成熟的典型体现。我们的父母现在所面对的，就是逐渐开始不把父母放在眼中的孩子。这个转变或许让父母感觉很突然，但它也有一个渐变的过程，尤其是在父母平时对孩子的言传身教中。有的父母能比较顺利地处理孩子青春期的问题，而有的父母却会因为缺乏必要的认识而让孩子对自己充满了误解，甚至造成家庭中父母与孩子非常明显的隔膜。

诚然，青春期的孩子已经开始会自己判断、辨别、推理。他们会发现许许多多与他们先前所受教育矛盾的地方，也会发现爸爸妈妈只不过是个平凡的人，他们会因为工作、生活的问题而苦恼，也会表现出个人的一些不足与缺点，于是，心中的"神像"开始崩塌。如果这时的父母不能及时改变与孩子的交流方式，仍是继续以一种说教、驯服的态度教育孩子时，无疑会让孩子有这么一种感觉："你们自己有许多都没有做到，为什么还要理直气壮地要求我做到！"孩子有了平等的意识，有了独立的意识，出现这种看法是非常正常的。这明显地说明，孩子眼中的父母，已不是从前意义上的完人，不是什么事都要依靠的对象，而是言行不一的拘禁者、说教者，是压迫自己、限制自己的"旧势力"，是需要自己用斗争的方式来加以冲破的，从而就会有一系列的矛盾、冲突。

在心理学中，这就是所谓"角色"的问题。其中父母这个角色是一个人担任时间最长的角色之一，从自己的孩子一出生就开始了这个角色，而且一直要持续许多年。

正因为时间长，所以其难度也很大。最主要的问题是随着孩子不断成长，父母这个角色也会出现变化。正如有的孩子父母所说：当我刚刚弄清楚该什么时候让孩子吃、什么时候让孩子睡、该怎么给孩子换尿布的时候，一切又都发生变化了。将一个什么都不懂的婴儿培养成一个对社会有用的人，对任何人来说都不是一件简单的事。父母与孩子的关系是永远不变的，而要让孩子真正理解自己、接受自己，则需要不断反省自己的父母角色，是不是符合孩子成长的要求。做父母的要适时而变，否则一番苦心的结果是竹篮打水，甚至适得其反，这是谁都不愿看到的。

了解孩子是教育孩子的前提

很多父母往往会发出这样的感叹:"孩子越大就越难以了解""我家孩子小时候不是这样呀,现在怎么变了呢?""我和孩子之间的代沟越来越深了!"

很多父母也会发出这样的疑问:"为什么我的孩子这么不听话?我说东,他偏向西,处处和我对着干?他到底想怎样?""为什么我的孩子有什么话都不和我说,把委屈和苦恼都藏在心里?他想要我怎么做?""为什么我的孩子总是不高兴?我已经给了他那么多,他究竟还想要什么?"

父母们焦急、困惑,就是不知道孩子究竟想要什么,只好无奈地感慨道:"孩子真是太难懂了,比世界上最深奥的学问还难懂!"

其实,能认识到孩子难了解的父母,就已经走到了教育的大门前。他们只要知道如何了解孩子,就等于找到了打开教育之门的钥匙。

教育专家孙云晓在主编《少年儿童研究》杂志时,就以此确定了办刊格言:"教育孩子的前提是了解孩子,了解孩子的前提是尊重孩子。"

多一分了解,就少一分误解。父母一定要抽时间常与孩子、孩子的老师多多沟通,尽量对孩子在家庭和学校中的表现有一个全面的把握。这样一旦孩子真有不当行为的时候,父母也能明白应该如何去管教孩子。

那么,怎样了解孩子,怎么填平我们与孩子之间的沟壑呢?

第一,了解孩子的健康和发育状况。包括孩子的食谱、身高、体重、身体健康状况,要及时到医院做检查。一些孩子在应该调皮时过于安静和老实,也应引起注意。

第二,了解孩子的智力水平。孩子的智力水平包括理解力、记忆力、判断能力、创造性思维能力、想象力、解决问题的能力,每个孩子的智力发展水平是不一样的，也是不均衡的。有的孩子虽然智商不高，在某方面的能力却可以超过一般儿童，而智力超常的儿童，也可能有某些能力不如一般儿童。因此，父母应全面了解自己孩子的智力状况。孩子的智力发展期有三个敏感期：4岁、8岁和14岁，父母要及时抓住孩子智力发展的时机。

第三，了解孩子的心理健康。一项调查表明，我国少年儿童存在的心理问题超过了成年人。我国有40%以上的孩子有不同程度的心理问题。发现孩子出现心理障碍，如果不及时做调整、矫正，孩子的个性就不能和谐地发展，并且会影响孩子的身体和智力发展。因为心理健康是人的内环境，当它受到扰乱而发生故障的时候，就会损坏人的自然免疫系统和新陈代谢系统的机能，从而导致各种疾病的产生。所以，联合国世界卫生组织有个口号："人类健康的一半是心理健康。"孩子出现心理问题时会有一些症状：胆小、自私、忧愁、孤僻、任性、嫉妒、撒谎、暴力等。

第四，了解孩子的爱好。了解孩子的爱好并不是硬塞给孩子一种技能，而是真正了解孩子的天赋和性格，观察孩子，尊重孩子的选择。培养也要讲究科学性，否则会伤害孩子。父母要遵从一个原则，即多鼓励少批评，多肯定少否定，多支持少打击。

通过对孩子的深层了解，你们不但会成为朋友，而且你会发现一个跟以前迥然不同的他。

做孩子的良师益友

人的一生中要接受很多老师的指导和无数朋友的帮助,但最早遇到的老师不是别人,正是自己的父母。同时,父母也是孩子最亲密的朋友。

有些父母十分认同"父母是孩子人生道路上的第一任老师"这个观点,因此处处以老师的姿态和孩子相处,却忽略了做朋友的平等。父母总是像严格的老师一样要求孩子要这样做,不要那样做,应该学这些,不应该学那些。孩子虽然会因此而学到一些知识或懂得一些道理,但可能只是表面明白,知其然而不知其所以然,因为他们对父母更多的是像对老师一样的遵从和敬畏,而少了一些亲近和平等。

有些父母甚至像"管教"一样,事无巨细,什么都管。他们虽然自己工作了一天很辛苦,但依然要看着孩子穿衣吃饭,看着孩子洗手洗脸,甚至看着孩子玩玩具……而且在"看"的过程中,还不停地唠叨、教训,最后不但搞得孩子不开心、缺少自信,自己也很疲惫。

纵观历史上一些有成就的人,他们的父母总是有这样一些共同的特点:喜欢与自己的孩子一起学习,共同探讨问题;精力旺盛,耐心细致,不会因孩子把家里搞得又脏又乱而大发脾气,孩子一时做错事,也能容忍宽恕;孩子从事一些稍具危险性的活动,他们一般能允许,甚至会和孩子一起"尝试";他们会风趣地回答孩子提出的问题;他们会在雨天和孩子一起玩雨,下雪时和孩子一起堆雪人、打雪仗。

无一例外,他们都是孩子的朋友。他们都明白一个道理:孩子虽然幼小,但不要以为他们什么都不懂,他们同样有自己的自尊心与想法。所以,在家里父母应尽量从孩子的角度考虑问题,与孩子多交流,经常听听孩子心里的话,也可以试着在一些事上采纳他的意见,这样孩子的心与父母的心就会更近,感情就会更好,父母说的话也比较容易让他接受。

另外，父母不但要做孩子的良师益友，经常与他沟通，更要做孩子的榜样。比如要让孩子养成某种良好的习惯，父母就应该也拥有这一习惯。通常孩子潜意识里的某些习惯就是向父母学的，所以父母更要对自己的行为负责，给孩子做个好榜样。

父母不仅要关心孩子的身体状况、学习成绩等，更要对孩子的心理、思想、品质、个性有足够的了解，并能够在孩子的成长过程中有意识地帮助孩子改掉缺点，引导孩子修身养性，做到自信自强、脚踏实地、发奋努力，走上健康而快乐的人生之途。

所谓"可怜天下父母心"，父母为孩子真是动足了脑筋。可是在生活中实际地妥善处理好有关孩子的种种问题，又有多少父母能做到呢？这里就来看看应该怎样才能成为孩子亦师亦友的好父母。

第一，了解变化，调整战略。前面已经详细分析了孩子表现的变化，以及父母应该注意的事项。在孩子青春期的时候，要注意整体战略的调整，这是一个全新的教育成长阶段。

第二，抓大放小，坚持原则。这时候的孩子会自说自话尝试许多事情，父母已不再是保姆的角色，而应该是司令员的角色，为孩子制定大的方针、策略，具体如何实现，大可以放手让孩子自己去完成。但要在几个关键原则问题上达成一致，比如晚上几点之前一定要回家，每天的作业必须按时完成等。如果有违背协定的现象要给予一定的处罚，让孩子意识到规范的存在。

第三，父母两人要态度一致，方法得当。有的家庭教育孩子的过程中会出现非常滑稽的一幕：孩子做错事了，被父亲追着打，儿子去向母亲哭诉，母亲又去斥责父亲，本身是夫妻两人一起教育孩子，却变成孩子问题引发的夫妻矛盾了。

这种三角循环模式极不利于孩子成长，只会让孩子觉得自己没有错，是父母的错，更加会反抗权威，不服管教。因此，夫妻两人要在对孩子的教育问题上达成一致的意见，或许在具体处理的时候，可以一个唱红脸，一个唱白脸，但角色不能固定，以免让孩子误解妈妈总是帮着自己，而爸爸总要训自己。重点要对事不对人，以理服人，采取合适的方式让孩子从某件事情中有所收获，有所进步。

一样的孩子，不一样的父母

曾经有心理学研究者指出，人的行为主要是后天习得的，也就是说，每个人出生的时候都是一模一样的，像一张白纸，是后来的许多不同角度、不同社会的教养造就了各色各样的人。这种理论虽说因为过于强调后天作用，而不被一般的心理学家接受，但是心理学的许多实验都证明，孩子的成长确实与父母的教养方式存在着非常密切的关系。一些统计数据也表明，有民主意识、懂得教育方法与艺术、会与孩子沟通的家庭培养出的孩子，接受高等教育或者有突出成就的概率要比那些父母不闻不问的家庭高许多，孩子出现行为偏差，甚至违法犯罪的概率要小许多。

许多父母对孩子幼儿时期的早期教育都比较注重，会让孩子学点画画、书法之类，只是到了孩子青春期出现离心力时就手足无措了。其实，这正是父母正视自己、改进家庭教育模式的关键时期。不管以前教育孩子采取的是什么样的方式，到这一时期都应该有一个总结与转变，以适应孩子的发展。

让我们先来看几种不同的教养方式类型：

第一种是民主型，或者称为威信型。一般这种类型的父母对子女温暖、关心，对子女的需求敏感，合理规范子女行为且树立执行规范，考虑子女的期望并征求其意见，赞许支持子女努力上进。对子女的期望合乎实际，也会积极参与子女的活动。在这样的家庭教养方式下，子女一般独立、自信、大胆，敢于表达自己的见解，有创造性、有安全感，不怀恨别人，没有深藏的敌意和积压着的怒火，能够适应一定的压力，也比较合群，有自控力，有目标及一定的成就动机，偶尔出现不服从或反抗性行为，通过一定的方式都可以理解或驾驭。

第二种是专制独裁型。这样的父母一般内心疼爱子女，但由于怕子女出现自己不愿看到的某些行为而限制过多或严格管理。也有一部分这种类型的父母本身心理健康程度不高，或由于种种原因不喜欢自己的孩子，排斥教育，从不表扬孩子。在这样的家庭教育方式下，孩子虽然表面上可能表现为服从、守规矩，但实质上却心理脆弱，缺乏竞争性、独立意识与创造性。由于过多的管束会使孩子缺乏自尊与自信，人际关系不良，到了一定年龄就会出现反抗权威的思想与行为，甚至会出现越轨行为。

第三种为纵容型。父母对孩子过分溺爱，放任并纵容其行为；对子女提出的行为规范不清楚，也很少执行，常屈从于子女的笑闹行为，管教态度不一致。这种模式下的孩子最明显就是性情不稳定，喜怒无常且变化快，对大人反抗，不服从，对父母不尊敬；很难面对挫折与挑战，适应社会比较困难，善于作威作福，想操纵他人。

还有一种是疏忽型。这种类型一般很少见，父母对子女既无爱心，又不闻不问，任凭孩子自生自灭。这种类型下的孩子是最容易出现偏差的。

好了，请各位家长仔细考虑一下，平时自己是以何种方式来对待孩子的。是民主多一些，还是管教多一些，还是在有些问题上过于专制，在有些问题上又过于纵容，这些都是值得反思的。

你的孩子孤独吗

初三学生李晓奕在日记中写道:"为什么周围的人都不理解我呢?想找个说心里话的人都没有,我该向谁说说我的感受呢?感觉好孤单啊!同学们都忙着上课做作业,应付一场接一场的考试,彼此之间住得也很远,平时连个聊天的时间都没有,更别说在一起玩了。我觉得自己的世界随着成长越来越小,越来越单调。我渴望跟爸爸妈妈或同学们聊聊天,就像小时候那样,快乐无忧。我希望自己的世界能够变得多彩多姿,每天都有许多的新鲜事,而不是充满这可恶的孤独感。"

初二女孩莎莎从小就是爸爸妈妈的掌上明珠,父母对她有求必应,可15岁的她生活得并不快乐,她说:"我孤独地度过了15年,这期间尝尽了孤独的痛苦。每天放学回家面对的是爸妈留下的空房子,他们都好忙啊,我像一个人被抛弃在另一个世界上,真是孤独得连找一只蚂蚁聊天的机会都没有。今天是我15岁的生日,我越发感到孤独了,桌上摆着蛋糕点着蜡烛,却没有人为我唱祝福的歌,父母都到外地出差了。"

都说少年不知愁滋味,可少年愁起来也不得了,他们心中的纠结不比大人们少。

某期公布的"北京市未成年人现状调查"显示:有20.8%的孩子存在中等程度的孤独,有22.5%的孩子表示"我没有知心朋友",有45.6%的孩子相信"多数人是不可以信赖的",有36.1%的孩子有过离家出走的念头。

进入青春期的男孩女孩都有这样一种体验:觉得自己是大人了,于是总想一夜之间成熟起来;父母的关心变成了唠叨,老师在心中似乎也失去了往日的威信，就连平时挺要好的同学，现在也不是那么亲密无间、无话不谈了，自己一肚子的心事，不知道该和谁说。

这种孤独感也是青少年自我意识发展的一种表现。孩子一方面自认为已经长大成人了，竭力想摆脱父母的管教，不愿意再被当作小孩，希望别人尊重、理解他们；另一方面，由于独立工作、生活的能力还较差，又十分眷恋、依赖父母。孩子与人交往、社会化的需求进一步增强了，而需要的性质也有所变化。他们希望被理解、被尊重，心理活动开始指向自己的内心变化：有了秘密，自我交谈的时间有所增加，在与人交往时变得不那么坦率了，即使是对亲近的人也有所保留。他们不仅难以与长辈沟通，在同龄伙伴之间也不容易找到真正的"心心相印"的知音，因而常常感到不被人理解，在心理上产生不同程度的孤独感。

而现在的生活环境和社会环境也是造成孩子容易孤独的原因。在学校，大家忙着学习、考试，放学了，又都匆匆忙忙回家，所以很多时间是孩子自己一个人待着，接触社会的机会更是少之又少。

心理学家认为，目前，至少有三大因素使孩子的孤独倾向加重：第一，截至2022年，我国独生子女人数大概是1.8亿，他们没有兄弟姐妹，父母又多为双职工，很少有时间陪伴他们；第二，平房减少，高楼增多，由于楼房的封闭性，人们之间的交往明显减少；第三，父母出于安全考虑，不鼓励孩子之间深度交往。

作为父母，不能仅仅给孩子提供物质上的东西，也应该关注孩子的心理和精神世界。无论平时工作多忙，都应该抽空陪陪孩子，听听孩子的心里话，哪怕孩子不愿意说，多一些关心的话对于孩子来说也是很大的安慰，他会因感受到父母对自己的关怀和爱，而不至于陷入孤独的泥沼之中。如果孩子长时间地陷入孤独，就可能造成性格上的缺陷，甚至患上抑郁症。那样是得不偿失的，父母即使赚再多的钱也无法弥补孩子的健康。

引导孩子学会掌控自己的情绪

好多父母都觉得青春期的孩子特别难琢磨，刚才还兴高采烈呢，怎么一会儿就晴转多云，甚至电闪雷鸣、暴雨倾盆了呢？就像俗语说的："六月天，孩儿脸，说变就变。"确实，情绪强烈和不稳定，正是处在青春期的孩子普遍存在的现象，而且也是青春期孩子的心理特点之一。

但是这种青春期特点却让父母们焦虑不已。

一、我们要知道孩子为什么会性情大变

1. 孩子的身体正在急剧发育，特别是性方面的发育与成熟，使他们产生并积蓄了大量能量需要释放，所以容易过度兴奋，而这种兴奋产生的过激行为并不能被父母、老师认可，因此造成心理负担。例如放学后要去打球，但是父母却要求他看书，孩子的脾气就向父母释放出来了。

2. 学习任务很重，面对班集体或同学们之间的激烈竞争，心理压力普遍超负荷，从而导致失去兴趣、信心以及心理反叛。比如妈妈让孩子写作业，但他就是不写，还会说"反正我也学不好"这样的气话。

3. 随着年龄增长，虚荣心增强，孩子希望得到周围人认同的欲望也在增强，所以表现欲望强烈，但是这种表现经常受到父母的批评，认为不谦虚，从而导致孩子心里愤愤不平，脾气也就大了起来。

这些问题常常交织在一起，矛盾此起彼伏，面对各种压力与刺激，青春期的孩子便很容易心理不平衡或产生心理矛盾。而孩子又不像成年人那样善于掩饰或控制自己，常常喜怒皆形于色，如此便显得情绪忽高忽低，特别不稳定。

正在求学中的青少年如果情绪不稳定，那么必然会产生心理的反叛、

浮躁、多动等表征，这些不良的情绪有可能会导致孩子学习时无法集中精神，而在学习成绩下滑的过程中，又会得到来自父母的指责和压力，他们的心理负担，可想而知有多么大！

二、父母怎样做才能帮助孩子渡过这一难关

🎈 倾听孩子的心声

要帮助孩子解除烦恼，先要了解烦恼从哪里来。只有与孩子发生心灵的碰撞与交融，才会获得孩子的真心。父母可以采用书信交流的方式与孩子沟通，让闭塞的孩子展现自己的内心世界。

🎈 培养孩子具有乐观的生活态度

无论遇到什么困难和挫折，都要以乐观、积极的态度去面对，相信问题总会有办法解决的，从而勇敢地面对现实，努力进取。持这样的乐观态度往往会产生积极情绪。

🎈 教孩子适当地发泄积存在心中的不良情绪

比如，可以向好朋友或者父母倾诉自己的苦恼和忧伤等。这样做有助于消除心中的烦恼、压抑，从而达到心平气和。这种发泄对心理健康是有益的。

🎈 教孩子保持适当的紧张和热情

紧张是一种情绪，它能维持和提高学习、工作效率。如考试时产生的紧张情绪，能使大脑功能达到最高效率状态；平时上课或做某件事，也需要保持适当的紧张。张弛调节适度，就会使生活更有节奏和情趣。

另外，家长要教孩子学会控制自己的欲望和要求，维持心理平衡，这对培养孩子的健康情绪有好处。

揭秘青春期孩子的困惑

孩子进入青春期，随着大脑及身体器官的发育成熟，生活阅历的加深，生理的困惑与对外界的好奇心相互交织，心理极不安定。家长要知道，孩子在日常生活中发生一些变化是正常的，是青春期心理变化在行动上的体现，父母不必过分注意和担心。对孩子的某些不切实际的想法和行动不应过分压制，否则会造成孩子与父母的心理隔阂，加重孩子的心理负担。

若即若离的内心

孩子进入青春期，渴望与同龄人交流思想、沟通内心体验，排遣日益增长的孤独感。他们既充满了各种幻想和憧憬，又会萌发许多孤独和感伤，并且有自我封闭的倾向。在实际生活中，他们渴望有自己的房间、自己的桌子和柜子，可以存放日记本、信件、相册等私人物品，不喜欢别人特别是父母向自己问这问那，不愿表露自己的内心感受。

但孩子又渴望与人交流，得到父母的关爱。青春期的少年需要与同龄人，特别是与异性、与父母平等交往，他们渴望他人和自己一样，彼此间能敞开心灵相待。但由于每个人的性格、想法不一，使他们的这种渴求找不到释放的对象，只好记在日记里。这些在日记里写下的心里话，又由于自尊心不愿被他人所知道，于是就形成既想让他人了解又害怕被他人了解的矛盾心理。如果这时父母为了了解孩子的内心活动而翻看孩子日记，往往引起孩子的反感。

理想和现实的矛盾

所有的孩子都有着对于未来和人生的美好理想，随着认识能力的提高，他们也看到了许多不尽如人意的现实。理想和现实之间的较大差异，在他们的自我意识中产生了矛盾。有时候，孩子过于理想化的倾向往往是父母教育方式的结果。父母极力让孩子看到生活的积极面，把消极面掩盖起来，一旦孩子自己发现，便处于困惑之中。有些父母本身存在着追求完美的倾向，凡事有绝对化的要求，这也导致孩子理想和现实的矛盾加剧。

💡 极端的自大隐藏着极端的自卑

进入青春期后，青少年开始像旁观者一样进行自我观察和评价。这种自我评价可能是依据别人对自己的态度，也可能是与自己相似的人做比较而得来，或者完全是内心的自我分析和评价。这些评价具有相当强的主观性和片面性，常常容易发生极端变化。例如，有的孩子只因受到老师的几句批评就萎靡不振，而有的孩子为了别人不经意的夸奖而得意洋洋。从妄自菲薄到自高自大似乎只有一墙之隔，而较多的时间里处于自负与自卑的内心冲突之中。

💡 独立和依赖的矛盾

上中学以后，孩子们不再像小学时那样遵从老师和父母的指示，天真地接受别人的评价。他们开始意识到，以往自己的许多观念并不是自己的，而是从长辈那里得来的。于是，他们开始探索真正的自我，用自己的眼睛去看世界。这时的孩子很想独立，自己决定自己的事情；孩子觉得自己已经长大了，不愿再和父母一起活动。但是他们很清楚，自己还不能完全独立，还离不开父母的帮助，还缺乏独立于社会的资本和经验。

💡 性的压抑

青春期的少年由于性的发育和成熟，出现了与异性交往的渴求。比如喜欢接近异性，想了解性知识，喜欢在异性面前表现自己，甚至出现朦胧的爱情念头等。但由于学校、父母和社会舆论的约束、限制，使青春期的少年在情感和性的认识上存在着既非常渴求又不好意思表现的压抑的矛盾状态。

青春期的心理就是在这样的矛盾中形成并慢慢趋于成熟的，这是一个自然过程。父母要注意尊重与信任孩子，多与孩子交流感情，了解他的心理，协助孩子把自己的生活安排得充实且有意义。

叛逆期离不开父母的陪伴

我们了解了青春期这个人生特殊阶段的复杂以及孩子内心的矛盾，对于青春期的孩子，如果父母照顾不到或放手不管，其后果的严重性不言而喻。不但会出现自闭症、抑郁症，甚至可能会危及年轻的生命。

最近在知乎看到这样一则新闻：45岁中年男人徐世海悄无声息混进了平均年龄只有15岁的微信群，在这里他努力伪装成一个与其他人同龄的孩子，努力理解他们的世界，主动倾听孩子们的心事。如果发现有人发表轻生、负面的言论，徐世海会努力与他取得联系，想尽一切办法开导。之所以这么做，是因为他在2020年，失去了17岁的大儿子。

在亲戚的印象中，徐世海的大儿子非常乐观开朗，会主动帮助别人，很懂得照顾他人情绪，身边朋友也很多。怎么也想不到，原本性格开朗的孩子会突然选择自杀。

和大部分中国父母一样，徐世海认为自己的儿子很幸福，毕竟他衣食无忧。可当他潜入微信群后才发现，没有一个孩子是真正轻松开心的。在这个群里，会有很多人突然抑郁，然后传递一些负面情绪，比如"别指望父母""老师帮不了你什么""想改变人生，只能重来"，等等。

和孩子们交流多了，徐世海才真正明白，时代不同，青少年面对的问题也不同，如果家长无法感同身受，或者及时开导，就容易发生悲剧。

这些孩子为什么不在学校好好待着？为什么这么容易就被引诱，甚至选择自杀呢？经过记者调查，原因是他们感到上学没意思，不会读书，烦躁，感到孤独迷茫。

事后记者采访多位父母，通过了解，这些孩子的父母平时都是只管孩子的衣食住行、吃喝拉撒，但对孩子的学习管得很少，交流、沟通就更少了，他们大多都不知道也不关心孩子心里在想什么、喜欢什么、讨厌什么。

我们可以看到，悲剧的根源就是父母与孩子缺乏沟通，父母的不负责任，让孩子感到孤独、无助。

处于青春期的孩子，脸上总是一派阳光，可内心却存在着许多的迷茫与困惑。孩子们在一起就是为了相互取暖，找到成长的力量。然而，他们的能力毕竟有限，各方面都很不成熟，即便几个好朋友聚在一起也还是有很多的困惑无法得到解决。这时就需要父母贴心关怀，给予他们正确的教育和引导。而许多父母往往视而不见，再加上学校教育又浅尝辄止，以至于孩子不安的情绪越积越多，最终爆发。

作为父母，要竭尽全力，无论怎样都不能让迷茫的孩子在困惑中摸索，不要让失落的孩子有找不到家的感觉。做青春期孩子的父母是不容易的，父母可以参考以下几点，并尽可能地在生活中给予实现。

🎈给孩子说话的机会

父母要善于无条件地倾听孩子的心声，并且态度要诚恳。

🎈学习孩子感兴趣的东西

父母不妨花点时间体验一下孩子迷恋的漫画书、流行音乐、网络等，不要轻易作道德评价，而要理解孩子的兴趣爱好和追求的合理性。

🎈积极调整亲子关系

在情感交流上，亲子之间要力争达到"信息平衡"，父母要放弃自以为"永远正确"的居高临下的姿态，向孩子学习。

🎈多听听孩子的意见

重要的家事，父母可开诚布公地告诉孩子，听听孩子的意见，这样有助于创造平等、民主的家庭气氛。

对青春期的孩子，家庭教育中最忌讳消极的评价、无情的斥责、不断的猜疑、无理的苛求、空洞的说教和自私的溺爱。要使青春期的孩子逐渐懂事、成熟，帮助他们解除青春期的种种烦恼，父母们就要用对待青年、成人的态度来引导少男少女明确自己"准青年"的身份，父母应尽早放手，做一个称职的"成长参谋"，让孩子学会独立思考，自觉地积极行动。因势利导，才是正确的科学态度和家教上策。

青春期的孩子，就像蓬勃生长的小树，有顽强的生命力，要给它充足的阳光、空气、营养和水分，这就是理解；但他们精力旺盛，充满梦想和愿望，可能长出歪斜的枝杈，所以，要及时修剪多余的枝杈，保持树干的笔直和树冠的丰满，这就需要父母与孩子共同成长。每一位父母只要比孩子"高明一点点"，就可以做一个好园丁，抓住这加速成长的关键期。

第四章

孩子也是人
——尊重让你如此美丽

"我这是为你好",每当家长想要孩子做一些他们不想去做的事,总是使出这样一个"撒手锏",让孩子不忍拒绝父母的要求。但事实上,孩子不感兴趣的事情,非要强迫孩子去做,即使他听从了家长的建议在做,心里也会有极强的反抗和意见,对于事情本身也多无益处。专家建议,切不可打着"爱"的旗号去强迫孩子,如果真的为孩子好,就要尊重孩子自己的选择,尊重孩子的情感。

引言：给孩子自己的空间

辉辉是名初中一年级学生，从小就非常聪明，学习成绩也不错，就是比较顽皮。他对许多东西都有着浓厚的兴趣，拿到一辆玩具车，不过几分钟就可以把它拆得七零八落，然后再将车子恢复原样拼起来。辉辉父母对他的期望很高，希望他将来能接受良好的教育，最好能出国深造。一天，他做完了功课，正在摆弄自己的"杰作"，母亲突然开了他的房门闯进来，不问青红皂白就责骂辉辉不用功，不思学业。辉辉感到很委屈，自己已经是一个堂堂男子汉，怎能容忍自尊心受到如此打击，于是针锋相对地回敬母亲，两人大吵起来。

类似这样的故事，在每个家庭都会发生，父母总会有意或无意地想知道孩子在干什么。即使孩子是在自己的房间里，父母有时也会很好奇地想多看看、多瞧瞧，总想围着孩子转转。殊不知，孩子们常常会很反感父母在自己做作业的时候在周围绕来绕去，更不用说是在做自己事情的时候。为什么呢？这就是"尊重孩子"的问题。

一、距离产生美

人与人之间，每个人都会试图保持围绕在自己身体周围的看不见的空间范围。孩子也是一样。小的时候，他们是父母怀里的乖宝宝，因为他们还没有形成独立的个人空间，只能依附于父母的空间。但是，孩子随着年龄增长、社会化加强，开始感觉到自我存在，有了独立的自我意识，要拓展自己的空间了。这时候，父母却常常忽略了孩子的这种变化，依然延续着惯性，把孩子置于自己的个人空间之内，这就不可避免地会引发矛盾冲突。

心理学研究发现，儿童的个人空间需求随着年龄递增而稳定地增加，其中模仿与学习在发展人际距离的偏好中起着重要的作用。

也就是说，孩子的这种个人空间也是慢慢通过学习得来的。童年时代，孩子们在玩耍时相互比较接近，而且经常碰触，但到了一定年龄，情况就会出现变化。心理学研究了不同年龄阶段青少年人际互动距离，也就是一般人与人交往所保持的最舒适的距离。他们发现，11岁小学生所需的人际距离为139厘米，16岁的中学生所需的距离为147厘米，与大学生，也就是成人所需距离很接近。这无疑说明了在青春期发育的过程中，孩子在人际交往的认识与实施方面有了质的飞跃。这种时候，需要父母敏锐地发现，给予孩子充分的体谅与尊重，再让孩子一直处于自己的目光范围内无疑是对孩子个人空间的侵犯。所以说，上面所讲的辉辉母亲闯入了儿子的个人空间，就像是在有空椅子的情况下跟人挤一张椅子一样，当然令辉辉不自在，更何况辉辉母亲还不问是非地发脾气，引起辉辉的抵制情绪，势在必然。

二、楚河汉界，和平共处

父母们或许会紧张：要是给了孩子自己的个人空间，他们在这一"空间"里无法无天怎么办？其实大多数时候都是父母在杞人忧天。相反，不信任孩子、怀疑孩子反倒会激发孩子的逆反心理，做些家长和老师禁止他们做的事情，以此来证明他们独立，不受约束。实质上，这个年龄的孩子已经知道是非对错，能区分什么是该做的，什么是不该做的。有些错误只是一时的冲动或是自制力不够而造成的。他们需要的不是一而再再而三的简单告诫与训斥，而是充分的尊重和理解、与父母平等的对话。让孩子们开始知道要对自己的所作所为负责，这才是指导他们成长的关键。

父母有属于自己的个人空间，同样孩子也需要属于自己的空间。因为个人空间是人类社会文明的产物，具有许多必不可少的功用，使个体能从中受益。首先，个人空间的存在可以使个体完善自我保护，也就是保护自己不受物理刺激或情绪威胁，更好地适应环境。比如，孩子做功课的时候不希望被父母说话或干家务的声音干扰，把自己的房门关上，这是理所当然的。

个人空间具有调整的功能，它可以帮助人们调节所获得的信息量，使个体能对刺激做出有效的反应。例如，孩子大了，就不会一天到晚跟在父母的后面或一直与父母保持着非常近的接触，总会退后一些，感觉好像是成年人一样，这就是孩子因个人空间变化而做出的调整。无疑，这是一种较为明显的信号，父母可以感受到孩子已经有了属于自己的空间，所以与孩子交流时也要进行一定的调整，要更趋成人化地对待自己的孩子。否则，只会引起他们的不满与反抗。

个人空间还具有沟通的功能。实验表明，在人与人的交往中，近距离更能让人产生强烈的情感体验，喜欢的人接近一些会增加喜欢的程度，而厌恶的人硬凑上来则会更加厌烦。孩子在青春期或多或少会有逆反的心理和行为表现，认为父母过于管束、过于压制。这时候，父母虽然都爱自己的孩子，但闯入孩子刚刚为自己争得的空间，其结果可想而知。

心理学研究发现，个人空间的一大特性就是私密性，个人可以在私密的空间中自我认识、自我反思、自我调整。在现实生活中，人们一方面要对人际交往、沟通给予极大的关注，希望建立友谊，获得尽可能多的信息；另一方面却又会表现出一定程度的自我封闭需求，在某些事件上有着强烈的自我隐匿、自我保留的行为表现。这就是所谓的私密性的表现，其实质就是个人控制自己在何时、以何种方式、在何种程度上与他人交换信息的需要。表现形式有许多种，主要有独居、亲密、保留等。独居是指一个人独处时不愿受到他人干扰的行为表现。比如，孩子独自在房中不愿意让父母看到他在干什么。亲密则是指几个人相处时不愿受到他人的干扰，例如同学、笔友间的通信、电话，这在后面的小节中会详细地淡到。还有就是将自己的东西隐藏起来，连对父母说话也越来越有所保留。

要知道，这种种表现并不意味着孩子在学坏，而是标志着他们在成长。就如同父母单独在自己房间中的时候不愿意让孩子看到一样，孩子们也有他们自己的情感世界。孩子得到了父母的尊重才会信服父母，让父母更好地指导自己成长。

三、让孩子有自己的空间

不知道大家是否还记得早年热播的美国系列家庭剧《成长的烦恼》，希佛尔一家的生活让我们看到了美国人对孩子教育问题的态度。希佛尔的四个孩子从很小的时候就拥有了自己的房间，与父母分开睡，自己的房间便是自己的领地，由自己全权负责。

长子迈克的屋子时常是乱糟糟的，仅当有女孩子要来的时候才突击整理一下。后来，他甚至认为家里对他的约束太多，18岁时就用自己的打工收入向父亲租下了车库的阁楼。虽然与父母以及弟弟妹妹们比邻而居，只有几步之遥，但他毕竟游离于父母"统治"的大屋之外，有了自己的小窝。这也显示了他的父母尊重孩子独立要求的意识。

大女儿卡罗尔的屋子感觉就不一样了，整洁舒适；小儿子本恩的房间则是他的儿童乐园。希佛尔夫妇平时对孩子严加管教，但对于孩子的房间、孩子的领地还是充分尊重，不征得孩子同意不会随便进入。

有一集讲的是大女儿有了烦心事，躲在房间里不肯见人，妈妈便站在房间门口与她谈心，说着自己年轻时候发生的事，直到大女儿让她进去，才推开并没有锁上的房门。

　　爱护子女的心情都是一样的，但由于方法的不同，会产生截然不同的效果。给孩子属于自己的空间，让他们去点缀、打扫，给他们的心灵充分舒展的场所，使他们既能体验到家庭的温暖、父母的关怀，又能有自己独立的意识，这样才能让孩子像雏鹰一样健康地成长，最终有能力翱翔蓝天。

让孩子感受到家长的尊重

　　荣荣的妈妈对荣荣的生活特别关心，到了青春期之后，妈妈开始操心荣荣的学习和交友问题。荣荣的学习成绩一直很不错，这让妈妈很欣慰，但是在荣荣的交往问题上，妈妈一直非常担心，尤其是与男生的交往。妈妈经常在女儿面前对她进行"谆谆告诫"："千万别和男生走得太近，不然会影响你的学习成绩的。有很多你们这个年龄段的孩子都是因为这个原因而成绩下降的，知道吗？"虽然荣荣不是很爱听妈妈唠叨，但是出于尊重妈妈，知道妈妈是为自己好，总是点点头，答应了妈妈。

　　突然有一天，有几个同学前来邀请女儿一起去为某位朋友过生日，其中还有两个男生，他们遭到了荣荣妈妈的一顿数落："过生日非要这么多人一起吗？父母给你们过还不够吗？你们这些孩子真是不懂事，男男女女的整天在一起，像什么话！"同学听了荣荣妈妈的话立刻就走了。数落完了同学，妈妈又开始对女儿进行教育："荣荣呀，我都跟你说过多少次了，不要和男生交往，我一看这些同学就不像是好孩子……""行了，不要说了，我恨你。"荣荣捂上了耳朵，发疯似的跑进自己的屋子。

从那以后，荣荣开始大手大脚地花钱，而且学习也不如以前用功了，妈妈问她为什么，她回答说："我就是要气你们，故意不好好读书，乱花钱，让你们难受。"妈妈听后心都碎了，辛辛苦苦把孩子养这么大，她怎么成了个"白眼狼"？以后，一向活泼的荣荣更是变得沉默寡言，再也不愿和妈妈多说一句话了。

这位母亲的烦恼代表了一大部分青春期孩子的父母的烦恼，郁闷、无奈、痛苦、心酸，自己的儿女就像是前世的仇人，在今生来向自己索债了。自己多年的养育甚至抵不过同龄人的一句话。

但是，所有父母都没有意识到自己犯了一个错误——没有尊重孩子。比如例子中的这位母亲，在女儿面前数落同学是不对的：首先让女儿的朋友受到了极大的伤害；其次女儿也丢了面子，在同学面前失去了一切，回到学校之后，同学们肯定再也不愿意和她交往，她的内心一定是很孤独和苦闷的。一个人孤独不可怕，可怕的是被孤立，尤其是处于青春期的孩子，正是渴望友情的时候，如果这时候被孤立，就会在心灵上留下一层抹不去的阴影，对以后的成长也会有极大的副作用。

那么，父母如何让孩子感受到平等和尊重呢？

🎈 态度温和，求同存异

在与孩子交谈的过程中要始终保持温和的态度，语言也要温和，不要表现出不满意的神情，因为那会打击孩子与你交流的欲望。在交谈中，孩子提出与你不同的观念，做出让你不认同的行为时，不要急于批评孩子或者改变孩子的想法。如果孩子的观念不存在绝对的错误，那就由他去，保持孩子思考的能力。如果孩子的人生观和价值观有问题，或者观念存在本质上的错误，也要用温和的语言给予详细地分析，诚恳地提出自己的看法和建议。只有这样，孩子才能虚心地接受父母的教诲，认识到不足，对父母敞开心扉。

💡 与时俱进，以理服人

与时俱进和平等有关系吗？有，而且有莫大的关系。通常父母都是如何让孩子心悦诚服的呢？一般都是用家长的权威来做到的，但是对青春期的孩子来说，知识和经验迅速增长，父母空洞的说教已经不能再让他们信服了，如果要想在知识上超越孩子，就必须与时俱进，加强自身的修养，学习新东西。把自己当作孩子的同龄人，说服一个同龄人只能通过自己的学识，这就是平等。

尊重不是一句空话，却是很多父母最欠缺的，因为欠缺尊重、欠缺平等，所以孩子甚至感觉不到你的爱，这也就是为什么你养育了他这么久，却不如同龄人一句话对他的改变大。有了尊重和平等，你与孩子的心理距离马上就缩小了，你与孩子的口角冲突马上就减少了，沟通自然畅行无阻。

帮孩子心理断乳

现在，在有关青少年心理的书籍中，经常出现"心理断乳"一词。究其根源，最早使用这个词的是美国心理学家霍林沃斯。霍林沃斯将青年期定义为由儿童期向成人期过渡的时期。他认为，人们在这一时期所面临的问题，在未开化种族里所广泛举行的成年仪式中表现得非常清楚。主要有以下几方面的内容：一是个体从家庭的羁绊中解放出来并成为部族独立的一员；二是其自身的粮食必须通过自身努力去获得，也就是文明社会中的职业选择的问题；三是性成熟及具备生殖能力这一事实获得确实的认定；四是作为成熟个体所必须具备的世界观的形成。这几方面的核心就是心理断乳的问题，也是成年的最重要机能之一。

一般人从 12 岁左右开始都会有"若能摆脱家庭成为自由独立的人就好了"这样的想法与冲动，其实这就是心理性断乳过程的开始。

无疑，这是一个与幼儿期生理性断乳相对照的概念。无论是哪一种断乳，其共同特点是：断乳前所形成的适应且必要的习惯，已与新的要求、行为不相适应，并发生矛盾。改变这一习惯及原有的心理水平已成为必然，相应地也必须改变亲子之间形成的习惯。对这种改变如果认识不当的话，会引起心理的不适应甚至心理疾患。

心理断乳的首要表现就是自我意识的觉醒，进入青春期后个体开始进行自我分化，把自己分化为主观的我和客观的我，也是首次把自我作为认知的对象。儿童的自我是混沌的，往往只是借助于成人对自己的评价意识到自己的存在。到了发育的阶段，初中生身心发展及环境变化促使他们观察自己、分析自己、控制自己，这就开始产生自我的分化。具体的因素有：第二性征的出现与性的发育，使他们发现自己从未体验过的内心秘密；外表与体态上的急剧变化以及和别人接触时的行为有所改变；其他人都开始以另一种眼光来看待他们；再加上他们在社会、家庭中的地位开始有了微妙的变化……所有这一切都促使成长中的青年人反复地考虑自己。正因为这些分析、考虑都是在自我这个体系中形成的，所以就会把作为这种分析、变化的载体——日记视为个人非常私密的东西，是不容侵犯的。以下段落分别摘自三位学生的日记：

我叫菲菲，是一个女孩，一个真诚的人。我不太漂亮，学习也一般，不过我钢琴弹得相当好。我比同龄人长得高一些，身体的变化和脸上的小痘痘让我感到有些烦恼。很多时候，总觉得心烦意乱，不知在想些什么。我并不爱时髦，但大家都开始关心自己的容貌，我也不知不觉想要打扮自己，我努力想做个有用的人。总体上我还不错，可我性格不太突出，一些同学不怎么理我。

我，一个即将成为男子汉的人。我的个头已经跟老爸差不多高了。在学校里，我是个好学生，学习不错；球场上，我可是主力前锋；身边有一帮哥们，都处得很铁。但有时却觉得自己很奇怪，明明对自己充满了自信，却又有些自轻自贱；热爱我所有的一切，热爱生活，但有时却又对生活有一丝悲观；有许多朋友，可又觉得自己孤僻；有远大的理想，又会一点儿抱负都没有……为什么我内心总有这么多矛盾？

我？真不明白到底我是谁，一个初中生？一个家长的好孩子？老师的好学生？班级同学的好朋友？我没有辉辉那么聪明，没有小艾那么漂亮，没有芙薇那么有才气……每个人都有比我好的一面，我真是只丑小鸭吗？

处在青春期的孩子渴望自我肯定，对自己表现出较为浓厚的兴趣。这种对自我认识的兴趣首先表现在关心自己的外在形象，以新的方式感知自己的生理面貌。在初中生当中，这种表现比较突出。有的学生对自己的外貌深感不安：女孩子担心发胖，男孩子顾虑长得矮，怕脸上长痘痘，等等。而且，他们或多或少地都想改变自己的外貌。这些情感体验一般不公开外露，始终处于隐秘的状态。当然，日记是他们最好的宣泄方式之一，里面会有相当的篇幅是对自己关注的内容。另外，对自己形象的意识还体现在他们开始更多地注意打扮，注重个人仪表、风度。这些日记内容，父母看到了会觉得可笑，认为读读也无所谓，但这样做会深深地刺痛孩子的自尊心。

孩子的日记要不要看

高一学生许志怒气冲冲地来到街道派出所,一进门就说:"刚才,我爸我妈偷看我的日记,侵犯了我的隐私权,这事儿你们能不能管一管?"

许志的父母偷看孩子日记的初衷十分简单。母亲赵女士说:"儿子上小学的时候,每天都把日记给我看,那时我常辅导他如何写作,儿子也愿意主动让我看。可自从上了高中,儿子就不再和我们沟通了,并且还有些抵触情绪。为了解他的思想活动,我们才看他的日记。"

许志的爸爸说:"现在的孩子成熟得早,不像我们年轻时那么单纯。看儿子的日记,能及时、准确地了解他的行为和思想,便于发现问题,并尽快把问题消灭在萌芽中。"

看了这则报道,或许有的父母会认为这是孩子瞎胡闹。无论怎么说,在这个事件当中,许志的父母的确侵犯了他们儿子的隐私权。根据一个在全国大中城市所做的调查,有超过30%的家长曾经甚至经常检查孩子的日记和通信。从一般的常理而言,父母有父母的想法,孩子有孩子的想法,两者应该是独立、平等的。况且有的孩子已经在读高中,马上就要成年,在一定程度上已经可以对自己的思想、行为负责,父母却要以种种理由将孩子囚禁于自己所设定的框架之内,这怎么会不引起冲突呢?

或许孩子不再与我们沟通,并且还有抵触情绪;或许孩子有自己的观点,与父母据理力争;或许孩子隐藏起自己的许多秘密不肯让父母知道;或许孩子新交了父母怎么都看不顺眼的同龄朋友……这并不意味着孩子的思想和行为存在着父母所担心的问题,相反这是他们为自己争取一个独立存在身份的标志。

一、给孩子一把锁

家长们对这个年龄段的孩子一定要特别慎重。首先，家长做事要光明磊落，为孩子树立一个好榜样。孩子希望父母像对成年人一样尊重他们。孩提时常用的哄哄骗骗之类的小手段，这时切不可再用。孩子长大了，如果知道父母仅是哄哄他们，就不会认真听取和采纳他们的主张。日记之类孩子的个人物品当然不能随意翻动，更不能想看就看了。

这一阶段，孩子异常敏感。有的孩子会在日记本里放上头发之类的东西，用以探测父母是不是动过他们的日记、书信。这种方式看起来根本没有必要，但这时候的孩子是脆弱的，以往都是被动地接受父母的安排，对于刚开始有的一点秘密格外珍惜，也格外敏感。父母应该体谅孩子，感受到孩子的心理变化。如果父母这时候能主动配一把漂亮的小锁给孩子，孩子肯定会觉得父母非常理解自己。

二、与孩子分享自己当年的日记

有的父母抱怨孩子不愿意与自己交流，问他们有什么想法，总是一点反应都没有。其实，这些父母只是没能找到与青春期孩子交流的良好方法，一味地采用质问式或命令式的口吻与孩子谈话。试想，如果一个人以这种方式与同事、朋友沟通，结果会怎么样呢？父母要体验孩子的世界，知道孩子感兴趣的事，了解孩子们的"语言"。在交流中，要对他们充分尊重。最主要的，是要意识到孩子在长大，在慢慢要求独立。

比如说，在晚饭的时候，大人和孩子就可以很轻松地谈论一下当天的所见所闻。这时，父母要特别耐心地听孩子讲话，不要因为不耐烦而打断孩子讲话。否则，孩子会明显感到自己与父母之间存在着相当大的距离。久而久之，双方就会因为话不投机而减少交流了。孩子表面上听父母的话，心里肯定不当一回事；父母觉察出与孩子距离太大想补救，又感到困难重重。所以，当孩子兴高采烈地讲一些父母认为无关紧要的小事情时，父母要表现出小小的兴趣，并适时地点点头，或者是问一些具体的细节。这样，孩子就会觉得父母还能理解自己，还不至于那么"老顽固"，拒绝父母的意识也会因此减少一分。如此，在孩子遇到问题时，也肯跟父母诉说。所以，要想了解孩子，就要从日常生活中一点一滴地观察、体会。在关键的时候，就会显出平时努力的重要了。

父母们是否还记得自己当年的日记呢？或许自己看看都会觉得很可笑，但这就是成长的历程。如果父母觉得自己当年日记里面没有什么不想让孩子知道的隐私的话，何不在适当的时候拿出来与孩子分享呢？上面或许有满怀青春热情的豪言壮语，或许有初次对异性的朦胧感觉，又或许有着迷茫的问题困扰，这些都是过去的经历，是对人生的感悟。让孩子也感受一下父母年轻时的心路历程，这样的交流是非常深刻的，也会缩短父母与孩子的心理距离。当孩子认为父母可以帮助他成长时，可能还会主动把自己的日记给父母看，一起讨论孩子遇到的困惑和面临的难题。即使孩子不给父母看自己的日记，也会在平时的生活中更多地以平等或向长辈讨教的姿态与父母交流。这样的方式才是最为理想的沟通、交流方式，也有利于孩子的成长和家庭的融洽。

还有一点，如果孩子习惯了父母检查自己的日记，就会有意或无意地在日记里隐藏自己的真实想法。有的孩子还会准备两本日记，以应付检查。这样的话，只会在家庭中形成互相不信任的气氛，实在是有害无益。

做孩子心灵的捕手

下面是一位初二女生提供的三篇日记:

9月19日　星期五　晴

今天是开学第三周的最后一天,不知不觉又过去了一个礼拜。想想也挺奇怪,放假的时候虽然开心,但总会觉得无聊,开学了吧,又觉得上课也实在是没劲。今天上课的时候,晓洁给我看了一封信,是她的网友K从黑龙江寄来的,那么远的地方。信上面说到很多好玩的东西:大雪、大山,在冰封的河面上溜冰,再想想我们这个破地方,人那么多,全是水泥混凝土建筑。哎,说实话,开始还真觉得不可思议,她和那个网友也就是在聊天的时候认识的,应该和我们差不多大。晓洁这些日子没少跟他聊,好像也挺谈得来。更好玩的是,两个人竟然在网上大聊漫画,两个"粉丝"碰到一块去了。老爸老妈不肯给我买电脑,说我太小,电脑对我没什么用,怕我玩游戏或是上网聊天耽误学习,他们真是老古董。对了,今天晓洁说,K有个同学也想认识远方的朋友,通通信,随便聊聊,问我肯不肯,我想反正闲着也是闲着,让他写来好了,看看再说。

10月3日　星期三　小雨

国庆放假了,可还是要闷在家里赶作业,真讨厌。昨天收到Y的信,开始还一愣,没反应过来。不过看过以后,还觉得这家伙蛮有意思,还像报户口一样自我介绍,还比我小几天呢。今天晓洁打来电话,聊了半个多小时,她告诉我一个令人震惊的消息:隔壁班莉莉的父母怀疑她收到男孩子的情书,竟然偷偷拆她的信,看完以后才还给她,说是为了怕她被坏人骗,还偷听她的电话,不管是谁打来的,他们都会拎起隔壁房间的电话偷听。莉莉受不了了,国庆前一天出走了,到现在还没回来。

1 月 21 日　星期二　多云

刚寄了信回到家，今天还算轻松。上课的时候，我把 Y 寄来的照片给晓洁看了，她偷笑个不停。可我觉得 Y 比她的 K 要好看一些，她一定心里不平衡。现在倒觉得有个远方的同龄朋友是件好事，两个人隔段时间问候一声，讲讲各自经历、所思所想，说说各自的打算。过节的时候，互道一声祝福，这比起和我们班那些没有脑子的男生吵架有意思多了。真弄不懂，为什么有的父母、老师见到男女生关系好一点儿或有书信来往就扣早恋的帽子，也不用用大脑，即使早恋了又怎么样，他们还没恋过呢，就会偷偷摸摸，断章取义，无耻！

读了上面三篇日记，相信每个父母都会体会到孩子的心情。对他们来说，自己的信件、电话无疑是自身私生活的一部分，是开始逐渐脱离父母控制、有独立自主的社会交往的标志。反过来想一想，如果孩子除了听父母的话，一天到晚就只待在家里，不跟同学、朋友联系，没有信件来往，没有电话交谈，那他以后的生活将会变成什么样呢？要知道，人是社会的动物，社会性是人类区别于其他生物的一个最主要的特征。一个不会自主交往的人是无法在社会上立足的。或许有的父母会想当然地认为，对于孩子的信件、电话的审查是为了防止他们上当受骗。其实这种想法是很可笑的，即使是非常有社会经验的成年人也会有上当受骗的可能，况且仅仅凭一纸文字、电话里的三言两语就判定孩子的这个朋友是好人或是坏人，岂不是太主观了吗？每个人都是在不断的经验积累反思中长大、成熟的。孩子的交往是孩子的事，父母要做的是尊重他们自己的判断和选择，并在合适的时候提供适当的参考意见，而不是处心积虑地通过并不光明正大的手段窥探孩子的心灵世界。

一、珍惜孩子的纯真年代

从孩子心理发展的角度来看，这一时期的孩子开始有了了解自己和关心自己成长的迫切愿望。新的学校、同周围现实发生的新关系、新的生活条件对他们提出了更高的要求，他们的智力和体力都有了明显的增长。所有这一切都促使他们对自己的作用、力量和责任有进一步的认识。他们开始意识到自己的个性，逐渐产生并不断增强了解自己的需要，这种需要明显地表现在青春期的孩子开始对自己及别人的精神世界、个性品质加以关注。

正如一些心理学研究者所指出的那样，正是从这时起，他们才开始要求了解自己、发现自己，也开始发掘自己。由于知识经验的积累、认知水平的提高、社会接触的拓展，再加上其人生观、世界观的初步形成，他们内心世界要比发育之前丰富许多。

他们要求深入地了解自己，关心自己成长的兴趣日益浓厚。这时，他们已经不仅仅把自己看作一个中学生，更开始视自己为一个独立的社会成员。因此，他们会进行长时间的独立思考，反思未来的生活，并已有了自我分析的能力。他们很想知道自己是什么样的人，有什么价值，能做些什么，将来应该成为怎样的人，等等。这些在属于他们个人秘密的日记、书信中会有非常直露的体现。

与此同时，他们对了解别人内心世界的兴趣也有很大的增长。他们看小说时，除了关心情节的发展，还会关心人物的心理品质、内心体验等，还可能经常将自己与他们想象中的人物形象进行比较。与他人来往也是在进行对自己、对他人的探索，或者说是思考。所有这些都表明，处于这一年龄段的人不仅急切地要求了解自己，而且还学会了通过了解别人来认识自己。

所以，这时候孩子的电话会突然多起来。他们不满足于同周围人的交流、沟通，希望了解更多的人，也希望通过更多人的评价来进一步确认自己。这时期的父母尤其会担心自己的孩子会不会早恋，会不会耽误学习，也就对孩子的电话来往特别关注。事实上，对于孩子而言，这是永不再来的纯真年代，他们会产生许多以前不曾体验过的情感，有了同性的亲密好友，对异性也有了朦胧的感觉。或许正是因为这种感觉的纯真、朦胧，它才格外地美丽可贵。父母为什么要让少年情怀变成痛苦的回忆呢？

二、寄封"情书"给孩子

曾经有部国内录制的电视连续剧，片名就叫作《情书》，讲了一个女孩子的情感历程。每当这个女孩子面临困惑、烦恼无法摆脱，情绪低迷的时候，总会有一封神秘的情书寄来。写信的人总是很能体会这个女孩子的心情，也常常能一针见血地指出问题的关键所在，帮她分析问题，看清自己，树立信心，使她又能以积极的姿态面对人生。对于观众来说，破解这一悬念也成了整个片子的乐趣所在，有人觉得应该是她老同学写的，又有人觉得应该是她以前的男友所写……

而结果却大大出乎人们的意料，这几封所谓的情书竟然出自她的外公之手。因为她的外公年轻的时候也曾经历过一些情感的波折，因而看到自己的外孙女失意、落魄的时候，就采用了这样的一种方式来帮助她，是不是觉得不可思议？

电视剧可能是比较夸张的，但也给了我们一个很好的启示：洞察孩子的内心是非常重要的，在理解孩子的基础上，采取孩子乐意或者说他们可以接受的方式，才是帮助孩子成长的最好选择。

三、做个孩子心灵的间谍

无论是战场还是商场，情报信息都占据着非常重要的地位。在家庭中，在教育孩子的过程中也是如此。越多掌握孩子的信息，就越有可能以正确的方法帮助孩子成长。但是，该以怎样的方法获取孩子心灵的情报呢？

有人会说，这还不简单！家里的抽屉我们都有备用钥匙，趁孩子不在家，打开抽屉，把孩子的东西拿出来研究研究不就得了。而且，万一孩子有什么异常的动向，可以"人赃并获"，证据确凿。这样的方法可行吗？答案当然是否定的。因为这是小偷，或者说强盗的行为。一旦孩子觉察出父母的所作所为，就会采取更为有效的保密措施。而且，父母从此再也别想以正人君子的姿态教训孩子该做什么，不该做什么。理由很简单：连你们自己都小偷小摸，干见不得人的勾当，还跟我讲什么大道理！家庭的信任与融洽随之土崩瓦解，剩下的只是一个称之为"家"却没有实质的空壳。所以说，我们的家长要学会做一个高明的心理间谍。

策略一：守株待兔

这一策略的前提是与孩子建立起比较融洽的家庭关系。父母要尊重孩子，平时尊重孩子的隐私，对于孩子不想谈、不肯说的事情不要主动去盘问审查。在这样的基础上，只要平时对孩子言行多一点关注、多一点体贴，孩子就会慢慢地回归，当然不可能像婴儿时期那样依恋父母，而是像跟知心朋友交谈一样，将自己的一些困扰、问题讲给父母听。有的父母会问，如果孩子不肯说怎么办呢？孩子不说，也许因为他认为凭自己的能力能解决掉，不需要父母画蛇添足。如果解决不了才会求助他人，至于求助时会不会找到父母，就要看父母平时的努力与耐心了。

策略二：大浪淘沙

俗话说"冰冻三尺，非一日之寒"，孩子或好或坏的变化都是经过一段时间的量变才会导致最后的质变。所以，父母平时注意孩子在家里一点一滴的言行很重要。要做个有心人，从孩子外露的言行中分析出他的动向。

策略三：曲径通幽

就是采取迂回的方式，从不同侧面、不同角度了解孩子的所思所想。当然父母要会利用不同的资源，比如说，通过孩子的朋友来了解自己的孩子。当孩子带同学回家做客的时候，可以随便聊两句，也检验一下孩子在别人眼中是怎么样的。或者从老师那里获取信息，但也要注意和老师联系要慎重，以免让孩子觉得父母和老师在"串通一气"。所以要利用每学期的家长会、家长日的时间与老师充分交流，以获得孩子在学校的信息，与孩子在家里的表现一比较，父母必会有所收获。

策略四：案例分析

当前的社会是信息化的社会，人们应用各种媒体能获得多方面的信息，父母也可以大加利用。例如，新闻报道一个女孩因为和家里闹矛盾离家出走了。父母和孩子就可以对此报道谈谈各自的看法。虽然是对新闻报道、对其他人作评价，但无疑这种评价是根据自己的价值基准作出的，很容易反映各自的真实想法。即使彼此的看法有非常严重的分歧，父母也可以从中有所心理准备，考虑孩子为什么会有与自己不同的看法，这样才能更贴近孩子的内心。

尊重孩子的"知情权"

父母在决定一件事情之前，不妨听听孩子的意见，有时候，孩子的意见也非常重要，甚至能对整个事情产生重大的影响。

父母应该尊重孩子的意愿，不仅是因为孩子有作为一名家庭成员的知情权，更是因为这种尊重同时也是对孩子的分析和判断能力的肯定与赏识，是父母对孩子的一种信任，相信孩子有能力分析和决定家庭中的事务。

著名文学家鲁迅就是在对孩子的教育上持平等尊重态度的典范。

有一天，鲁迅从饭馆里买来几个菜，在家里请朋友吃饭。桌上摆了一盘鱼丸子，鲁迅的儿子海婴面前也放了一小碟，他好动，先夹了一个尝尝，觉得味道不新鲜，就喊菜坏了。大家从大盘中夹来尝了尝，都说是新鲜的，以为是孩子胡闹就不去理他。但鲁迅却认真地对待孩子的意见，他说："孩子说不新鲜，一定有他的道理，不加以查看就抹杀是不对的。"然后他把海婴碟子里的菜夹来尝了尝，果然是味道变了。

孩子也属于家庭的一分子，和父母在家庭中的地位是平等的。当家里遇到事情尤其是和孩子密切相关的事情时，父母应记得征求孩子的意见，并尽量尊重孩子的意愿。不要认为孩子太小，根本没有思考问题的能力，即使跟他们商量也没有用。其实孩子的观察很细致，而且也有独到的思考。

当遇到诸如选择特长班、升学等与孩子密切相关的事情时，应该主动征求孩子的意见。对孩子说："孩子，有件事和你密切相关，我们想听听你自己的看法和意见。"

当遇到关系整个家庭的大事时，比如搬家、买房子等，应该让孩子知道，并鼓励孩子发表自己的意见，告诉孩子："这件事非常重要，你有什么想法吗？"

尊重孩子的意愿，允许孩子实施自己的知情权和参与权，这样才能让孩子感觉到他在家庭中的重要性，从而建立起对家庭的责任感，培养他的主人翁意识和大局观。

第五章

是小鸟就让它飞翔
——给孩子更广阔的自由空间

教育专家陶行知认为,孩子的成长和发展需要有一个宽松的、开放的、积极的环境,需要在父母的热切期望和等待中来引导孩子的成长。孩子的发展,要遵循天性,不能任意抹杀孩子的创造欲望和玩乐心态,要给予孩子自由的空间,要让孩子自由地发展。

引言：走出"包办"的误区

阿刚从小就是家里的"小皇帝","统治"着整个家庭的其他成员。优裕的家庭环境让阿刚过着衣食不愁的生活，习惯了衣来伸手饭来张口。家里就这么一个"小皇帝"，大人们也就对他百依百顺。从小到大，市场上最新式的玩具总是会第一时间出现在阿刚的手里，最时髦的衣服也是最早穿在阿刚的身上，最新款式的文具用品更是塞满了阿刚的文具盒。每天早上阿刚的妈妈会把衣服拿到他床边，并且按照课程表帮他整理好书包，然后为阿刚准备好洗脸、刷牙的用具，帮他整理好床铺，准备早餐。阿刚要做的只是睁开眼睛，穿好床边的衣服，洗脸刷牙，坐到摆好的早餐前把它吃完，穿上已经擦干净的鞋走出大门即可。书包当然会有人帮他背的，通常是爷爷送他去上学。要不是不允许家长进教室，爷爷准会帮他把书包提到教室里。"大臣们"替他做好了后勤工作，阿刚应该可以好好读书，成绩就一定优秀了？事实并非如此，阿刚的大脑已经习惯了简单思维，根本无法承受复杂的分析和枯燥的记忆，即使是稍务把力就能胜任的任务，阿刚也没有那种克服困难、勇于思考的坚韧意志。有作业就跟同学借来抄一抄，考试就想办法作弊。可想而知，阿刚的成绩肯定好不到哪去。更为可叹的是，阿刚长大了仍然毫无主见，连买支钢笔要选什么牌子，今天要穿什么衣服，都要请示妈妈，自己一点主见都没有。

小雯的爸爸妈妈希望小雯将来能成为一名电视台的节目主持人，因为他们认为这个职业不但有钱赚，而且还很露脸，一定会名利双收。于是，从幼儿园到中学，小雯不知道上了多少舞蹈班、声乐班，专门培养唱歌跳舞的能力。而且，为了使小雯能够顺着预先设计的道路走，他们严格控制小雯的饮食起居，甚至连交友出游等，无一不在小雯爸爸妈妈的严密监视中。他们一方面到处去为小雯找好的辅导老师，并且积极替小雯报名参加各种比赛，另一方面随时保持对小雯个人生活的"保护"，不但对小雯的日记和信件都进行"彻底审查"，而且还对小雯所认识的朋友进行严格限制。他们从来不允许男孩子打电话来找小雯，因为他们认为会使小雯无心继续训练，影响她的前程。然而，随着小雯渐渐长大，她已经对这种终日与歌舞打交道的生活厌倦了。这种生活令她感到很无趣，而且没有一点点自由。尽管小雯有时候也想好好计划一下，做一些自己感兴趣的事情，但是她知道自己无法超越父母的控制范围，而且她也不敢去尝试。最后她还是顺着父母的意思，继续走着他们为她设计的路。然而，事实上，小雯最终并没有成为电视台的节目主持人，而是在亲戚的介绍下在一家超市当了收银员。

我们知道，动物是有感情的，喜怒哀乐都是与生俱来的本能。人是万物之灵，人类的感情更是复杂而强烈。亲情、爱情、友情，都是人类最基本的情感。其中，亲情又由于存在着血缘关系而显得最不一般。许多父母对自己的孩子恨不得倾其所有，希望能换来自己孩子的美好未来。

然而，事实上，父母对孩子的爱与孩子将来的成就和生活质量并不成正比。换言之，并非对孩子疼爱得越多，效果就越好。这是因为其中存在着许多误区，最极端的有这么两种："我对我们家那个小皇帝向来有求必应"；"孩子是我们全家的希望，我要替他的将来好好打算打算"。这两种做法刚好是两个极端：一种是娇纵溺爱，听之任之，我们暂且称之为"纵容型"；另一种是严加管教，不得自由，我们暂且称之为"管教型"。

归根结底，以上两种都可划入"包办"之列。第一种"包办"，是对孩子所有要求"来者不拒",进行彻底地包办,全部满足。第二种"包办",是连"要求"本身也给"包办"了——孩子没有要求和选择的权利,只能按父母规定的路线走。这就有点像当年的一句口号——有条件要上,没有条件也要创造条件上。

这样的父母真是傻得可爱。为什么这么说?因为他们有着超乎寻常的自信心,相信自己有能力保障自己孩子的一生,或者说相信自己为孩子所作的远景规划是绝对正确的。当然,我们知道,事实并非如此,甚至可能是恰恰相反。通常这样的做法都是适得其反,而且后果常常是悲剧性的。奇怪的是,家长们往往没有意识到这样一个事实,那就是为人父母的职责更多地是帮助孩子学会自己走路,而不是保护孩子的一生。只有让孩子充分发展自我,他们才能真正地独立,并为自己和他人负责。况且,让孩子独立发展,学会帮别人做事情,亦可以为父母分担生活中的重担,培养孩子家庭的责任感,并从中体会到自己对家庭的贡献,这对孩子的身心发展是很有帮助的。

兴趣越广,天地越宽

有两个人都是工程师,一个人之所以当工程师是因为他喜欢当一名工程师;另外一个人之所以当工程师是因为可以得到很高的工资,这样他便可以每个礼拜都去打高尔夫球、听音乐会,做一些他感兴趣的事情。两位工程师尽管目的不同,但都觉得过得很开心。试想一下,如果一个人完全没有什么兴趣和爱好,无论做什么事情都觉得没意思,那又怎么会活得快乐呢?如果一个人有各种兴趣和爱好,那么他就很容易在绝大多数情况下都体会到做事情所带来的快乐,并且以较高的效率来完成它。

一、是什么让孩子入迷

我们为什么要在这里讨论孩子们的兴趣和爱好的问题呢?原因有三点:兴趣和爱好可以令人体验到快乐;快乐可以使人们做事情的效率大大提高;兴趣和爱好是可以培养的。

第一,我们培养孩子是为了孩子将来过得开心、快乐。因为快乐是人生的一大目标。为什么这么多人每天忙忙碌碌地在工作着?我们每天看着路上行人熙熙攘攘、来去匆匆,我们不禁会思考,他们都在忙些什么呢?尽管我们很难给出这种问题的具体答案,但是情况大致如此:他们之所以会做这些事,是因为这些事情令他们觉得开心或者有助于他们去做感兴趣的事,也就是说,他们要么是对事情的过程感兴趣(直接兴趣),要么是对事情的结果感兴趣(间接兴趣)。

上面所提到的两个工程师的例子就是这样。因此,我们一定要培养孩子们多方面的兴趣和爱好,而不应该单单只顾他们的学习成绩而忽略了一些更为根本的东西。

第二,人们不管做什么事情都希望能从中体验一定的乐趣。这种心理倾向在小孩子身上也可以经常观察到。我们知道,如果对一件事情怀有极大的兴趣,就比较容易全身心地投入其中,效率也会大大提高。培养健康和广泛的兴趣爱好,不仅创造了各种各样学习的机会,提供了丰富的信息来源,而且还对注意力的培养很有帮助。因为我们在进行一项自己很感兴趣的活动的时候,往往会全神贯注,这个时候就能体验到那种注意力高度集中的感受。

心理学研究表明,亲自体验过的感受往往更加深刻和持久。如果孩子做事情做得忘记了周围的环境,那就说明他正在全身心地投入到该活动中,大人们此时最好不要去打扰他,因为外界的干扰会打断孩子的思路,分散注意力和破坏他的兴致。因此，家长在日常生活中应该注意为孩子创造入迷的环境，激发和引导孩子发展广泛的兴趣爱好。

第三，为什么说兴趣和爱好是可以培养的呢？因为人类天生好奇。人们生来就具有强烈的好奇心和探索精神，这一点在婴儿的身上更是得到突出的体现。小孩子一出生，似乎对什么都感兴趣。例如，电灯一亮，便会用小手去摸摸看，直到烫着了才懂得那个亮着的东西是碰不得的。显然孩子们的这种好奇心是很值得珍惜的，因为它会随着年龄的增长慢慢消逝。但是，如果能在好奇心消逝之前养成一些比较稳固的兴趣和爱好，作为趋向和判断的基础，那么在将来漫长的人生道路上就比较容易去选择和养成健康的兴趣和爱好。

二、发展兴趣就是发展人生

发展健康、广泛的兴趣和爱好对一个人的身心健康具有很大的帮助作用。正如我们在前面所说过的那样，社会的发展越来越倾向于多元化，个人活动的自由度和范围也大大得到延展。因此，随着个人活动越来越丰富和人们之间的交往互动越来越频繁，个人所应该了解和熟悉的活动也应该尽量多一些。通过发展广泛的兴趣爱好，孩子们可以参加各种活动，体验不同的感受，学习丰富的知识，接触怀有相同兴趣的伙伴。

心理学研究表明，人们在面临陌生的情景时，或者觉得无力把握和处理该情景时，很容易变得无助、紧张和焦虑。孩子们将来的发展很可能要求他们去面对和适应各种从来没经历过的陌生情景。如果平时注意培养各种兴趣爱好和多参加一些课外活动，经常去体验陌生和新奇的感受，从而增强对陌生环境的适应能力，这对孩子的发展将会有不可估量的作用。

既然培养广泛的兴趣爱好这么重要，我们应该怎么去激发和引导呢？这里面其实主要涉及两个问题：一是引导孩子们对健康有益的活动和事物感兴趣；二是培养孩子对某些兴趣有一定的执着性。这两者缺一不可。引导孩子对健康有益的活动感兴趣，这个比较容易理解，因为谁也不想自己的孩子染上恶习。但是，为什么说应当培养孩子对某些兴趣的执着性呢？道理也很简单，如果不投入一定的时间和精力，或者说没有给予相当的重视，也就不成为兴趣了。如果一个人说自己对什么都感兴趣，那么他很可能没有什么真正的兴趣。

孔子说过：知之者不如好之者，好之者不如乐之者。这就充分说明兴趣还是有程度上的差异的，而且越是感兴趣，效果越好，最好是能够达到乐此不疲的地步。此外，这两者有先后关系。应当先让孩子们对较多的活动感兴趣，之后再把其中的几样稳定下来作为主要的兴趣着重培养。就如刚刚学会去菜场买菜一样，起初不知道买什么好，今天买这种菜，明天买那种菜。过了一阶段，对多种菜都有所了解之后，通常会去买比较符合自己口味的那几种。

三、兴趣"配方"

那么，如何引导孩子们对有益的活动和事物感兴趣呢？在回答这个问题之前，必须清楚三个问题：

你对自己的孩子了解吗？
你对各种各样有益的兴趣爱好了解多少？
哪些兴趣爱好是比较适合于自己的孩子的？

下面列出了时下最受青少年欢迎的消遣和娱乐活动，你认为你的孩子也有这些兴趣爱好吗？尽管现在还没有，将来会喜欢吗？

看球赛或者打球。

听音乐或者唱歌。

上网或者在电脑上打游戏。

养宠物或者种植花草。

看报纸和课外书。

下棋或者打牌。

出门游山玩水。

在这7项里面,孩子感兴趣的少于3项,说明他的兴趣范围十分狭窄,甚至可以说已经落后于整个青少年群体了,因为所列出来的这7项实在是目前青少年最为普遍的兴趣爱好了。这时候,家长有必要鼓励孩子去尝试其他各种活动,发展适合自己的兴趣爱好。以上这些活动大致可以从几个方面来划分:体力的和脑力的,室内的和室外的。对于孩子出现的懈怠现象,家长对此应该有所了解,注意要在孩子坚持不下去的时候进行鼓励和督促,引导孩子去发现和体验活动所带来的诸多乐趣。我们知道,真正的兴趣爱好是无须他人的敦促就可以很乐意地去做的。孩子一旦真正对某些活动感兴趣了,就会主动地去做,根本不用家长监督。

在孩子对多种活动产生比较稳定的兴趣之后,应当让他注意如何分清主次和合理安排时间。前面说过,有目的地将几种兴趣活动组合在一起可以实现效益最大化。各种兴趣爱好各司其职,有不同的作用。因此,我们应当对哪些兴趣爱好是主要的、哪些兴趣爱好是次要的心里有数。就好比说吃一顿饭,有蔬菜、肉、主食和汤这么几样,只有分清主次合理食用才能既保证营养又填饱肚子,得到全面均衡的营养。兴趣爱好也是一样,由于人的时间有限,所以要为主次不同的各种兴趣爱好安排不同的时间,就好比人的肚子容量有限,不能每种食物都吃很多一样。

事实上,上面所讲的有关兴趣爱好,都可以拿来与食物作一番比较:

兴 趣	食 物
★ 不同的兴趣可以带来不同的感受	● 不同的食物有不同的味道和口感
★ 不同的兴趣可以培养不同的能力	● 不同的食物有不同的营养成分
★ 有选择地培养兴趣爱好，全面发展	● 有选择地搭配食谱，均衡营养
★ 有些活动一开始就会很喜欢，有些则 要坚持一段时间之后才会喜欢	● 有些食物第一次吃就很喜欢，有些则要多 次品尝之后才会喜欢
★ 刚开始应该接触各种各样的活动，然 后再进行选择和组合	● 刚开始应该多品尝各种食物，然后再进行 选择和组合
★ 人的时间有限，应该合理分配	● 人的饭量有限，应该合理搭配
★ 兴趣活动应在自己能够承受的限度之 内，适可而止	● 食物的摄入量应在自己的消化能力之内， 不能吃坏了肚子
★ 形成比较稳定的兴趣爱好之后，可以 偶尔尝试新的活动	● 吃惯了某些食物之后，有时候应该换换口 味，适当调整一下食谱

此外，我们还可以举出许多两者类似的地方，诸如从一个人的兴趣爱好可以看出一个人的性格，而从一个人喜欢的食物同样也可以看出来。

鼓励孩子与人交往

与书本一样，社会交往也是人类获得知识的一大来源。在人与人的互动中，我们学会了如何与人交往，我们也了解社会的规则，懂得什么样的行为是受赞赏的，什么样的行为是受批判的。通过参与社会互动和人际交往，我们知道每一种角色应当有什么样的举动，诸如作为教师应该是怎样的，作为母亲应该是怎样的，作为父亲应该是怎样的，作为学生或子女应该是怎样的，等等。如果我们从未与担当这些角色的人接触过，或者从未有人跟我们说过这方面的情况，那我们就无从知晓这些角色有着什么样的特点，无法判断在与他们交往的时候应该做什么或者不该做什么，也不知道当自己扮演这些角色的时候应该怎么去做。这样的话，我们就会变得紧张不安和手足无措。反之，我们如果对这些角色相当了解，能够理解和预知他人的行为举止，对自己应该有什么样的反应也很熟悉，在处理各种人际交往的时候就会很自然并且有把握。

一、孩子需要社会化

人的社会化过程就是人们从小到大不断学习社会规则的过程。我们知道，人们的行为有一定的方式和习惯，这是人类社会长期发展所形成的一些特征，小到个人生活习惯，如洗脸刷牙，大到群体的规则和文化，如风俗习惯、法律法规等。人们从小到大就一直处于社会互动之中，受到这些规则和习惯潜移默化的影响，从而逐步接受和掌握这些规则和习惯，最终融入到整个社会群体之中。

尽管人的一生都处于社会化的过程中，但是值得注意的是，从孩子出生到青少年时期是最为关键的。几乎所有的心理学研究都表明人的各个方面在这一时期都是在飞速发展的，诸如智力、个性以及生理上的成熟等。人的社会化过程也是这样，儿童时期有个快速发展的阶段。如果早期没有学会和掌握这些规则，长大之后再训练，效果会很差。如果儿童早期的社会化进程顺利的话，基本就可以学会大部分的规则，长大后也不容易忘记。

二、来自同辈群体的影响

前面所说的重要性有两点：对于一个人来说，通过与各种社会成员的接触来接受社会的规则和习俗具有重要性，早期（特别是从婴幼儿时期到青少年时期）进行社会交往也具有重要性。还有一个重要的因素，我们不能不提到，那就是同辈群体，也就是同龄朋友。

相对于在社会交往中所接触的其他群体，同龄人对同龄人的影响显著地大于其他人。这种影响尤其表现在青少年身上。青少年正处于心理上的断乳期，他们日益寻求独立，都喜欢与同辈人在一起而不喜欢依附父母。70%的青少年遇到困难心里烦恼时，不是首先与父母商量，而是与同伴商量，或者闷在自己心里。许多青少年可以同时是几个同辈群体的成员，诸如打球有球友，上网有网友，等等。各种同辈群体有不同的活动，从各个不同的侧面影响该群体里的每位成员。

与同学、朋友交往是青少年的一种需要，在交往中相互学习、相互帮助，会增长知识。因此青少年的朋友感情非常浓厚，将自己是否被别人喜欢、是否被朋友接纳看得很重要。对于同学或朋友的言语接纳很敏感，唯恐被大家排斥，也容易产生嫉妒或争夺别人关心的现象。

青少年的同辈群体比较独特。相对于与成年人交往，青少年之间的交往更为自由，不受约束和限制，比较平等。家长或者教师总是会约束他们，令他们感觉到压抑，而一般同龄人之间不会存在这种情况。除了这种平等的感觉之外，青少年同龄人比较容易相互理解，容易取得相互间的认同感。我们知道，青少年时期是心智成熟的关键阶段，由于发展速度快，每天都在变化，成年人很难把握和理解，而同龄人之间就容易多了。

当然，青少年同龄群体与其他年龄的同龄群体一样，也有自己的规则和文化。他们相互之间能够听懂流行的口头禅，对大部分的价值评判有相同的标准。由于在这一时期，个体自身的知识和能力都在快速提高，这就产生了青少年容易拿自己和别人相比较的习惯。因此，往往在某一方面能有过人表现的，容易受到同辈群体的欣赏，被看作榜样。通过与同龄人的交往，孩子们比较容易在平等和自由的环境里表现自己，发展自己在各方面的能力。同时，在与同龄人的接触中，孩子们也才能了解哪些是为同龄人所赞赏的，从而形成与整个同龄群体相符或者相近的价值判断标准，为自己的发展找到方向。

从人的整个发展历程来看，每个人都会与扮演各种角色的人交往和接触。因此，既要重视与同龄人的交往，又要学会与其他年龄段的人的交往，通过与各种人的交往适应不同的规则和习惯。从小培养孩子的人际交往能力，这是值得家长重视的一个带有普遍性的问题。

三、如何培养孩子的交往能力

那么，如何培养孩子的交往能力呢？下面几点建议可供你参考。

第一，创造平等和谐的交往氛围。家长不能摆出师道尊严的面孔训斥孩子。首先，家庭中的大事，孩子可以知道的应该让孩子知道，适当地让孩子"参政议政"。家庭中涉及孩子的问题，更应想到孩子，听听他们的意见。其次，要提供更多的交往机会。应适当地带孩子进入自己的社交圈，外出做客时，尽可能带孩子参加；家中有客来，让孩子参与接待，让座、倒茶、谈话……不要一味地将孩子赶走。

第二，鼓励孩子走出家门。交往的技能只有在与人交往中才能学会。

家长应该尽可能地为孩子打开生活空间，鼓励孩子走出家门，广交朋友，诸如让孩子去找伙伴玩，邀请邻居家的小孩子、同班同学来家做客。心理学家指出，同伴对指导或训练儿童掌握社会交往技能，帮助孩子摆脱孤独具有特殊作用，因为这种技能，儿童是无法在成年人那里学到的。

第三，教给孩子基本的交往技能。孩子的交往技能，如分享、交换、协商、合作等，需要家长在潜移默化中传授给孩子。一位品学兼优的孩子说，小时候妈妈给她讲的一个故事她终身不忘。故事是这样的：

一个小女孩走过一片草地，看见一只蝴蝶被荆棘弄伤了，她小心翼翼地为它拔掉刺，让它飞向大自然。后来蝴蝶为了报恩化作一位仙女，对小女孩说："因为你很仁慈，请你许个愿，我将让它实现。"小女孩想了一会儿说："我希望快乐。"于是仙女弯下腰来在她耳边悄悄细语一番，然后消失无迹。小女孩果真很快乐地度过一生。她年老时，邻人求她说："请告诉我们吧，仙女到底说了什么？"她只是笑着说："仙女告诉我，我周围的每个人，都需要我的关怀。"

这个孩子的母亲通过一个生动的故事，教孩子学会关怀别人，这正是与他人积极相处、培养孩子的社交能力的根本。

第四，鼓励孩子的每一点进步。在父母的悉心帮助下，孩子在与他人交往时一定会有明显的进步，一见陌生人就胆怯退缩、不敢说话等情况一定会有所改变。这时候，父母别忘了还有一件十分重要的事要做，那就是及时去发现孩子的每一点变化：课堂上勇敢地举手发言，见面主动与老师打招呼，热情邀请同学来自己家做客，购物时学着讨价还价，同情弱者，帮助他人，等等。孩子的这一切变化，父母要随时看在眼里、记在心里，并持续不断地给予鼓励。如此坚持下去，你一定能看到孩子的良好表现，从而倍感欣慰。

鼓励孩子"自作主张"

一、给孩子"自作主张"的机会

有位法国哲学家曾经提出这样一个例子：假定有一匹驴子站在两堆同样大、同样远的干草之间，如果它没有自由选择的意志，不能决定应该先吃哪堆干草，就会饿死在两堆干草之间。事实上，现实生活中的驴子绝对不会在这样的情境中饿死的，它会很快地做出决定。但是，在现实生活中还真有那么些孩子，在需要他们出主意、想办法、做决定的时候，却像上面的驴子那样束手无策，窘迫得进退两难。

例如，学校正为灾区捐款，孩子有一些零用钱，他想捐，又怕父母责怪。其他孩子问他到底捐不捐，他说要回家问父母。在人生旅途中，有许多事需要我们做出决策。孩提时期，在日常生活和游戏中，孩子也会遇到各种需要他们做决策的问题和情景。遇事当断则断、当行则行、当止则止，在复杂环境和情景中能及时做出各种应变和决策，决不含糊和拖泥带水，这是一个能应付命运挑战的人必备的心理品质。这种品质必须从小塑造。

孩子如果被允许做出自己的选择，就等于获得了重要的生活本领。让孩子自己去选择，就是给了孩子一种自我控制的感觉，增强了他们对自己能力的信心。孩子不一定选择父母感兴趣的事情，也可能与父母做出同样的选择。不管怎么样，在合理的范围内尽量让孩子自己去选择。事实上，孩子的自主性往往表现在他的选择上，然而有些家长总是怕孩子自己选择错了，不敢把选择的权利交给孩子。如果父母从来不给孩子选择的权利，那他永远也学不会选择，永远也没有自主性。

可以推测，事无巨细、一概都要由家长决定的孩子，最终只能是一头可悲地饿死在两堆干草之间的驴子。有经验，才会使决策正确；有创造，才能使决策具有新意，不落俗套；有胆识，才能做出别人不敢想、不敢做的决定和选择。经验、创造和胆识是需要代价的。父母不给孩子失败的经验，不给孩子标新立异、与众不同的机会，事事处处怕孩子出乱子、闯大祸，那就永远不要指望孩子今后能独立自主，做出一番大事业来。这样的孩子即使在一些小事面前，也只会瞻前顾后，把握不定，自寻烦恼。自作主张的孩子常常不讨大人喜欢。如果孩子没有惹出什么大麻烦，父母就应当想想，孩子自己的选择和决定中包含了多少智能和胆识！只要孩子有自制力，能处理好与别人的关系，"自作主张"说明孩子有主见，有自主性，这是多么可贵的品质！

二、让孩子自己做决定

培养孩子决策能力的关键是让孩子自己做决定。明智的家长会把有些选择的权利交给孩子，只是在事前为他提供有关情况，帮他分析各种可能，并且告诉他自己选择了，自己就要负责任。他们认为在这种情况下，即使选择错了，也是一次学习机会，是很值得的。

有一位家长想让孩子学钢琴，可是到少年宫报名时，发现孩子在舞蹈房门口看得出了神，再也不走了。于是，家长尊重孩子的选择，但要求他对自己的选择负责，一定要坚持一段时间，把舞蹈学好。选择和责任总是联系在一起的，如果孩子的每一件事情都让家长去做主，在家长决定之后，孩子不会想到自己对这个决定有责任，因为不是自己选择的。如果把权利交给孩子，他的选择反而会比较慎重，因为他知道，一旦选择了，就要由自己负责，是好是坏，后果都要自己承担。

事实上，生活中类似这种需要做选择和决策的机会数不胜数，关键要看家长如何去把握和创造。现在一些具有现代家教观、教子有方的家长，不仅注意从小培养孩子独立生活和独立思考的能力，也注意创造机会，培养孩子自己做选择和自己处理问题的能力。

一个假日，我在公园里见到一位父亲，带着他大约4岁的儿子，走到三岔路口时，他弯下腰问儿子："你说，咱们走哪条路？到哪儿去玩？"孩子认真思索了一会儿说："咱们走这条路吧，去看小猴。"父亲随着儿子，向他所选择的方向走去……

我非常赞赏这位父亲。首先，他很尊重孩子，体现出父子间一种平等的关系。同时，他又是个教育的有心人，能抓住机会从小培养孩子自我抉择的能力。这看似家教中的一件小事，却反映了他培养孩子具有现代人素质的教育观念。

又例如，刚刚搬了新家，家长打算给孩子换一张彩色的儿童床，可是孩子并不喜欢彩色床，他希望家长给他买木制儿童床。木制儿童床有多种款式，买哪种款式更理想呢？这时家长如果给孩子机会，让他在众多的款式中学会自己选择，对于他决策能力的培养无疑是有益处的。具体做法是家长引导孩子对每款床的功能、价格、安全性、占用空间、是否方便活动、是否便于整理等进行比较、分析、综合、判断，最终选出一款最满意的床。

当然，我们应该考虑到，孩子做决策的能力并不是与生俱来的，而是在日常生活中逐步形成的。家长应该以一种循序渐进的方式来培养孩子的选择能力。

多给孩子一些自主选择的权利，让孩子对自己的事做主，对培养孩子责任心非常重要。同时，在选择过程中，又能培养孩子克服困难和面对失败的顽强意志，形成遇事冷静、有主见的良好心理素质。

三、给孩子选择的自由

弗洛伊德认为学龄前的孩提时代对于每个人来说都是非常重要的时期，它会影响人们一生的生活。青少年的心理疾患，他们的恐惧感、孤独感、忧郁症、依赖性以及违法行为都与幼儿期有关。这个观点已众所周知，广为接受，然而令人遗憾的是，人们在对待自己的孩子时，往往还是忽略了这一点。

父母已经习惯于每天早晨把孩子拉起来，问也不问就把一身父母自以为漂亮舒适的衣服套在孩子身上。有哪位父母会注意到孩子的感受，尊重一下孩子的意见呢？

孩子在要求他们听话、顺从、依赖、压抑感情的教育下长大，怎么能成长为有主见、有自尊心、有竞争力的心理健康的人呢？

下面一些问题可以帮助父母了解自己在给孩子自主选择上抱什么态度，是民主自由的，还是专制包办的？如果你觉得该题的说法符合自己的情况就选择"是"，不符合就选"否"，尽量不要选"不知道"。

是　不知道　否
（1）当问题的答案不在于是或非，而是纯属个人的喜好的时候，你会让孩子自己决定吗？（　）
（2）孩子愈大，你给他愈多的自由吗？（　）
（3）孩子生活中的事情大多由你来决定吗？（　）
（4）在合理的范围内，你会让孩子尝试错误选择造成的后果吗？（　）
（5）如果孩子很听话，要你替他做决定，你会这么做吗？（　）
（6）你太保护孩子吗？（　）
（7）你尊重并支持孩子的决定吗？（　）

在第（1）、（2）、（4）、（7）中选"是"加3分，选"不知道"加2分，选"否"加1分；在第（3）、（5）、（6）选"是"加1分，选"不知道"加2分，选"否"加3分。得分少于14分，说明你经常代替孩子做选择，而不是鼓励孩子自己做出选择。得分应在14～21分之间，分数越高就说明在孩子的自主选择上你给孩子越多的自由。了解了自己在这一问题上的态度和做法，作为父母究竟是鼓励孩子选择还是代替孩子选择呢？

四、培养孩子独立决策的原则

培养孩子独立决策、自由选择是一个循序渐进的过程，并非一朝一夕就可以实现。同其他家庭教育一样，在怎样鼓励和引导孩子自主决策上也是有一定的章法可循的。下面，总结出一些有经验的教育工作者对此的看法，这些原则对于家庭教育还是相当有帮助的。

💡 不断尝试，勇于冒险

父母经常以成人的眼光与标准衡量孩子的行为，要求孩子达到其期望的成就水准。这样在不经意中，可能会扼杀孩子的创造力与尝试的能力。例如，怕孩子弄脏衣服，因而剥夺孩子玩沙子的权利与机会；怕危险而禁止孩子玩一些具有冒险性的体能活动。诸如此类，父母不断地扼杀与限制，将使孩子好奇与尝试的心理消失殆尽，代之而起的将是被动与缺乏信心。其实，只要在安全的状况下，父母应摒除成人的标准，敞开心胸让孩子尝试、摸索，满足其好奇心和探索求知的需求，以建立孩子的自信心，更可以通过各种活动培养良好的亲子互动关系。

💡 独立决定，承担后果

父母应尊重孩子是独立完整个体这一事实。尊重孩子的意见与选择，通过做各种决定的过程来训练其表达思想的能力。凡事由自己做主，能独立思考与判断，而不是被动听话，毫无主见，凡事要求大人为他做决定。在此过程中，更重要的是要由孩子自己承担自己所做决定的后果。例如，孩子选择晚睡，必须自行承担明天因晚起床而迟到的后果；孩子选择买心爱的玩具，必须承担付出零用钱的后果。

💡 提出策略，相互协商

训练孩子在遇到问题时自己想办法解决的能力，并提出相应的策略。父母可以耐心在旁提示、指点，但千万不要操之过急或批评他想出来的办法不好，不要迫不及待地告诉孩子应该怎么做。

💡 不可过度地批评

过度的批评容易扼杀孩子的主动性和创造力。试着旁敲侧击，共同讨论一些方案与策略的优缺点，逐步向正确方向引导，最终得出比较理想的解决方案。如此，即可慢慢消除其依赖心理，培养自己解决问题的能力。这一步最重要的是由孩子依据分析的结果，自己来下最后的决定。

💡 不断鼓励，赞赏有加

适度给予孩子赞赏及奖励，对于其行为有正面的意义。积极与建设性的批评，其效果远胜于消极或无意义的谩骂或指责。例如："孩子，你这次表现得很好，继续努力……""嗯，很不错，虽然这次有些小地方没做好，但是有了这次经验，下次一定能做得更好。"当然，赞赏也有个限度，不能不分青红皂白随便赞赏，这样只会导致孩子思维混乱，令孩子无所适从，而且也降低了赞赏的效果。

不是代替而是去发现

一、不要低估了你的孩子

曾经有心理学家做过研究，发现人很容易具有一种倾向，就是过于自信。生活中的例子比比皆是，特别是在没有明确标准或者难以辨明对错的时候更是如此。除了这种"过于自信"的心理倾向之外，还有另一种心理倾向与之相对应，那就是"低估他人"。很遗憾的是，为人父母者一不小心就会将自己这些心理倾向施加到孩子的身上。

包办的父母显然是高估了自己保障孩子一生中所有需要的能力。事实上，我们知道，没有哪位家长能够满足孩子们永无休止的欲望。与此同时，他们还低估了孩子们的能力，不相信他们能够通过自身的努力和发展来满足他们的需要。第二种包办同样高估了自身的能力，以为自己为孩子所规划的人生道路一定是正确的，并且与孩子的身心特点相符合；显然，他们也是低估了孩子们的能力，总认为孩子不懂事，无法为自己的将来做出判断和选择。

父母们应当认识到，必须为孩子们留出更多的自主空间，让他们能够在自己的天地里充分发挥自己的潜能。事事包办只会导致孩子丧失主动积极性，产生依赖心理，并且错过各种锻炼的机会。其实，我们也可以这么理解，应该做的事情就这么一些，父母做得越多，孩子们就做得越少。父母们通过"让孩子做得少"的方式，其实并未起到为孩子分担的作用，而更多的是剥夺了他们锻炼的机会。

从心理学角度来讲，一个人活得幸福与否，并不在于该个体的物质生活水平，而更多的是取决于个体的主观幸福感。说得通俗一点，一个很富有的人并不一定过得比其他普通平民更为开心快活。并且，即使是在同样物质条件下，不同的人所体会到的幸福感也有可能是相差极大的。当然，这一点同样适用于家庭教育。为人父母者总希望自己的孩子能过衣食不愁的生活，他们认为按照他们设计的方案，孩子的将来一定是十分幸福的。

然而，事实上，每个人都有着不同的特长、兴趣和爱好，只有结合自身的特点才能最大限度地发挥出个体的潜能，并且更为关键的是，在发展中享受人生的乐趣，体会自我完善的美妙感受，而不是终日苦闷不堪地走在他人设计好的道路上。"爸爸妈妈还不是为你好"，这通常会成为"管教型"父母堂而皇之的理由。殊不知，孩子们将来的幸福可以通过许多父母所不知道的途径来取得，而并非只有他们想象中的那几种。

二、发现孩子的潜能

我们知道，无论做什么事情，都要把握一个度。既不能太多，也不能太少；既不能太轻，也不能太重。那么，什么时候应该给孩子们多大的自由，什么时候父母们可以开始放手了呢？

我们先作这样一个分析：把家长们无微不至的关怀分为物质生活上的（如吃、穿、用等）和个人发展上的（如兴趣、爱好、交友等）。我们建议，在孩子还小的时候，确实要全方位地照顾，但是随着孩子年龄增大，应当逐步培养他们日常生活的自理。到了孩子上中学后，一些比较个人化的东西就应该开始让他们自己做出决定，而家长只是提供建议和看法，不能强行干涉和控制他们。

有一点很值得注意的是，家长们容易说出这样的话："这个你干不了，等长大了以后再说吧。"从这样一个小小的细节就可以看出一种很普遍的错误的教育观念。作为孩子的家长，应该是去发现孩子们能干什么了，或者应该培养他们学会干些什么，而不是整天去注意到他们干不了什么。

因此，请时刻记住：

父母的责任在于促进孩子成长，而不是代替他们成长。

帮助孩子去发现他们能做些什么，怎样才能做好。

第六章

把耳朵送给他
——学会倾听孩子的心声

爱孩子，教育孩子，必须从倾听开始。如果孩子的困扰能向爱自己的人说出来，通常问题就解决了一半。对于孩子来说，随时有人倾听自己、关注自己，这是一种最大的心理上的支持。把自己心中的烦恼表达出来并且确知不会被嘲笑，这更是对问题的一种再认识和净化。孩子心中的烦恼就像暴雨后的水库，父母的倾听就像是打开了一道闸门，让孩子心中的洪水缓缓流进父母的心田。

引言：倾听的魅力

某一天，女儿突然不开心，问什么都不回答，我只好给她一片宁静的空间。晚上睡觉时，已经比我高的小家伙抱着被子躺在我身边，像对我说又像自言自语。从某位同学因为这次考试成绩差被降到普通班；到这次寒假学校组织的旅行，好朋友没被选上；到好朋友动员她也不要去，而自己心里实在不愿放弃。旁边的女儿喃喃不休，我放下看得入神的报纸，搂着她的肩膀，用"是吗""真的""不要往心里去"来呼应。一个小时后，女儿趴在我身上甜美地说："妈妈，和您说说我好受多了，要不总觉得心里有个大疙瘩。"

倾听，一个简单的行为，却被赋予了更深刻的意义，我们生存在一个不断变革、不断发展的社会，我们有多少时间去倾诉，又有谁会倾听？当我发现了倾听的价值，在工作和生活上我就有了更多的朋友，他们因为有人倾听而放松，我因为倾听而获得友谊。

倾听，一个说起来非常容易的行为，却在生活中被我们忽略。小孩子常常抱怨，家长总是忙得没空理我。老人常常抱怨，孩子们忙得就剩下给钱了，根本无心听我们说说家常。就是这样，我们忘记了倾听，忘记了有那么多人那么多幸福的感受，等着我们付出几十分钟去倾听。去倾听吧，它不仅可以让你靠近你的孩子，还可以让你自己也收获一份喜悦与幸福。

倾听是和孩子有效沟通的前提

大家对以下场景是不是很熟悉？

孩子："我真想揍李奇一顿！"
妈妈："为什么？出什么事了？"
孩子："他把我的书扔到地上了！"
妈妈："那是不是你先惹他了？"
孩子："没有！"
妈妈："你敢肯定？"
孩子："我发誓，我没有惹他！"
妈妈："那好。李奇是你的朋友，如果你听我的，就把这件事儿忘了吧。你知道你也不是十全十美的，有时是你先惹事儿，然后又埋怨别人。"
孩子："我才不呢，是他先惹我的……哼，跟你没法说。"

很多家长往往忽视孩子的感受，不听孩子的诉说。要知道倾听是一门艺术，也是一门学问。面对青春期的孩子，倾听比说教更重要，家长要多耐心倾听孩子的心思，做倾听者比做说教者更容易让孩子接受，也更容易让孩子打开心扉。上面例子中的妈妈其实就犯了"说教"的错误，如果她用倾听的方式来和孩子沟通，就是另一番情况：

孩子："我真想揍李奇一顿！"

妈妈："你看起来很生气……"

孩子："我真想把他的胖脸揍扁了！"

妈妈："你那么讨厌他啊？"

孩子："你知道那个小霸王干了什么吗？在汽车站，他把我的书抢过去扔到了地上！我根本没惹他！"

妈妈："哦。"

孩子："我猜他一定是以为我把他的那只玻璃天鹅弄碎了。"

妈妈："你觉得是这么一回事呀。"

孩子："是的，他捧着碎了的天鹅，一直朝我看。"

妈妈："哦。"

孩子："但是我没有弄碎那只天鹅，我没有！"

妈妈："是吗？"

孩子："嗯……我不是故意弄碎的，刘刚推我撞到了桌子上，我有什么办法。"

妈妈："哦，刘刚推了你。"

孩子："是的，好多东西都掉在地上了，那只天鹅打碎了。我并没有想打碎那只天鹅。"

妈妈："我知道，你不是故意的。"

孩子："是的，但是李奇不肯相信我。"

妈妈："你觉得如果你说实话，他会不会相信你？"

孩子："我不知道……不管怎样，我会去向他解释清楚——不管他信不信，而且他必须向我赔礼道歉，他不该把我的书扔在地上。"

你会发现，其实只需要利用倾听，不需要提任何问题，孩子自己就把事情的始末，甚至是他打算如何处理这件事情都说了出来。倾听的力量远比说教的力量大得多，在不知不觉中，家长就能走进孩子的心灵，了解孩子的方法，更好地与孩子沟通。

当然，要做到让孩子满意的倾听，父母需要做到以下几点。

一、倾听要用心

父母要做个有修养的听众，要肯花时间，有耐心，用心走进孩子的世界。孩子通常比较渴望得到生活中重要人物的爱护与肯定，这通常包括父母、师长等。父母要了解孩子的内心需要，要倾听孩子说话，如果父母只顾自己的感情需要，而不顾及孩子的心理需要，孩子就容易感到很孤独。仔细倾听孩子的诉说并回答孩子的问题以便加深亲子关系，加强孩子的信赖和安全感。注意孩子讲话的内容，并表达自己的理解和同情，不要对孩子的感情或意见武断地持否定的态度。同时，要公正地评价孩子，有一些父母喜欢这样说："你总是忘记……""你看看邻居家的孩子……"孩子希望父母不要当着他同伴的面说自己的不足，如果确实需要批评批评，最好私下悄悄地进行。

二、让孩子感觉到被关注

关注是倾听过程中的一个重要环节，它能使孩子从父母那儿获得亲切与安全的信息。所谓关注，是指父母通过自己的言行，给孩子一个"我正在专心听你的诉说"的暗示信息。

孩子也有自尊心，希望别人能重视自己，希望与在乎自己的人进行交流与交往。如果只有孩子单方面的交流愿望，那不就成了"单相思"了吗？这样沟通就很难进行下去。因此，倾听的一个重要步骤就是关注。

关注可分两类：一类是体态语言，一类是口头语言。

体态语言就是通过人的面部表情、眼睛、手、脚以及身体的动作、姿态，传达某种情感的不言之语。如在舞台上，好的演员会用许多体态语言表达自己的情感，一举手、一投足、一个转身都表达了丰富的内心情感。在倾听孩子的诉说时，父母可以用许多体态语言对孩子表示关注。如：让孩子坐下，自己也靠近孩子坐下。空间距离中包含着心理距离，心理距离与空间距离成正比，空间距离越大，心理距离也越大；相反，空间距离越小，心理距离也越小。

父母坐的时候要使自己的身体前倾，不要后仰。前倾表示重视孩子的讲话，后仰则显示出对孩子的一种不在乎。

父母的表情要与孩子"同频共振"，也就是说，要与孩子的情感相吻合。如果孩子当时非常痛苦，父母要有沉重的表情；如果孩子很高兴，父母也要流露出愉快的神情。

如果孩子说到伤心处，有时会痛哭，这时，父母最好的做法是递上手绢、纸巾，或为孩子拭泪，但不要阻止。因为哭也是一种宣泄，有利于身心健康。递上手绢或纸巾是对孩子哭的行为的一种支持。

将孩子拥在怀里，抚摸他的头发、脸颊、肩膀。很多父母在孩子很小的时候，很乐于表达亲昵的行为，等到孩子进入了青春期，就觉得肢体接触不好意思或者没有那个必要。其实，孩子长大后，也需要温暖的身体接触，这可令孩子切身体会父母的关怀。

父母还可用口头语言来表示关注。如"嗯""噢""我知道了"之类的话语，表示自己正在专心地关注孩子讲话。如果父母只顾听孩子说，而不用自己的声音传递关注，会引起孩子的误会，以为父母在想别的问题，没有在倾听他说话。当然父母的口头语言要简洁、清晰、贴切。如孩子在觉得委屈时，父母只是一味地告诉他"没关系，坚强一点""这没什么好难过的"，会让孩子觉得父母一点都不能体会他的感受，若父母说："你很难过，我要是你也会有这种感受的"，相信会有截然不同的效果。

在对孩子说话时，低声细语能让孩子感到与父母处在平等的地位上。孩子的情绪极易受外界环境的影响而发生变化，高声训斥会使孩子因受到突然袭击而惊慌失措,精神处于高度紧张状态,甚至引起反感,反而听不进家长的话。常用温和亲切的低声调来与孩子对话,还可以增强孩子对父母的信任感,增强孩子与父母进行交流的自信心,并能增进孩子和父母间的关系。

三、沟通需要父母的耐心

父母在与孩子交谈时,要耐心倾听他们的每一句话。要知道,大多数孩子是希望父母与他一起分享成长中的感受的。耐心倾听,容易让父母赢得孩子情感上的信任,而只有互相信任了,父母才能与孩子达到无拘无束交流的默契。

记住,不要还没有听完孩子所讲的整个过程的来龙去脉,就妄下结论。如果孩子说他今天被老师批评了,父母马上就来一句"一定是你上课不认真听,犯错了",时间一长,孩子就会与父母没话说了。

只有当父母耐心倾听孩子的话,知道孩子的许多经历后,才会获得正确引导孩子的机会。

经常看到孩子兴冲冲地想跟父母谈一些事情,但父母都总是忙着做其他的事,叫孩子等会儿再说,或者孩子诉说一件委屈的事,没想到父母一听就发火、责骂,根本不去了解真正的缘由,久而久之,亲子之间的沟通就会发生问题。

在成年人的世界里,有一种特别受大家欢迎的人,他们在听对方谈话时,无论对方的地位怎样,总是细心、耐心、专注地倾听,倾诉者自然也就感觉畅快淋漓,受到重视。其实,对待孩子也应该这样。每当孩子主动要向父母倾诉,父母应该放下手中的工作,耐心地让孩子畅所欲言,让孩子把心中的郁闷宣泄出来。亲子之间如果能彼此倾诉,经常恳谈,问题会少得多。

如果孩子说话得不到父母的重视,他们只能把自己的秘密埋藏在心里，做父母的就很难知道孩子的所思所想，这样对孩子的教育就会无的放矢，无所适从。如果孩子的说话权得不到父母的尊重，久而久之，孩子就会与父母产生对抗情绪，以致双方相互不信任，沟通困难。

主动向孩子倾诉感受

与孩子进行沟通时，父母要想知道孩子的感受，就应该主动把自己的感受告诉孩子，向孩子倾诉，这样不仅让孩子明白父母的感受和处境，而且还可以让孩子明白，当自己遇到问题时，也应该主动告知父母。

父母如果能向孩子敞开自己的内心世界，这就在一定程度上体现出了父母对孩子的尊重与信赖，并加强了与子女之间的情感联系，这种交流在孩子逐步成熟时期是尤为重要的。通常，青春期是孩子们的黄金年华，也是一个多事之秋，如果父母与子女在感情上有这样的密切联系，就会很容易沟通，从而有效地避免各种问题，使孩子顺利成长，但是父母与子女间的这种密切关系不是一下子就能建立的，它需要一个长期的、有意识的培养过程。因此，当孩子们开始问"妈妈你为什么不高兴呀？是不是工作遇到麻烦了？"的时候，做家长的就该认真考虑一下，是否该与孩子认真谈一谈现在所遇到的困难与麻烦，并且让孩子为你分担这些压力。如果搪塞地说"没有什么，很好"或"不关你的事，去玩你的吧"，就等于将孩子对父母的关心推开，等于将孩子那一颗关怀他人的心挡在门外。

但是，更多的父母认为：大人的感受怎么能够对孩子讲呢，他们能知道什么呀！可是，孩子的心灵是敏感的，他们对外界的观察也是非常仔细的。比如，在日常生活中，我们会经常听到孩子这样问："爸爸，妈妈怎么了，怎么不高兴了？"其实，这就是孩子观察父母、关心父母的一种表现。但是，大多数的父母会这样呵斥："没有不高兴，你做自己的事吧！""大人的事，小孩子不懂，一边待着去吧！"父母的这种行为，往往会让孩子产生这样的想法："既然父母的事情跟我无关，那我只要不给父母惹麻烦就可以了。"如果这种冷漠的态度产生了，就会大大地阻碍彼此间的沟通。

父母在向孩子敞开心扉时，不妨从以下两方面做起。

一、让孩子知道父母也并不是完人

父母在孩子面前，不必刻意呈现最好的一面。因为每个人都有他的优点和缺点，父母自然也不例外。孩子遇到烦恼、失败与挫折而向父母倾诉时，父母不妨利用这个机会，坦诚地将自己的喜、怒、哀、乐等种种情绪倾诉出来。

二、表现出最真挚的情感

和孩子交心，就得表现出最真挚的情感，这一点在亲子沟通中是不容忽视的。

在与孩子沟通时，父母不妨直接告诉孩子自己失败和挫折的经历：自己曾有过什么抱负、梦想与目标；自己曾经因为所犯的错误而付出过多少代价；怎样由许多失败、痛苦而累积到经验，终于走向成功的道路；等等，一切的一切都可以向孩子倾诉，将自己的人生经验，传授给孩子。

孩子不会因为父母的过失或梦想无法实现而小看父母，相反，他可能会暗下决心完成父母的未竟之志呢！

父母想要知道孩子的想法，要尝试着先学会如何向孩子倾诉。只要父母向孩子敞开心扉，谈谈自己的梦想、成功和失败，孩子也就会彻底地向父母敞开心扉。

重视孩子的感受，让孩子侃侃而谈

请看下面这位妈妈和孩子的对话：

孩子："我讨厌篮球教练，他从不让我上场。"
妈妈："为什么？"
孩子："只有打得最好的队员才能上场。每次比赛我都是坐在场边。"
妈妈："是你自己技术不行。你的队友中有些人从七岁起就打球，小时候叫你参加球队你就是不肯。"
孩子："真烦，每次说到最后都是我不对。"

倾听在心理学上具有净化心灵的作用。当一个人遭遇挫折、困惑、委屈或失败时，他最需要的不是安慰，不是批评，更不是说教，而是一个值得他信赖的人来听他说，理解他、接纳他。反应型倾听，就是一种良好的净化心灵的倾听方式。

所谓反应型倾听，是指简单扼要地重述孩子的感受以及导致这种感受产生的原因。通过与父母共同分担不愉快的感受，孩子受到伤害和承受的压力将会减少，同时也可以逐渐增强对自己的情绪及行为的控制能力，在以后面对日常生活中的种种挑战和失意时，作出较好的选择。同时，父母与孩子的沟通也将得到改善，彼此关系会更为密切。这就是反应型倾听所要达到的目的。

然而，很多时候，不少父母在听孩子讲话时，并没有采用反应型倾听的方式，以致沟通并不理想。上面的例子中，妈妈说："是你自己技术不行。你的队友中有些人从七岁起就打球，小时候叫你参加球队你就是不肯。"这是一种埋怨型的反应，此外还有另外的一些反应经常会出现，比如指示型反应："你要告诉教练你的想法，你应该知道怎样为自己争取权利。"安慰型反应："我相信通过练习你会进步的。要有耐心，教练还没有看到你的潜能。"援救型反应："我去找你的教练谈谈。这对你是不公平的，你想打球怎能不让你打。"

上面的四种反应都不能有效地帮助孩子解决问题，甚至会导致孩子以后有问题不跟父母讲。下面的对话，母亲采用的是反应型倾听，确实能帮助孩子。

妈妈："看样子你在生教练的气，因为他没让你上场。"
孩子："可不是吗？打篮球挺有趣，尤其是在比赛的时候。"
妈妈："你很想参加比赛，可是你现在有点儿失望，因为队友间都有竞争。"
孩子："是啊，也许我在场外应多加练习，提高球技，才能有机会上场。"

把孩子说的话或表达的感情接收过来，然后再反应回去，这是一种尊重孩子的态度。父母可以不同意孩子的想法，但通过反应式的倾听表示愿意真诚地了解他们的感受，包括字面上的意思或隐含于背后的意思。

父母运用好反应性型听，要注意两个要素：

💡 专注的态度

孩子讲话时，父母可暂时停止手边做的事，保持与孩子的眼神接触。要避免到处走动、边做事边听或背对着孩子。因为这些行为可能让孩子觉得你对他所说的一切不感兴趣。

认真倾听并做出开放式的反应

对孩子所说的话的反应，在某种程度上可归纳为"封闭式"和"开放式"两种。封闭式的反应表示听者（父母）并没有理解孩子讲的真实含义，它常常导致交谈终止。而开放式的反应表明父母听到并理解孩子讲话所指。请看下例：

孩子："胡刚和葛峰都不来我们家玩，真让我失望，现在不知干什么好。"

封闭式反应："是啊，事情不总是我们想怎么样就怎么样。生活就是这样。"

开放式反应："你觉得很孤独，因为好像没人在意你。"

封闭式反应没有接纳孩子的感受，它所传递的信息是他的感受无关紧要，把进一步交谈的门堵住了，使孩子感到被拒绝了。

开放式反应承认孩子的感受，表达了接纳和关心，打开了交谈的大门，孩子因此可能会决定告诉父母更多自己的内心感受。

因此我们可以得出结论，反应型倾听就是让父母做出开放式反应，反映出孩子的感受和意思。反应型倾听要求父母善于捕捉子女的感受，并概括地不加评判地加以表达，使孩子感到父母理解他，而乐意再谈下去。

注意孩子的体态语言

下面一位敏感的妈妈通过孩子的体态语言及时感觉到了孩子可能在撒谎，但是她并没有明说，也没有呵斥孩子，而是引导孩子自己承认错误。

这样，一场可能发生的亲子冲突就被化解了。

孩子："妈妈，给我 10 元钱。"

妈妈："哦，你拿钱做什么呀？"

孩子看了看妈妈，赶紧低下了头说："老师说要买课外书。"

妈妈："买课外书妈妈就会给你，但是，如果你有其他的用途，只要不是乱花钱，告诉妈妈，妈妈也会同意的。"

孩子想了想说："妈妈，后天就是教师节了，我们几个同学想凑点儿钱给老师买件礼物。"

妈妈："那很好呀，你需要多少钱？"

孩子："就 10 元钱。"

妈妈："那课外书呢？"

孩子："刚才我是骗你的，怕你不同意。"

妈妈："给。妈妈难道是这么小气的人吗？"

孩子："当然不是。"

妈妈："那你以后可不能对妈妈说谎，妈妈不喜欢你说谎，知道吗？"

孩子："知道了，妈妈。"

谈到体态语言时，我们自然会想到很多惯用动作的含义。诸如鼓掌表示兴奋，顿足代表生气，搓手表示焦虑，垂头代表沮丧，摊手表示无奈，捶胸代表痛苦。此外，高兴时的微笑、悲伤时的黯然、迷茫时的发呆、害怕时的发抖、紧张时的咬手指头等也是常见的体态语言。当事人以这类肢体活动表达情绪，别人也可由此辨识出当事人用其肢体所表达的心境。很多体态语言是一个人在与他人交流时不自觉地呈现出的一种身体语言，孩子也一样。

虽然青春期的孩子已经开始学着掩饰自己的真实想法，但是孩子在与父母交流时往往会下意识地使用一些体态语言。这是因为，许多孩子认为父母是权威，在父母说话时不宜顶嘴，但是，孩子又是情感外露型的人，他们无法把自己的情感深深地埋在心底，于是，他们会通过体态语言来表示心中的想法。

有一个孩子在成年后回忆道："母亲总是不断地说我们很棒，可我们做的每件事情都很糟，她总是滔滔不绝地赞扬我们做过的任何一件琐事，但是，我们知道，有些事情的确没有她说的那么好。过了一段时间，我们就开始怀疑妈妈赞扬我们时的态度了。"可见，即使父母在表扬和赏识孩子，孩子也会有自己的想法，从而表现出高兴或是厌烦的情绪，父母一定要留意孩子的体态语言。

体态语言往往是孩子在不自觉的情况下做出的，但是，正因为是孩子不自觉的下意识的行为，就更能反映孩子真实的情感。有经验的父母都很擅长通过孩子的体态语言来判断孩子的想法。

如果家长不注意观察孩子的体态语言，那么很有可能犯下面家长所犯的错。

"啪"的一声，好像有什么东西打碎了。妈妈赶紧从厨房跑出来，发现自己最心爱的花瓶已经粉身碎骨地"躺"在了地上。

这可是爸爸送给妈妈的生日礼物，咪咪早就听妈妈说过。因此，她一看到花瓶摔下来了，就害怕得两腿发抖。

妈妈气坏了，她看了一眼咪咪，只见咪咪低着头，两眼直看着脚尖，浑身颤抖。但是，妈妈已经顾不得这么多了，过去就给了咪咪一巴掌。

"妈妈！"咪咪捂着被打的脸，大哭起来。

"跟你说过多少遍了，这个花瓶是爸爸从香港带回来的，让你小心，你偏偏不听，看你爸爸回来怎么收拾你！"

妈妈说完，咪咪就吓得没声音了，她两眼发直地呆坐在那里。

"发什么傻呀，还不赶紧收拾一下！"但是，咪咪已经听不见妈妈的话了，她的脸煞白煞白的，因为她太害怕爸爸了。

咪咪的妈妈可没注意到这一点，她还在一个劲地埋怨：

"你这个孩子什么时候能够小心一点儿？"

"你怎么就不能像其他孩子那样仔细一点儿呢？"

"一点儿都不像个女孩子，总是毛手毛脚的！"

后来，咪咪竟然患了轻度的恐惧症，只要妈妈一说话，咪咪就会浑身发抖。当妈妈带咪咪看心理医生后才知道，出现这种状况的原因就是妈妈平时对她的批评太严厉，还经常拿爸爸来吓唬她，这给咪咪的心灵造成了严重的伤害。

家长在与孩子沟通的时候，一定要随时观察孩子的体态语言，否则不但达不到教育的效果，还有可能会对孩子的心理健康产生负面影响。

总之，沟通是一门艺术，有关的时间、地点、环境和方式都要考虑到。比如说，孩子有时候希望在心理和情感上保留一些自己的空间，或者当他们感情波动很大，非常需要安慰而不是提问时，在这种情况下，身体语言似乎更为适宜，拥抱、抚摸传达的是沉默而温暖有力的信号。作为父母不仅仅要关注孩子的语言，更要关注孩子的体态动作，要认真地了解孩子的内心世界，做孩子真正的朋友。

要多学习，了解孩子各种下意识的行为所包含的意思

孩子们往往会有许多相似的体态语言，比如，说谎时往往眼睛东看西看、躲躲闪闪，不敢正视父母；紧张时会咬手指头、不停地搓手、使

劲攥着衣角揉搓、不停地用笔在纸上乱画;伤心失落时往往会一个人沉默不语、脸色阴沉、没有胃口,甚至默默流泪;做了错事时会偷偷观察父母的表情,转动眼珠想办法隐瞒父母等。

当然,每个孩子都有自己的特性,每个孩子的体态语言都会有所差异,只要父母善于观察孩子,不断分析和总结,就会找到孩子独特的体态语言,了解孩子体态语言背后隐藏的意思。要多沟通,多了解孩子。

只要父母发现孩子的行为有些异样的情况,就要主动与孩子进行沟通,主动去了解孩子。当然,在与孩子沟通的时候,父母要注意交流的方式。

比如,当你发现孩子可能在撒谎时,不要说:"瞧你说话结结巴巴的样子,我就知道你在说谎,你说,你为什么要撒谎?"这样的结果只会引起孩子的否认,加剧孩子说话结巴的坏习惯,如果父母再通过威逼或打骂的方式强迫孩子承认,结果只会造成亲子关系的冲突,会导致孩子养成说谎的习惯。

如果父母这么对孩子说,效果就会好很多。"爸妈知道你希望……""你能告诉爸妈你为什么要这样做吗?""来,慢慢说,只要是正当要求,妈妈都会认真考虑的。"同时,父母的眼睛要友善地看着孩子,让孩子感受到父母的爱,从而主动承认错误。

读懂孩子的眼神

孩子在成长的过程中,总是喜欢看父母的眼色行事,父母的一个眼神、一个手势,都能够让孩子感觉到关爱或冷漠,尤其是青春期的孩子,十分敏感。当孩子想要与父母说话的时候,他们往往先会用相应的眼神来试探父母，看看父母是什么样的反应，然后，孩子才会放心地来倾诉自己的事情。

父母想要听懂孩子的话，首先应该学会读懂孩子的眼神。尤其是青春期的孩子，可能因为平时沟通不够，或者害羞等原因引起表达能力的欠缺，这时眼神往往是他们表达内心世界的一种重要途径。如果父母善于读懂孩子的眼神，就能更好地与孩子进行沟通。

周周放学后直奔家里，因为她的作文在市里获了奖，她要赶紧把这个好消息告诉妈妈。

一进门，周周就看到妈妈在厨房里忙碌着。她努力克制着自己的喜悦之情。放下书包后，周周径直来到厨房，对妈妈说："妈，今天的菜真丰富呀，有什么好事吗？"

妈妈早就知道今天是公布结果的日子。前些日子，周周为了写那篇《妈妈的眼神》真是费尽了心思。现在，当妈妈看到周周眼里那挡不住的喜悦，就知道女儿肯定拿奖了。但是，妈妈没有直说，而是故意悄声对周周说："告诉你吧，我家出了个小才女，这菜是专门为她准备的。"

周周假装没听懂妈妈的话，说："谁呀？谁是小才女呀？"

妈妈看了看周周，周周故意狡猾地对妈妈笑，似乎想让妈妈大大夸奖她一下。妈妈故意卖了个关子，说："哎呀，现在我还不能告诉你，她还没有把奖状拿给我看呢，万一我说错了，真是太丢人了。"

这时，周周从背后拿出奖状，高高举在头顶，然后不动声色地看着妈妈。妈妈故意惊奇地叫道：呀，原来奖状在你手里呀，二等奖，太棒了！"

周周笑了，妈妈看到了周周眼中流露出来的自豪。妈妈说："周周，获奖的感觉不错吧，但是，你不可以骄傲哦，得奖值得表扬，但是，成绩代表过去，不断努力才能不断得奖。"

周周故意斜着眼对妈妈说："知道了，你就希望我一直得奖，可是那很难哦！"

母女俩哈哈大笑起来。

一般来说，孩子的眼神往往流露出他内心的思想。

当孩子低下头，不敢正视父母的眼神，说明孩子意识到了自己的错误，正在进行自我反省，这时的父母不应该严厉地批评、斥责孩子，而应该说服、鼓励他。

当孩子故意把眼神放到别的地方，不愿意父母看到自己的眼睛时，说明孩子心里正在想什么"私事"，不愿意父母知道他的想法或者秘密，这时候，父母不要逼迫孩子，应该耐心开导，从侧面入手来了解孩子的想法。

当孩子目光迟疑，对眼前的东西视而不见时，这是孩子心里有难言之隐或有不愉快的事情的表现。面对这种眼神，家长应当亲切劝慰，热忱开导，让孩子说出自己的心事，并积极帮助孩子正确认识和妥善解决遇到的"难题"。

当孩子眼光闪烁有神、眉飞色舞时，多是孩子心情愉快、称心如意的表现。这时，家长一方面要主动分享孩子的快乐，一方面要分析孩子取得成绩的原因，告诫孩子不要骄傲，引导孩子走向更高的境界。

当孩子眼神无光、昏昏欲睡时，这是孩子对眼前事物毫无兴趣，或者已经十分疲倦的表现。这时家长要根据实际情况，转换新的内容，或者改变方式，进一步激发孩子的兴趣。若孩子仍无兴奋表现，要及时安排休息。

当孩子呆看父母的脸色时，这是孩子在恳求家长表态。家长应该针对孩子的疑难，鲜明地表达自己的意见，尽量满足孩子的要求。

当孩子用仇恨的眼神看着家长的时候，表明孩子对家长的行为或者处事方式非常不满，这是孩子的正常表现，尤其是青春期的孩子，经常因逆反而表现出仇恨的眼光，父母不要因此而生气，孩子只是对事不对人，只要父母以理解、宽容的态度对待孩子，孩子是会明辨是非的。

当孩子走到家长的面前,期盼地望着家长的时候,说明孩子正需要家长的帮助,这时候,家长需要放下手头的工作,关切地问孩子"有什么事吗""怎么了",要以温和的语气引导孩子主动与家长交流。

当家长跟孩子说话时,如果孩子的眼神是游离不定的,说明孩子对家长说话的内容不感兴趣,或者孩子有自己的想法。这时,你应该调整自己的说话语气,主动引导孩子说话。比如:"你觉得我说得对吗""你有什么想法吗"。

当孩子用微笑的眼神看着家长,甚至带点无法形容的喜悦之情,这说明孩子可能有了什么进步,或者做了什么好事,希望被父母发现,并得到父母的表扬。这时的父母,应该注意观察孩子的语言和行为,寻找让孩子高兴的"神秘事物",然后故意惊奇地进行肯定或表扬:"呀,这是谁做的好事呀?""这是谁的试卷呀,怎么是满分呀?"尽管孩子知道父母是故作惊讶,但是,孩子能够从父母的这些语言里获得极大的满足感,更能够从父母的语言中感受到理解和鼓励。

需要父母注意的是,每个孩子都有自己的独特之处,父母一定要在平时的生活中认真体会孩子不同目光的真意,只有用心才能达到良好的效果。

孩子的每个眼神都可能一闪而过,父母在和孩子谈话时,一定要注意观察,不要轻易放过任何一个轻微的目光,这样才能体察到孩子目光背后的含义,读懂孩子的心。

听懂孩子的"弦外之音"

青春期的孩子经常会采用试探、提醒等方式跟父母来交流，有些父母不明其意，有些父母则嫌孩子小题大做，浪费自己的时间。于是，简单的呵斥成为亲子交流的主要语言。结果，这种交流方式不仅让孩子学会了隐藏自己的真实想法，还会渐渐地让孩子向父母关闭自己的心灵之门。请看以下的对话，注意孩子试探性的语言。

孩子："妈妈，明天星期天了。"
妈妈："知道，这还用你说吗？"
孩子："妈妈，你上周不是说……"
妈妈："说什么了？我忘记了。"
孩子："哦，那算了。"
妈妈："你到底有没有事啊？有话说话，别吞吞吐吐的。"
孩子："没事了。"

英国教育家斯宾塞说过："细心的父母可以发现孩子微妙的变化，弄清孩子没有明说的思想感情，这里所需要的技巧是及时抓住孩子隐藏在内心的思想感情的微小、微妙的线索。"

那么，家长如何才能抓住微小的线索，听懂孩子的"弦外之音"呢？

一、不要仅仅局限于字面上的意思去想

要听懂孩子的弦外之音，要求父母在倾听孩子说话的时候，不要仅仅局限于字面上的意思，而要仔细想想孩子为什么会有这些想法。比如，

孩子会说："我们的老师太讨厌了。"这时，父母不要简单地对孩子说："老师再讨厌也是你的老师，作为学生你不可以这样说，一定要尊敬老师。"这样的说辞对于孩子没有一点帮助。这时，家长应该意识到，孩子说这样的话，必然是老师哪些地方让孩子觉得不公平或者憎恨了，父母这时一定要主动询问孩子为什么会说这种话，从而找到解决问题的突破口。比如："是吗？老师有什么事情让你不高兴了？""哦，发生了什么事情，说来听听？"只要孩子向父母诉说了原因，父母就能够更加深入地了解孩子的思想，从而能够有针对性地教育孩子。

再如以上片段中，如果那位妈妈这样说，效果将完全不同。

孩子："妈妈，明天星期天了！"
妈妈："是啊，你'解放'了！"
孩子："你上周不是说……"
妈妈："似乎我们上周有一个不错的约定，对吗？"
孩子："对对对，我们说好这周去自然博物馆的……"
妈妈："哦，上个星期我因为忙所以没去成，答应你这周去的，对吧？放心，这周一定去，妈妈不会让你再失望！"
孩子："好棒！"

孩子嘴上只说只字片语，可内心可能有很多话不好意思说，妈妈应该根据只字片语，结合周围的环境、氛围，积极展开联想与回忆，引导孩子说出想说的话。要知道，很多时候如果没有家长的步步引导，孩子们是不会和盘托出内心的真实想法的。

二、注意孩子的表情和动作

要听懂孩子的弦外之音，需要父母在倾听孩子说话的时候，不仅仅要注意孩子的语言，也要注意到孩子的表情、动作等。有些孩子在试探父母时，往往会用眼角偷偷地瞄父母，或者紧张地搓着手，或者会在纸上不停地写字，这些都是孩子的异常表现，敏感的父母一定要注意到这些，全面地判断孩子为什么会这么说，及时地发现孩子的异常想法，倾听孩子心灵深处的真实感受。

孩子的动作、表情无不透露着他们内心的想法：如果孩子不停地东张西望，无疑表示他不愿意在这个话题上多费时间，想停止谈话；如果孩子说话时低着头，说明他讲的话可能是谎话；如果孩子的表情兴高采烈，说明孩子所讲的事是他得意的事，父母要认真听，不然会伤害孩子的自尊心……

总之，只要父母留心观察，就能通过孩子的表情、动作等符号，找到开启孩子心灵的钥匙。

把话语权给孩子

不久前，一所社会咨询机构对两千名在校中学生做了一次问卷调查，结果显示，"住口"是孩子们最不愿意听到的父母说的话之一。

是啊，为什么父母自己老是唠叨不停，而不给孩子自由表达的机会？

孩子："这件事我可以解释……"

妈妈："解释，有什么可解释的，犯错了还狡辩，事实不是明摆着了吗！"

孩子:"我不是故意打伤他的,是因为……"

妈妈:"我现在要赶紧去医院看看被你打伤的孩子,你的解释我不想听。"

孩子:"你听我说完好不好!"

妈妈:"住口,你给我在家好好反省……哪儿也不许去,净给我惹祸!"

"父母让我们住口,而他们却整天喋喋不休。"

"父母太小瞧我们了,一点儿也不给我们讲话的机会。"

"为什么让我们闭嘴?我们心里有许多话要说给父母听呀!"

以上的情况常常发生:孩子犯了一个小错,父母凭着自己了解的情况对孩子的行为作出评价,而孩子据理力争地申辩。这时做父母的气上加气,心想:"你犯了错还狡辩!"于是,对孩子一声断喝:"不用解释了!"家长很难想象得到当时孩子有多委屈,哪怕事后家长弄清了事情的来龙去脉,为冤枉了孩子而向他道歉,但对孩子的伤害已经成为事实了。

除了不给孩子辩解错误的机会,很多时候,家长也不给孩子话语权,比如孩子每天该吃什么,几点睡觉,何时上学……孩子自己并不能决定,而都是由父母来做善意的"独裁式"安排,因为父母认为自己更清楚什么对他们有真正的好处。

但是,父母都需要明白一点:孩子也有话语权,应该给他机会表达。

一、打断孩子讲话的危害

我们相信,父母都是爱孩子的,但是,同样是爱,结果却大不相同。青春期的孩子已经有了自己的想法和主张,在孩子想发表自己的看法、意见时,家长如果粗暴地打断,或是不理不睬,那么就会有很糟糕的结果。

一旦孩子的话语权被长期压制，孩子成熟后的个性通常会有明显的缺陷。

有一个女孩子叫小美，是初中二年级的学生。可是，她却不善于语言表达，在众人面前，一说话就脸红。孩子为什么会如此的扭捏呢？原因在于小美父母的一套教育、管理孩子的办法。如果有客人来小美家做客，小美的父母就会要求孩子要有礼貌、要懂事；在大人们说话的时候，小孩子不许乱插嘴，最好是到别的地方去玩，让大人们清静地说话。即使是只有一家三口的时候，小美通常也没有完全自由表达的权利，她的话时常被打断。

其实，父母的这种做法，对孩子是十分不利的，如果当孩子正在兴高采烈地说着什么时，父母却不时地打断孩子，还纠正他的用词，或者批评他的某个想法等，这些都会令孩子兴味全无。即使是成人，当自己的发言屡遭别人打断或反驳时，也会兴致大减，缄口不言。因此，这种做法必然会影响孩子个性和能力的发展。多数孩子会逐渐变得不愿独立思考、自主行事。这很自然，既然动脑子出主意受到批评指责，又何必自讨苦吃呢？

可是，正如例子中所说的，家长不时地打断孩子的讲话，甚至阻止孩子讲话，不给孩子发言的机会，不把孩子当成有思想的人，也就无法用心去体会孩子的思想，去了解孩子内心的想法。后来，这样的父母往往还会抱怨："这孩子怎么不像别人家的小孩那么机灵？""这孩子怎么反应这么迟钝啊！""他一点儿主见也没有，到底该怎么办，他自己竟然不知道。"可是，这一切又能怪谁呢？家长只能自食其果。

父母打断孩子的话，或阻止孩子讲话，使孩子的思想或意见无法表达，这样父母难以了解孩子，也很难给予孩子恰当的指导，而且会对孩子的成长造成不良的影响。一些孩子可能会因此变得不善于口头表达，变得没有主见、怯懦、退缩；而另外一种可能则是孩子会变得独断、孤僻，听不进别人的意见。

如果一味地抑制孩子，不让他说出自己心里的想法，孩子就会感到委屈，进而伤心、怨恨。他会把这种委屈发泄到其他的对象上，或者用其他较偏激的行为来摆脱这种不良情绪。

二、耐心听完孩子的话

给孩子发表意见的机会，耐心听完孩子的话是避免上面提到的不良后果的最佳方法。家长要耐心倾听孩子的想法，就当又多了一个了解孩子的机会。同时，家长还可以根据孩子说的话进行有针对性的教育：孩子理解有偏差的地方，可以帮助他纠正；孩子对某件事情的看法片面的时候，可以进行补充。这样，孩子的判断能力和思维能力都能得到提高。

三、鼓励孩子多说话

除了在孩子想说话的时候，让他尽情地说，还要在孩子沉默的时候鼓励他说。因为有的孩子根本没有为自己辩解的意识或者胆量。鼓励孩子说出心里的想法、不满或者委屈，会让他变得善于思考，也会使他的自主意识和表达能力得以增强。

四、有技巧地打断孩子

教育专家认为，如果孩子想要对某件事进行辩解，而时机又不合适，明智的父母应该这样说："对不起，现在我很忙，但我一定会听你的解释，等我有时间咱们再慢慢谈，好吗？"想想吧，这对孩子来说无疑是大旱逢甘霖，他不但不会委屈、怨恨，反而会信心大增，并会思考自己是不是有什么地方的确做得不妥。孩子的这种说话权利如果受到别人的尊重，一般会增强他的自信心和荣誉感，他还会注意尊重别人的权利，从而增强自制能力。

家长们，一定要把自己的孩子当成是一个有思想的独立个体，给孩子对等的地位，尊重孩子说话的权利。教育学家认为，只有平等的、民主的家庭才能培养具有独立意识、乐观积极的孩子，而专制的家庭只能培养出唯唯诺诺的庸才。

成为孩子的倾诉对象

家庭是孩子安全、可靠的港湾，孩子有权利在这个港湾中获得心理上的调整与生理上的恢复，以便更好地投入到学习与生活中去。对于青春期的孩子来说，如果在家庭这个港湾中也找不到可靠的倾诉渠道的话，很有可能使他们原有的认知结构和情感依附发生变化，容易导致孩子与父母的隔阂，进而对孩子的人生观产生消极的影响。

所以，家长要想方设法使自己成为吸纳孩子心里话的"海绵体"，既能将其中的内容吸收储存，又能加以过滤引导，成为孩子最贴心的倾诉对象。那么，如何才能成为孩子的倾诉对象呢？家长不妨从以下几个方面着手。

一、把孩子当成平等、独立的个体

成功的家庭教育是需要家长舍得拿出时间与孩子在一起，并以一种平等的态度与孩子交流，把孩子视作一个独立、平等的个体，用心体察，理解孩子的要求，尊重他们独立的人格，和孩子在思想上、感情上进行平等的交流。

要想让孩子成为一个"听话"的好孩子,要想与孩子融洽地相处,平等地交流,作为成人必须要做好榜样,身体力行;必须放下头脑中长期存在的"长幼尊卑观念""我是爸爸(妈妈),你是我孩子,一切我说了算"。否则,只会适得其反,甚至会使亲子关系严重恶化。

二、让孩子感受到父母的爱

让孩子感受到父母的爱与关怀的方式有很多。如给孩子一个温柔的拥抱、一个柔和的眼神;微笑地向孩子道晚安,让他带着愉快的心情进入梦乡;或给孩子一份适时适当的表扬、一句信任的话语或是一个问候的电话。这些都可以让孩子感受到你对他的爱。

三、家长要不断争取进步

事实上,在一个家庭里,不但孩子本身要成长,父母也必须不断地争取进步,否则,亲子关系便会随着孩子的成长而日渐淡薄,甚至可能导致双方无法沟通。

有一位年近40岁的母亲,突然报读了英语夜校,别人问其原因时,才知道当她与两个分别在五年级及初中一年级就读的子女交谈或一同看电视时,孩子偶然也会像时下某些人一般,喜欢在说话时夹杂一两个英文单词,例如"今天玩得很 high""那个小女孩 very nice"等。只有小学文化程度的母亲,自然在许多时候都不明白孩子们说话的意思,所以这位母亲经常要孩子解释英文单词的中文意思。

刚开始时,两个孩子都很乐意向母亲解说,有时还会开玩笑地说:"那么简单都不懂,妈妈真笨!"后来,孩子渐渐表现出不耐烦或没有兴趣的样子了。在这种情况下,为了与孩子更好地沟通,这位母亲便报了成人英语夜校的课程。

孩子知道母亲读成人英语夜校课程的真正原因后，被深深地震撼了——母亲为了他们，什么事情都愿意尝试。后来，这两个孩子也经常教母亲学一些单词，纠正母亲的发音，母子之间的关系相当融洽。孩子还会把学校里的事情以及自己的心事积极、主动地告诉母亲，一家人其乐融融。

可见，人与人之间的感情是相互的，孩子感受到家长的爱，就会敞开心扉，与家长交谈，增进亲子关系。何乐而不为呢？

第七章

润物细无声
——孩子需要这样的话

如果家长想让孩子的人生更加光明、美好，就必须谨慎选用字眼，务必让说出的话能使孩子振奋、进取和乐观。这就要求家长尽量深入了解孩子、尽量设身处地地为孩子着想。只有这样，家长对孩子说的话才能达到良好效果，才会成为促进孩子健康成长的"金玉良言"。

引言：父母只需变换一下说话方式

下面我们来比较几组父母曾使用过的语言，也许会对你有所启示。

叫孩子起床时说："这么大了，每天睡得像死猪一样，一点儿时间观念都没有？快起床！你迟到了我可不管！"如果改成："儿子，七点钟了，你是不是该起床了？妈妈也到点儿了，一会儿我可没有工夫叫你了"，顺便亲儿子一口。你感觉如何？

孩子看电视时间太长时轻轻地对他说："你花在看电视上的时间太多了，是不是调节一下？"而不是说："你如果读书像看电视一样就好了。"

孩子坚持要买某件物品时你说："父母亲又不是开银行的，哪有那么多钱！"不如换个说法："我知道你很喜欢，但我们家目前经济状况还不容许，日后再想想办法好吗？"

孩子私自外出时你可以说："你没告诉我你去哪里，又没有按时回来，我很担心，弄得我饭都没有吃好。以后你去哪里，什么时间回家告诉我们好吗？免得我们惦记你。"不能说："别把家里当旅馆，想来就来，想走就走，没有一点儿规矩。"

孩子反驳你的时候，你可以说："你的意见和我们的不一样，我们可以再讨论。"而不是说："你的翅膀硬了，居然和父母顶嘴了，目无尊长，到底谁是老子？"

孩子不愿做家务时父母一着急就脱口而出："你怎么这样懒，专要人侍候，太不像话了！"换个说法效果可能更好："我最近工作很忙，身体有些吃不消,我知道你很心疼我,我想你愿意帮助妈妈做些事情,对吗?"

孩子不想做功课时说:"你不想做功课?为什么?发生了什么事情?是不是不会做?要不要我帮助你?"不应说:"快去做作业,整天只想着玩,将来能有什么出息?"

同是一件事,父母的言语不同,得到的沟通效果就大不一样。语言交流是人与人之间最普遍也最有影响力的沟通手段。父母是孩子的第一任老师,父母的习惯用语、语气和态度,均能影响与孩子的沟通。从某种意义上讲,沟通失败,家庭教育也就失败了。如果父母完全不能理解孩子,他们自己的观点和做法也将不被孩子理解和接受。这样,无论父母出于多么良好的动机,制订了多么远大的目标,最后也是无法实现的。所以,急于望子成龙的父母们要注意,切忌用命令、讽刺、挖苦之类的语言去损害孩子的自尊心。父母的权威不是什么人赋予的,也不是在育儿过程中自然而然形成的,它是在父母正确地行使并履行自己的义务和职责的过程中,在孩子的内心世界中逐步建立起来的。也就是说,父母的权威不能靠对孩子进行家长作风式的"教育"或灌输就能获得,而要靠父母做出模范性的行动来获得。如果父母不能或者不愿意履行自己对家庭应尽的义务和责任,那么,孩子就不会把父母当作家长来看待,无论自己的父母说什么,他都不会听从。如果父母的权威因为诸如此类的不负责任而丧失的话,当孩子长到十几岁的时候,就会引发很多问题。

赏识的言语让孩子乐意与父母沟通

一般来说，亲子沟通活动表现出下面三种活动形式。

家长→孩子：指家长通过语言、行为等方式作用于孩子。例如告知、讲述、要求、命令、指使、示范等形式。在这个过程中，孩子基本上处于看、听的状态。即家长主动、孩子被动。

孩子→家长：指孩子通过语言、行为等方式作用于家长。如讲自己的事、谈自己的想法、介绍自己的朋友、倾诉感情、发泄不满等。在这个过程中，家长主要是听、看的状态。即孩子主动、家长被动。

孩子←→家长：指孩子与家长通过语言、行为、情感等方式相互作用。例如互问互答、共同商量、讨论等。在这个过程中，家长和孩子建立了良好的情感联系，两者都处于积极主动的状态。

从日常生活中的大量实例中观察，家长和孩子的交往大多属于第一、第二种形式，尤其以第一种最为多见。在亲子沟通中，家长一直习惯于以长者自居，时时处处体现出"一家之主"的风范，口口声声都离不开出于为孩子着想而表达的诸如"应该、不该、最好、不行"等语词。亲子之间的沟通停留在形式层面，只是完成了表面的一些事务，而未能进行真正的沟通、深入的交流，因而不能较好地建立互相信任、互相尊重、互相理解的良好亲子关系。

心理学研究表明，如果孩子总是被责备，他就会失去耐心；而如果他常常被夸奖，那么，他就会热爱身边的人以及热爱整个世界，并对未来充满美好的憧憬。

我们看这位家长就做得很好。

妈妈:"院子原先太脏了,我不相信一天就可以把它收拾得这么干净。"

孩子:"我做到了!"

妈妈:"院子里原先都是树叶与垃圾,还有其他的东西……"

孩子:"我把它们都打扫干净了。"

妈妈:"这一定费了你很大的劲!"

孩子:"是的,我确实费了很大的劲。"

妈妈:"现在院子好干净啊,看着真开心。"

孩子:"它现在很漂亮。"

妈妈:"你愉快的笑容告诉我你很自豪,谢谢你,亲爱的。"

孩子(灿烂地笑着):"不客气。"

沟通是双方的互动,如果一方不愿沟通,那么,沟通必然失败。假设家长要与孩子沟通,当家长首先赞美孩子今天做的某件事情"非常好"时,他一定会心情愉快,会乐意与家长沟通。反之,当家长批评孩子"邋里邋遢""丢三落四"之后,他一定会懒得理会家长。所以,赞美往往使孩子愿意与家长沟通。

一、赞美包括两个部分

赞美包括两个部分:家长对孩子说的话,以及孩子听了家长的话后在心里与自己的对话。

家长的话应该明确表达出自己很喜欢、很欣赏孩子的努力;家长的话应该让孩子能对自己的品格有一个比较客观的认识;家长的话应该像一块有魔法的帆布,这块帆布虽然不能给孩子提供帮助,但能让他们给自己画一幅正面的画像。

青春期的孩子心理上尚未完全成熟,他们在完成某项活动后的"成功与喜悦"只是一种自我认识,与其在活动中达到的实际水平并无直接的关系,而与父母、老师、同学等"重要人物"对他的评价密切相关,哪怕是极其微小的进步,假如父母能给予表扬性的评价,孩子就会体验到成就感,从而增强自信心。

二、用赞美调动孩子的积极性

当孩子办好一件事,家长就给予他真挚的赞美,比其他任何方式都更能激励孩子热爱生活与获取成就的热忱。积极性对孩子能力的培养起着不可替代的作用。家长给予孩子表扬时,语气要充满欣喜与赞赏,言辞中要传达出对孩子努力的承认、尊重与理解,孩子一定能从这些信息与赞赏中受益匪浅。

真实具体的肯定最有效

表扬和夸奖是孩子的维生素,父母要掌握表扬的艺术。表扬的艺术除了要适度、及时外,还要特别强调孩子令人满意的具体行为,表扬得越具体,孩子就越清楚哪些是好的行为。表扬其实包含两个部分:一是父母说的话语,二是孩子据此作出的推断。表扬越具体,孩子越能够根据父母的话对自己作出实事求是的评价。我们看下面这位家长的做法:

孩子:"这是我的英语作业。"

妈妈(一边看电视一边说):"不错,有进步。"

孩子:"就知道你会这么说。"
妈妈:"这孩子……"

当孩子做好一件事或掌握了一项技能时,不要总是简单地说"做得不错",而应该指出他们做得好的具体细节。比如"你今天给灾区小朋友捐款了,真让妈妈高兴""我喜欢你的那个小发明"。具体的表扬会让孩子产生更大的满足感。当然,也要注意不要表扬过度或盲目表扬。

德国著名教育家卡尔·威特教育孩子的方法值得我们学习。在老威特独特的潜能教育培养下,他的儿子小威特学业进步惊人,还不到8岁就已经通晓希腊语、意大利语和法语等多国语言,年仅9岁就成了大学生,16岁获得了海德堡大学法学博士学位。

老威特表扬儿子很注意方法,为了鼓励孩子学习,当小威特看完或者译完一本书时,父子俩如释重负,一起喊着作者的名字,如"荷马万岁",或者"维吉尔万岁"等,这时孩子的妈妈也进来道贺:"恭喜恭喜。"接着就上街买回来许多东西,做小威特爱吃的菜,请两三个关系密切的亲友开晚会。开席之前父亲会首先说,这本书非常难,但是小威特以顽强的意志攻了下来,这使他取得了很大的进步,并且宣布孩子要攻读的下一本书的名字,然后人们就向他祝贺:"恭喜恭喜。"这是一种针对孩子的进步来表扬孩子的方法,更有针对性,也更有效。

当你的眼睛一边盯着电视,一边扫瞄孩子的作业本的时候,你口里那些"不错,有进步"之类的话会让孩子觉得很虚伪,甚至还会让孩子日后对你的表扬产生抵触情绪和不信任感;而"你真是个好女儿""你做得棒极了""真聪明"等诸如此类的话,也可能会让孩子不知所措。如果长时间听到这类笼统的表扬,就会让孩子麻木,失去表扬本身给孩子带来的兴奋感和动力。总之,父母对孩子的表扬应该是具体的、就事论事的,这样才会有针对性,孩子也会产生由衷的成就感。

事实上,在真实、具体地表扬孩子这一问题上,美国著名的教育学者劳伦斯·斯坦伯格也曾较全面地给父母提出过以下建议：

第一，用表扬孩子具体成就的方式来表达你的反应，而不要把这一成就和自己对孩子的感情联系起来。比如说"你的读书报告做得很好"，比说"当你在学校里表现好的时候，我以你为傲"要好得多。第一种评价包含着对读书报告的评价，而不是对学生价值的评判。后一种评价传递的信息是家长的爱是由孩子的学业表现所决定的（即使家长不是这个意思，但孩子听到这样的话，也会让他感到这就是真的）。家长可以既爱孩子又对他抱有很高的期望，但是无论在家长心里还是在孩子的心里，都不应该把爱和期望联系在一起。

第二，要表扬孩子所获成绩的质量，而不是来自他人给的等级或者评价。说"你拼写那么好，我真为你骄傲"要比说"你在拼写测验中得了一个A，我真为你骄傲"好得多。因为孩子在青春期的时候，他们已经能够清楚地了解到他的成绩是由其他人分等级或者评价的，他不需要你再来指出这一点。

第三，父母应该关注孩子的成绩本身。如果家长觉得必须对孩子的成绩做个比较，那就要把它跟孩子以前的成绩相比，而不是和其他人的成绩相比。称赞孩子"你的口语发音从来没有这么好过"要比"你的口语发音比其他孩子棒"好得多。教室里孩子之间的竞争已经够激烈的了，家长不必再火上浇油。

第四，不要对孩子强调他已经尽力了。在孩子年龄小的时候说这点很对，但是当孩子大一些，进入青春期之后，这种反应就不是那么有用了。孩子到了三年级左右，他们就开始明白，人们的主要评价标准是成绩，努力只能起到注解的作用。如果家长告诉自己16岁的孩子，他在足球比赛或者课程考试中表现如何没关系，只要他尽力了就可以，孩子一定会嗤之以鼻，因为他知道家长这么说不够诚实。当孩子对自己的成绩很失望的时候，试着帮他找出下一次怎样能做得更好的建议，这要比说些空洞的陈词滥调更有帮助。

当孩子表现得很糟糕时，不要批评他（因为不用你再说，他的感觉已经够糟糕了），但是也不要骗他，虚伪地说他做得很好，因为他知道他什么时候没做好。在不值得表扬的时候表扬孩子，只能降低表扬的价值。这种情况下父母需要关注的是建议孩子下次怎样做才能更好。

最后有必要澄清一个概念：孩子喜欢受表扬是因为他知道自己在意的人因自己的突出表现感到高兴，所以感觉很好。但是，孩子喜欢受表扬并不意味着表扬是激励他的唯一方法。这点是家长在教育孩子时应该注意的。

用肯定和赏识替代否定和贬斥

父母的语言是孩子成长的营养元素，爱的语言多了，定会结出"爱"的果子；恶的语言多了，就会结出"恶"的果子。肯定的话，是孩子成长过程中的正面信息；否定的话，是孩子成长过程中的负面信息。请看下面的对话：

妈妈："你应该先做完作业再出去踢球。"

孩子："周末嘛，我踢完球再写。"

妈妈："不行。你的数学成绩最近下降了好多，看看你上回的考试卷子，太差劲了！别老想着玩，我还想在你做完作业之后给你补习一下呢。"

孩子："求你了，妈妈……"

妈妈："不行，快去做作业。"

我们再来看陶行知在育才学校当校长时，曾发生过这样一件事。

一天，他在校园里看到男生王友用泥块砸本班的男生，陶行知当即喝止了他，并让他放学后到校长室去。放学后，王友老早就站在校长室门口准备接受处罚。陶行知走过来，一见面却掏出一块糖果送给王友，并说："这是奖给你的，由于你按时来到这儿，而我却迟到了。"

王友惊愕地接过校长手中的糖果。接着，陶行知又掏出了一块糖果放到王友的手中说道："这第二块糖果也是奖给你的，因为当我阻止你不让你再打人的时候，你当即就停手了，这说明你很尊重我，我应该奖励你。"

王友更加惊愕了，他眼睛瞪得大大的，不知道校长在想什么。

陶行知又掏出第三块糖果放到王友的手里："我调查过了，你用泥块砸那些男生，是因为他们不守游戏规则，欺负女生；你砸他们，证明你很正直善良，且有跟坏人作斗争的勇气，应该奖励你啊！"

王友感动极了，他流着泪后悔地喊道："陶……陶校长，你打我两下吧！我砸的不是坏人，而是自己的同学啊……"

陶行知满意地笑了，他随即掏出第四块糖果递给王友，说："为你能正确地认识错误，我再奖励给你一块糖果，只可惜我只有这一块糖果了。我的糖果发完了，我看我们的谈话也该结束了吧！"

多么高明的校长！他用以奖代罚的方式触动了孩子的心灵。"亲其师，善其道。"当一个孩子被宽阔的胸怀所包容时，他内心产生的是深深的感激与强烈的震撼，那将会使他终身难忘。在这种情况下，不用批评、指责，孩子自己就已心悦诚服地知错了。

家庭教育是靠家庭语言来完成的，尤其对于青春期的孩子而言，他们与家人的沟通已经不像小时候那么多，所以家长的每一句话都要力求正确且具有影响力和渗透力。然而，一些儿童教育专家研究的结果表明，当今许多父母对青春期孩子使用的语言却并不十分正确，最多的不良语言有三种：限制、挑剔、否定，这些语言被称为"家庭红灯"。

💡限制词

"应该""必须"是父母经常用的词语。这是表达主观愿望、主观想象的词。父母强调的仅是自己的主观愿望，完全忽视了孩子的客观存在，用一种强硬的态度让孩子进入某种规定的位置，并按父母的设计修剪孩子。其结果，往往使孩子陷入不知所措之中，极大地影响了孩子思维的发展。

💡挑剔词

在中国的家庭教育中，挑剔词比激励词的用量多好几倍。很多父母几乎是不停地去发现孩子身上的缺点，并迫不及待地对它们进行批判，以为只有把孩子的缺点说出来才能使孩子获得帮助与改变。

基于这样一种教育思想，中国父母对孩子使用各种挑剔的语言时毫不犹豫，决不心软。其中最常用的有"太笨""不成""太差劲"等。这些消极的用词，完全是一种"负面信息"，它们过度地强化了孩子的弱点，最终会让孩子以否定的态度对待自己，从而对自己失去信心。

💡否定词

孩子们在家每天听到父母常讲的词语中，由"不"组成的否定词为最多："不许""不能""不要""不可以""不聪明""不行"。

有一个孩子在一篇名叫《不许妈妈》的作文中，写了妈妈讲的许多"不许"的语言："不许淘气""不许晚回来""不许去同学家""不许看电视""不许乱花钱"。

这种家庭对孩子的教育是由一连串的"不许"组成的，父母像警察似的，他们的任务是不断向孩子亮起红灯。但是，准许干什么呢，父母又没说。于是孩子只有不断地犯错误，不断地被指责。

别让孩子走向自负的极端

通常情况下，申斥和表扬在青春期孩子心里所产生的影响比其他阶段的孩子要强烈得多。一味指责和大声申斥更容易刺伤他们那颗脆弱而敏感的心，增大他们的心理压力，甚至会严重影响他们的身心健康。相反，若能得到表扬和赞美，他们便很容易受到鼓舞，自信心得以增强，进一步激发出更大的潜能。但是家长如果滥用溢美之词，也可能会适得其反，让孩子变得过于自信，甚至自负起来。

自负的原因有很多方面，让我们来看一看下面的案例。

佟宇是个聪明活泼的男孩，他的爸爸是一家大公司的经理，妈妈在一家医院当医生。佟宇从小就生活在这样一个条件优越的环境里。在家里，他是爸爸妈妈的宝贝，要什么有什么；在学校里，他成绩优秀，是老师心目中的尖子生；在同学当中，由于他长得英俊帅气，大家还给他起了个响亮的名字——白马王子。

良好的家庭环境，父母的疼爱，老师和同学的赞美，再加上自己的天赋，使佟宇产生了一种飘飘然的感觉，而且这种感觉一天比一天强烈，"我就是比别人优秀"，佟宇总是这样想。

佟宇的爸爸妈妈也经常在别人面前夸奖自己的儿子，为有这样一个聪明活泼的儿子而自豪。所有这些都助长了佟宇自满和自傲的情绪。渐渐地，佟宇变了。在家里只要他稍稍不顺心就对爸爸妈妈发脾气；在学校里，佟宇更爱表现和炫耀自己，取得好成绩就自鸣得意、沾沾自喜，甚至不把老师的话放在心上；在生活中，他总是拿自己的长处同别人的短处相比，认为自己高人一等，瞧不起人……

父母看着越来越自负的儿子，不知道如何是好。

自信与自负往往只是一步之差。自负是以超越真实自我为基础的一种自傲态度和情绪体验，是一种不良个性的具体体现，其形成原因是多方面的。

第一，父母、老师的评价不恰当。家庭是孩子成长的摇篮，家长的态度和评价无疑是他们人生中第一面也是最重要的一面镜子。如果家长溺爱孩子，对孩子总是表扬、夸赞其优点，对其缺点视而不见、避而不谈，那么这面镜子就会失真。这些片面的评价会给孩子一种错觉，以为自己就像父母所说的那样了不起，似乎没有任何缺点。而这些孩子在学校一旦被老师贴上"好学生"的标签，就会进一步强化其自负的心理。

第二，自我认识的偏差。自负主要是对自己作了过高估计，这是自我认识发生偏差的表现及结果。青春期的孩子最有价值的心理成果就是发现自己的内心世界。内心世界的丰富令他们惊讶，内心世界的复杂又令他们困惑。这种自我反思、自我观察受到自身认识水平的极大影响。由于其反省思维水平不高，加之成人感、独立意识的发展，在逆反心理的驱使下可能会造成他们反感甚至拒绝老师、家长的"帮助"，从而导致对自我的认识出现程度不等的偏差。其中两种极端化的情况是：有的孩子只看到自己的优点，看不到自己的缺点，或者夸大自己的长处，缩小自己的短处，过高估计自己的能力，相对于同伴有较强的优越感，从而产生自负心理。另一种极端化的情况则是低估自己，从而产生自卑心理。

第三，生活中缺少挫折和磨难。人的发展会受到生活经历的极大影响。生活中遭受过许多挫折和打击的人，很少有自负的心理；而生活中如果一帆风顺，则很容易使人养成自负的性格。独生子女一般家庭条件优越，如果在学校也表现得很好，就能获得肯定，目标相对而言更容易实现，这样的顺境会使他们产生自己无所不能、对一切无所畏惧的错觉，因而盲目自信和自高自大。

第四，情感上的偏颇。有些孩子自尊心特别强烈，为了保护自尊心，在挫折面前，常常会产生两种既相反又相通的自我保护心理。一种是自卑心理，通过自我隔绝，避免自尊心的进一步受损；另一种就是自负心理，通过自我放大，获得自卑不足的补偿。例如，一些家庭经济条件不是很好的学生，怕被经济条件优越的同学看不起，装清高，摆出看不起这些同学的样子。这种自负心理是自尊心过分敏感的表现。

孩子抱有自负心理对其成长是极其有害的，家长应帮助孩子正确地认识自己，克服自负的不良认识。

第一，正确评价孩子。孩子的自我认识受到成人评价的极大影响，这就要求父母在进行评价时要客观、全面，不能只看到其优点，更要指出其缺点，万万不可忽视、缩小甚至帮助其掩盖缺点。对优点要表扬，但要适度。要让青少年意识到作为家庭、学校、社会的一员，理应有合格的表现。家长要提醒自负的孩子在看待自己的成绩时要实事求是，要认识到老师、家长、同学的帮助以及一些客观条件的促进作用，切不可把成功完全归功于自己，并因此而沾沾自喜。

第二，让孩子正确评价自己。孩子出现骄傲自大的坏习惯往往是过高地估计了自己，认为自己比谁都强，只看到自己的长处，看不到自己的短处，拿自己的长处去比较他人的短处，因此，狂妄自大，不会设身处地地替别人着想。作为父母应耐心地教导孩子，让孩子学会正确地评价自己，既认识到自己的优点，又看到自己的不足。家长还需要规范孩子的行为，督促他们改正骄傲自大的坏毛病，告诉孩子在交友中应该怎样做，不应该怎样做，并加以训练和指导，使其养成良好的行为习惯。

第三，指导孩子学会欣赏他人。学会欣赏他人才不会自视过高。对于孩子来说，学会欣赏他人并非易事，但只要在日常生活中稍加注意，从点滴做起，慢慢就会做到，从而克服自负心理，比如学会宽容、学会倾听、尊重与理解他人、关心爱护他人等均有助于孩子克服自负心理。家长可以让孩子为同班的每一位同学写出3条优点，并当面给予赞扬。当孩子跳出狭隘的自我圈子，自负心理也就会悄然隐遁。

第四，以适当的方式进行"挫折教育"。家长可对自负的孩子提出更高要求，安排难度更大的任务，让其遭受挫折，感受一下失败，让他清楚地看到自己能力的不足，体验需要别人指导和帮助的感觉。

第五，奖励以精神鼓励为主，物质奖励为辅。其实，在一般情况下，孩子只要能得到口头表扬，心理上就会得到满足。过多的物质奖励，有时会让孩子沾沾自喜、高傲自大、忘乎所以，甚至产生不思进取的心态，家长要防止孩子被夸奖的声音和赞许的目光所包围，不要让孩子因获得过多的物质奖励而产生畸形的满足感，懒于进取和努力，从而削弱了进取意识。

第六，以身作则，为孩子树立榜样。榜样的力量是无穷的，父母是孩子的第一任教师，是孩子效仿的榜样，父母对孩子的示范作用是巨大的。父母应该成为孩子高尚人格的榜样，要谦虚友善，不要在孩子面前表现出骄傲情绪，以免孩子受到不良影响。

学会向孩子道歉

青春期的孩子已经有了自己的是非观念，当自己被冤枉或者受了委屈，很多孩子都会要求对方道歉。父母应该懂得，道歉并不仅仅是公共场所使用的外交辞令，在自己家里也是必不可少的。如果父母因为误解孩子的言行而指责孩子，后来明白原来不是那么回事的时候，或是当父母不小心使孩子受到伤害时，都应该向孩子道歉。

可是，很多的家长却总是觉得，如果自己向孩子认错、道歉，会很失面子，这种担忧其实是多余的。

家长如果学会向孩子"道歉"，对教育子女无疑是大有裨益的。家长在家庭教育中出现过失、错误时，理当采取明智之举，勇于向孩子"道歉"，这样定会让孩子笑逐颜开！这既是对自己行为负责的一种表现，也为孩子的为人处世作出了榜样。

在一个家庭中，父母如果从来不向孩子承认自己的缺点和过失，那么他的孩子就会产生父母"虽然永远正确但实际上却老出错"的观念，时间一长，就会对父母正确的教诲置之脑后。父母如能在自己对孩子做错事之后，立刻郑重地向孩子认错、道歉，那孩子就会懂得承认错误并不是一件什么可耻的事情，就会提高他分辨是非的能力。

一、无论何时，承认错误都不晚

很多父母在孩子"闯祸"之后，往往由于一时的感情冲动，而对孩子进行了不恰当的批评或惩罚，但在事后，又觉得很后悔，可是没有及时道歉，随着时间的推移，觉得更没有道歉的必要。其实，如果父母真的做错了，一定要向孩子承认错误，并且无论何时都不晚。

卡哈被称为"西班牙王国上空的一颗光辉灿烂的巨星"，他的成长就很好地说明了"向孩子道歉，无论何时都不晚"这个道理。

十几岁的卡哈十分调皮，他运用自己所学的知识造了个"真"的大炮，没想到一发射就把邻居家的小孩给打伤了，后来被罚款和拘留。

当他从拘留所出来后，他身为外科医生且通过刻苦自修当上了萨拉戈萨大学应用解剖学教授的父亲，把卡哈这个"顽童"着实训斥了一顿，并责令他停止学业，学补鞋子。

后来，父亲越来越觉得这样的处罚过于严厉，孩子闯了祸是要管教，但不能因噎废食。

于是，一年后，父亲到修鞋铺接回了卡哈，搂着孩子深情地说："我做得不对，我向你道歉。我不该因为你闯了一次祸就中断你的学业。从现在起，你就在我身边学习吧，你会有出息的！"

从此，卡哈潜心学习骨骼学，终于成为举世瞩目的神经组织学家，并获得了诺贝尔奖。

父母为自己做错的事而向孩子道歉，并及时改正自己的行为，这样的行为和勇气无论何时都不会晚，而且父母只有这样才能更好地教育孩子。

二、道歉的注意事项

道歉时一定要注意心平气和，并且道歉的主旨要明确，态度要诚恳，所说的道理要中肯。只有如此，才会有更好的教育效果。

在家庭生活中，家长说错了话，办错了事，甚至冤枉了孩子，都是难免的，关键是发现错误后家长怎样处理。错怪了孩子，就应该态度诚恳地主动道歉，不敷衍，不找客观理由。有些家长认为这样做会有失尊严，其实不然，孩子是明白事理的。父母向孩子认错，给孩子树立了有错必改的榜样，会使孩子由衷地敬佩父母的人格和修养，从而更加信任父母，使一家人和睦团结，也为孩子创造健康成长的良好环境。

给批评留点儿位置

很多家长在反思如何教育孩子的过程中，走进了重表扬、轻批评的误区，甚至出现了所谓的"无批评教育"。其实，教育确实需要以表扬为主，加以正面引导，这是符合每个人的成长规律的。可是，以表扬为主，并非以表扬为唯一的方法。父母要看到，与表扬相对的批评，与奖励相对的惩戒，对于每个人特别是青春期的孩子都具有特殊的意义。

妈妈："以前你爸不让我批评你，今天我忍无可忍了，必须好好说说你！"

孩子："我怎么了？"

妈妈："怎么了？你还不知道自己怎么了？还在这儿跟我装糊涂是不是！你说，上次英语测试你得了几分？"

孩子："86啊！"

妈妈："我问过老师了，哪是什么86，明明是68！你现在说谎真是脸不红心不跳啊，以前对你太松了！"

孩子无语。

妈妈："从今天开始，我可不管你爸那套'赏识教育法'了，该骂的时候我还是得骂你！不得了了这孩子！"

处在青春期的孩子的人生观、价值观正在形成，如果没有适当的批评教育，那么他们就很难懂得为自己的过失承担相应的责任。父母应该对孩子的错误行为，进行入木三分地剖析，实施"厌恶疗法"，让他们学会自我审丑，从而唯恐避之而不及,让他们在有充分心理准备的基础上，出一身冷汗。可以说，这样的批评会让孩子刻骨铭心、终生受益。

与孩子沟通的艺术是爱的艺术。批评与体罚、心罚是截然不同的，这是由于它不是出自恨或虐待狂之心，而是出自博大而深沉的爱。批评的目的，是培养孩子"面对挫折不被压垮的能力"，或者说是培养孩子的抗挫折能力。

但是，对孩子进行抗挫折教育和批评教育的时候，家长不能片面地理解为"骂"。事实上，单纯的"骂"是一种粗暴的教育方法，不但不能达到父母期望的效果，而且还会使孩子形成说谎、冷漠、孤僻、仇视、攻击等种种心理问题。而这些，往往会成为孩子日后不良行为的诱因，尤其是青春期的孩子，一顿不分轻重的训斥，甚至会成为他们走上犯罪道路的根源，或导致孩子出走、极端行为等。

心理学实践证明，存在心理问题的孩子，大多数是由于父母采取了"单向教育"，他们不了解孩子的内心，刻板地说教，粗暴地打骂，无情地约束，再加上精神上的虐待，不仅恶化了亲子之间的关系，还让孩子丧失了安全感与归属感，从而影响孩子的身心健康与个性的健全发展。

因此，当孩子需要批评时，父母应耐心、细致地做好孩子的思想工作，告诉他哪儿出了问题，怎么错了，同时还要告诉他，同样的错误不要重犯，要及时地纠正，要吸取教训，切莫用简单粗暴的方式对待孩子。只有这样，孩子才能健康地成长。具体来说，批评孩子时家长要做到下面几点：

💡 以正面引导为主

有些父母批评起孩子，张口闭口总是否定性语言，如"你真没出息""你真不争气"，有的净是挖苦讽刺。如此责骂不休，真不知究竟是要把孩子往正道上引，还是往邪路上推。正确的做法应该是，严肃认真地指出孩子的错误后，用肯定的语言，如"你是有出息的""肯定会争气"等，给予正确引导。要知道，任何批评其根本目的在于激发起孩子好的行为。

作为父母，一定要在批评孩子的时候注意，孩子有过错，理应批评，但其人格应受到尊重。批评应对事不对人，孩子和大人、被批评者和批评者，人格应该平等，批评可以严肃，甚至严厉，但这类似于镇痛药，用多了便失效。

💡 批评孩子不要作比较

"哥哥像你这么大时都懂……而你却……""小妹都会做，你这么大了还不会呢"。也许有些父母认为，比较孩子之间的好坏，没什么不对，但对年龄相仿的孩子，这样做往往容易带来反效果。

💡 "悄悄"地进行

批评是一种教育手段，也是一门微妙的教育艺术，高明的批评会产生意想不到的效果。在尊重孩子的前提下，轻声细语地和孩子讲道理，保护孩子的自尊心，这种"悄悄批评"的方式比大声、严厉地训斥更有威力。这是为什么呢？

首先，避免了孩子在他人面前的难堪。父母采用耳语，或者把孩子叫到僻静处说话，体现了对孩子的尊重、保护。如若大声训斥，一下子让孩子处于尴尬处境，即使有的孩子想承认错误，想放弃不恰当的主张，也一下子没台阶可下，所以父母越训斥，孩子越坚持自己的立场。

其次，体现出父母与孩子友好协商的姿态，让孩子感到最终做出的决定是自己思考的结果，并不是父母强加给他的。

最后，能保持父母与孩子的亲密关系。许多父母大声训斥或批评孩子之后，都会难受半天，一方面是孩子的行为让自己生气，另一方面总后悔不该发火。其实，即使父母的意见完全正确，也不应该肆意地当众训斥或大声责备孩子，而应该让孩子觉得父母始终是最可信任的亲人。

其实，"悄悄"批评是家庭教育中一种艺术化的教育方法，父母们只要细心体会，学会克制，是不难掌握的。

掌握好时机

在批评孩子时，要注意及时性，不要拖延，如果惩罚时间相隔太久，孩子会感到莫名其妙。或许孩子在之前一段时间已经自悟，如果此时再加以惩罚，容易造成孩子的不满情绪。

另外，妈妈常对孩子说的那句"爸爸回家后就有你瞧的啦"的口头禅，并不适合实际情形。除非母亲能立刻把父亲叫回家，否则母亲的当场批评要比等父亲下班回家再来批评有效。

进行"冷处理"

所谓及时批评也应视年龄特点及错误性质来进行。有时需要时间跨度，抓住时机进行"冷处理"。对一些好胜或者倔强的孩子，有时不妨故意冷淡一下，使之感到无声的压力，从而主动反省自己的过失。

除了孩子需要"冷处理"，父母也需要"冷处理"。父母在气头上教育孩子时，难免会有一场暴风骤雨，给孩子的心灵造成极大摧残。此时应先忍一忍，等自己冷静后再选择适当的时间、适当的地点、适当的方式教育孩子。

🎈与具体的指导行为相结合

批评是为了纠正孩子的不良行为。如果孩子因为玩游戏而耽误了学习，你可以说："你因为游戏而耽误了学习，这是因小失大，咱们从明天开始严格控制玩游戏的时间，好吗？"这样既批评了孩子，还给孩子提出了该怎么做的指导性建议。

🎈家庭成员意见要一致

往往会出现这样一种情况：对于孩子的某种错误行为，父亲要批评，而母亲却一味袒护、一味宠爱。这样意见不一致，一来容易助长孩子利用父母矛盾的投机心理，二来孩子不易分清谁对谁错，无法在心目中确定长期稳定、正确的行为规范。

第八章

爱就要说出口
——正确解决孩子出现的问题

性,是青春期的孩子不能回避的问题。家长不应该在性教育的时候,老是想着一次把全部知识都抖给孩子。家长谈论性话题的表情、语气越严肃越正经,反而会让孩子感觉越不自然。看电视、报纸、杂志时遇到有关情景,其实都是合适的时机。和孩子交流性话题的时候,平等、幽默的口吻甚至于调侃的方式都是合适的。和孩子做朋友,谈谈自己经历的青春年代的"故事",孩子会很感兴趣,一下子就和你拉近了距离。你可以把自己经历过的事情讲给孩子听,碰到合适的话题不妨和孩子一起交谈,让孩子感受到"性"不是件羞耻的事情。

引言：父亲的遗嘱

在一个春暖花开的季节，病房里住进了一位患脑癌的男人，男人的精神状态很好，完全不像别的病人遭此一击后万念俱灰。这个男人原本是一家公司的大老板，拥有美丽的妻子和漂亮的女儿，三口之家其乐融融。可就在女儿9岁那年，妻子出车祸不幸身亡，女儿自此得了自闭症，男人为了给女儿治病，花了很多钱，甚至变卖了公司。几年过去了，女儿的自闭症治好了，可原来的乖乖女变成了行为乖张的小魔女。在这期间，男人一直没再娶妻，不是没有条件，只是为了他的宝贝女儿，他一次又一次放弃了机会。

男人得知自己患有脑癌后，沉思了几天才平静地告诉女儿。任性乖戾的女孩似乎在一夜之间长大了。在父亲住院化疗期间，小魔女天天放学后直奔医院。父女亲情交融的情景，让人不愿相信这是一对即将生离死别的父女。进入夏天，男人的病情一天天恶化，原本健壮的身体变得瘦骨嶙峋。

一天上午，父亲突然把女儿叫到身边，一边艰难地保持呼吸平稳，一边说："你听好了，一定要记住我下面对你说的话，这是一个父亲的遗言。"接着男人断断续续，像一个牵挂着孩子不肯放心的母亲："乳房发育是女孩子进入青春期的重要一步。你的乳房现在还未发育起来，但它迟早要成熟的，因此，你要学会保护自己的乳房。我希望你知道，乳房发育的时候会有疼痛现象，你不要害怕，但你也要了解，乳房是一个脆弱敏感的部位，要尽可能避免碰撞。去公共场所时，如果人多拥挤，最好抬起你的双臂，保护住胸部，要像爱护你的脸蛋儿一样爱护它，让它变得越来越美丽。"

女儿的脸红红的，即使这是父亲的遗言，即使父亲尽力把自己装扮成母亲，她还是不能习惯这样的话题。但她没有移开自己的目光，看着父亲深陷的眼窝，小声地问：

"我该怎么做呢？"

父亲喘了一口气，用十分内行的口气说："你要试着戴胸罩！"

或许是说话太费力了，父亲停顿了许久，才向女儿说起第二件事。"我要交代你的第二件事，也是关于身体的，我们的身体，它是属于我们自己的，有一些隐秘部位，只有在身体不舒服的情况下，在父母、老师、好朋友或护士的陪同下，在医生为你检查身体时，才能观察和接触它们，其他任何人都不可以观察和接触。这个你明白吗？"

"明白。"女儿的眼圈儿有些发红，乖乖地点头，说："爸，我会记住的。"

"要是有人侵犯你，"父亲并不放心，叮嘱道，"不管对方是你的老师、亲朋好友，还是你尊敬的人，你都不要害怕，一定要大声反抗。如果发生这样的事情，一分钟也不要等，立刻告诉警察！"

女儿乖乖地点了点头。

"我还要你答应我，在你18岁之前，不谈恋爱；在你20岁之前，不进酒吧、舞厅、通宵影院。永远不要浏览网站上的不健康内容，也不要轻易相信对你表示热情的人。还有，在你这一生中永远不要丧失勇气和信心……"

女儿伏在父亲的怀中，失声痛哭起来，在说完这些话的那个夜里，她的父亲平静地走了。后来，她健康、自信、快乐地长大成人，并且把父亲最后的这些话讲给我们听。

从这个故事中我们可以感受到浓浓的父爱，可是，我们更感受到这位父亲的智慧。父母是爱孩子的，可是孩子在成长的过程中，并不会一帆风顺，他们会遇到很多的冰山暗礁。这个时候，为人父母者就应该积极帮助孩子顺利渡过难关。

如何帮助网络成瘾的孩子

什么是网络成瘾？1994年，美国精神病医生伊万·戈德堡声称发现了一种新的心理疾病，并将它命名为网络成瘾症。

网络成瘾又称病态网络使用，是一种冲动性地过度使用网络，并因此导致明显的社会、心理功能损害的现象，指的是因重复对网络使用所导致的一种慢性的、周期性的、无法自拔的、无力控制的着迷状态。患者常常表现为自我封闭、情感淡漠、人际交往能力显著下降、严重依赖虚拟世界、厌恶现实世界，并不同程度地存在抑郁、强迫、偏执等不良心理状态。真正的网瘾患者会丧失学习、工作的社会功能，他们需要长期的药物和心理治疗。

网络成瘾虽然表现为长时间的上网行为，但上网时间的长短并不能作为网络成瘾的唯一判断标准。有很多人长时间泡在网上是因为学习、工作需要，而不是由于对某种网上活动不可控制的内在冲动。

一、网络成瘾的原因

网络成瘾，在青春期的孩子中是非常普遍的现象。一般来说，网络成瘾的原因有以下几个：

第一，客观原因：生活中缺乏情感交流。专家指出，青春期的孩子可能身处不利的环境，这是导致孩子易上网成瘾的客观原因。目前，智能手机、电脑等电子产品早已普及，成为人们生活和工作的必需品。然而，一切事物都有两面性。这些电子产品，也深深影响着自制力较差的青少年，尤其是一些吸引力较大的网络游戏，让未成年人迅速沉迷其中不能自拔，严重影响了身心健康。当前我国孩子多属独生子女，且城镇居民以楼房式独门独户的家居结构为主，这在某种程度上不利于身为独生子女的孩子与同龄伙伴交流。在工作生活压力较大的今天，父母极有可能因忙于工作和生计而忽略了与子女的情感沟通。那么在现实生活中缺少情感交流的孩子，便会在网络中寻找可归依的群体，迷恋于网上的互动生活。在电子信息时代的大环境下，电脑和网络成为青少年不可或缺的学习工具，但缺乏有效引导的孩子更多的是把电脑和网络当成一种娱乐工具。另外，孩子的学习压力较大，也可能造成孩子沉迷网络。一位不愿透露姓名的学生坦承："学习上经常遭受挫折，又得不到家人、老师和同学的理解。为宣泄心中的苦闷，逃避不愿面对的现实，往往在网上寻求安慰、刺激和快乐。"

第二，主观原因：面对虚拟世界缺乏自控力。专家指出，孩子身心发育尚不成熟是导致易上网成瘾的主观原因。他们自控能力欠缺，一旦上网往往可能被网上光怪陆离且层出不穷的新游戏、新技术和新信息"网住"。他们的认知能力有限，面对网上新奇、刺激的信息极易受其诱惑。这个年龄段的孩子自我意识强烈。在网络上人人平等，在匿名的保护下可以畅所欲言，不用担心受到什么审查、带来什么惩罚，而且观点越新、奇、特，可能得到的反响越大、回应越多。网络因此而成为孩子心目中展现自我的最好平台。

二、易染上网瘾的孩子类型

找到了网瘾的原因，那么，哪类孩子最容易染上网瘾呢？

第一种：学习成绩欠佳的孩子。由于家长、老师对孩子的期望过于单一，学习成绩的好坏成为孩子成就感的唯一来源，因此一旦学习成绩欠佳，孩子们就会产生很强的挫败感。但是在网上，他们很容易体验成功，很容易得到"回报"，这种成就感是他们在现实生活中很难体验到的。

第二种：学习好但未形成正确学习观的孩子。不少本来学习好的孩子在升入更好的学校后，无法再保持原有的名次和位置。这时，他们对"努力学习"的目的产生了怀疑。按照有些父母的逻辑，学习是为了"上大学——找到好工作——挣钱"，当他们失去了为名次、位置等学习的内在动力后，无法认同父母的逻辑，因为，即使不用学习也可以从父母那里得到钱。于是，一些人开始迷恋网络。其实，造成这些孩子依赖网络的根本原因是没有形成正确的学习观。

第三种：人际关系不好的孩子。许多孩子虽然成绩不错，可是性格内向、猜忌心强，而且小心眼儿，碰到问题时没能得到及时解决就沉迷于网络，学习和生活受到严重影响。

第四种：家庭关系不和谐的孩子。随着离婚率升高等社会问题的增多，社会上的"问题家庭"也在增多，这些孩子通常在家里得不到温暖。但是在网络上，他们提出的任何一点儿小小的请求都会得到不少人的帮助。现实生活和虚拟社会在人文关怀方面的反差，很容易让"问题家庭"的孩子"躲"进网络。

第五种：自制力差的孩子。不少上网成瘾者都有这个问题，他自己也知道这样不好，也不想这样下去，但是一接触电脑就情不自禁。这是典型的自我控制力不强。生活中要面对很多选择，选择什么是对，什么是错，选择什么该做，什么不该做。如果将人生的元素尽量简单化，那么对人生最重要的事情选择的正确率就越高，成功率也就越大。

三、帮助孩子戒除网瘾的方法

家长该如何帮孩子戒除网瘾呢？

第一，摒弃打骂埋怨等传统做法。家长在孩子的"脱瘾"过程中扮演很重要的角色，必须摒弃原来一味地打骂埋怨或者放纵溺爱的做法。家长应该定期与孩子交流，创造有利于孩子的成长环境，满足孩子在正常人际交往、游戏等方面的需求。家长们要更新观念，提高对网络时代的认识，不能因网络中出了几起事故就谈网色变，不让孩子上网。

第二，家长要上网。家长不懂网络，就不能正确引导孩子上网、督促孩子健康上网。因此，家长应该注意发现孩子上网中碰到的问题，在上网过程中及时与其交流，一起制定有效的措施。同时家长还可以在电脑上设置防火墙，防止孩子受到不良文化和信息的影响。家长要善用网络，当好孩子的引路人，引导孩子选择有利于他们成长的网站。

第三，适时监督。家长要适时监督，把握孩子在家上网或去网吧的质、量、度。孩子自制力差，综合判断能力较弱，父母要适时提醒，适当督促孩子，并郑重告诉孩子不要光顾色情网站。

第四，掌握一定的心理学知识。很多家长面对子女网络成瘾，往往是苦口婆心地劝说、哭诉，最终又束手无策。正确的做法应该是直接面对，并用适当的方法去改变孩子，转移孩子的兴趣，帮助他们走出网络成瘾这个迷阵。

正视孩子的逃学行为

青春期的孩子会在某个时期对上学有抗拒情绪，在发现孩子有逃学行为之后，家长该如何来做呢？

一、找到孩子逃学的原因

有些青春期的孩子不愿上学，早晨佯装出门上学，其实在偷偷逃学，除了强迫、监视孩子以外，大人们似乎也无计可施。不妨试试找出孩子不愿上学或逃学的原因。除了孩子自身的原因外，还可能是学校方面的某些问题，也可能是家庭方面的问题。

学校方面的原因：青春期的孩子可能由于学习压力较大，心理承受不了，再加上学校规矩比较多，没有自由，于是便在心里产生了逆反、逃避的情绪；与同学相处不来，不能合群，在学校的生活不快乐，也是逃学的原因。例如，某个老师的态度不公平、学校的教育方式令孩子不适应、心灵受到伤害、功课跟不上、成绩不如人，或对学习没有兴趣；得不到适当辅导，成绩愈来愈差，又不能准时交作业，只有以逃学来逃避。

家庭方面的原因：父母关系不和谐，令孩子情绪紧张、不安，对大人产生怨恨，因为没有得到应有的温暖和照顾，转而向外求助；一遇到外面的诱惑，如同伴引诱外出，就禁不住跑出去；父母的要求过高，令孩子产生很大压力，一旦达不到父母的要求，孩子便对学习产生排斥，以致追赶不上，就干脆放弃；父母过于忙碌，无暇兼顾孩子，在缺乏应有的关怀与督促下，孩子极易外出游荡，与朋友成群结党，从外面寻求安慰，功课就渐渐荒废了；或因为结交的朋友不良，贪玩不交作业不上学，在他们的怂恿下，就跟着不上学。

二、避免孩子逃学的措施

为避免孩子逃学，至少要做到以下几点：

第一，多关怀孩子，不要以忙为借口而漠视孩子，要关心他们、照顾他们的生活与学习。为孩子提供一个温暖、快乐的家庭，不要让他们产生想逃避家庭的想法。

第二，留意孩子结交的朋友，如果发现孩子结交了不良少年，要指导孩子形成正确的善恶观念。另外,家长还要指导孩子如何与朋友相处。

第三,多与学校老师联系,了解学校的情况,以及老师与孩子的关系;同时也让老师多了解孩子,若有问题,父母可以及时知道、及时加以协助,担任化解矛盾、协调关系的角色。

第四,关心孩子的学习情况,了解他们的兴趣与能力,因材施教。但不要施加太大压力,宜用辅导方式来帮助孩子发展自己的才能。

第五,找时间与孩子专门进行一次沟通,态度要诚恳,千万不要让孩子觉得自己是在被教育,要站在孩子的角度,耐心倾听孩子的心声,走进孩子的心灵,真正帮助孩子摆脱逃学的念头。

正确对待孩子的早恋问题

早恋是指在生理或心理上还未完全成熟的青少年之间发生的恋爱现象。进入青春期后,出现异性爱慕倾向的青少年,会主动接近自己喜欢的异性,双方交往频繁,相互倾心,导致早恋的发生。

早恋从人性的角度分析是无可厚非的,但青春期孩子的早恋至少在以下方面令人担忧:一是影响学业,二是形成心理阴影,三是过早进行性尝试出现恶果。

一、易早恋的孩子类型

近年来的全国性调查显示,青春期孩子的早恋情况已占有相当大的比例。早恋的学生一部分是学习成绩优秀的班干部,因工作需要有更多的机会接触异性，有威信、有号召力容易引起异性的注意和追求。另一部分是学习成绩较差及家庭不健全的学生：学习不好的同学心理压力大，容易移情于两性交往；家庭不健全的同学缺乏家庭的温暖，感情饥渴，易寻求来自同龄人的关怀。

二、早恋的特点

早恋的特点有：一是朦胧性，对两性间的爱慕似懂非懂，不知如何去爱。二是单纯性，只觉得和对方在一起愉快，对方有吸引力，缺乏成年人谈恋爱对对方家庭、经济等多方面的深入而理智的考虑。三是差异性，表现为女生早恋的较早、较多，可能与女生发育较早有关。四是不稳定性，早恋成功者实在少见，早恋双方随着各方面的不断成熟，理想、志趣、性格等方面的变化会引起感情的变化；恋爱越早，离结婚之日越长，当初的激情就消耗得越多，容易产生倦怠，缺乏稳定性。五是冲动性，缺乏理智，往往遇事突发奇想，莽撞行事，一时冲动不计后果。有的心血来潮过早发生性行为，饱尝苦果；有的聚散匆匆，聚时无真情，散时不动容，轻率交往，滑向道德败坏的泥潭之中。

三、正视孩子的早恋心理

心理咨询专家认为，孩子在青春期对异性产生好感是十分正常的。在孩子心目中，对异性确实有一种渴望，甚至冲动，想了解异性，然而孩子对异性的好感却未必是早恋的表现，有很大一部分都只是一种美好的愿望。

另外，父母有必要认识到，社会上的孩子早恋具有不确定性和不稳定性，在通常情况下，孩子的早恋多以电视、电影或者以一些言情小说为参照依据，再加上自己的心理幻想而"恋爱"，而且普遍缺乏一种责任感。他们不完全懂得恋爱的真谛，也不懂得怎样去控制自己的情感，以致会对自己的学业或原先的理想目标造成负面的影响。

要顺利度过这一"危机"阶段，并不困难。父母要学习掌握有关的知识，及早做好"危机"到来的心理准备。学会自我控制，掌握理解与沟通这两条心理救助的要领，努力创造和谐的家庭气氛。能否做到这些，取决于父、母、子女各方面的责任感和自我修养水平。实际上，这一阶段，正是对夫妻之间、父母与子女之间平素的亲密关系与沟通程度的考验。

四、正确对待孩子的异性交往

有一位高一女孩，她因为喜欢和男孩玩，被好多同学称为"坏女孩"，还有的同学说她"勾引"男生。她不明白，为什么不能和男孩交往。她说："我性格比较外向，向来大大咧咧的。我觉得男孩子的心眼少，办事爽快果断，他们的许多优点令我钦佩，跟他们在一块儿，我感到很愉快。我们的交往仅限于在学习上互相探讨，课外一块儿打球，有时大家去看看电影什么的。我们从没有往恋爱上想过，我不知道老师为什么要玷污我们之间纯洁的友谊。学校里相处的不是男生就是女生，跟谁玩不是一样的吗？我到底犯了什么错？"

其实，男孩女孩之间的交往和接触，都是十分正常的。然而，由于长期以来"男女授受不亲"的传统观念，使许多人对青春期孩子的异性交往过分敏感和警惕，尤其是家长，这种感觉就更强烈了。因此两代人之间更容易发生冲突，甚至发生悲剧。须知，同异性的接触和交往，不但是青春期孩子的愿望，也是他们社会化过程中必修的一课。通过彼此的交往，他们可以了解异性，学习对方的优点。例如，男孩子可以学习女孩子的细腻、温柔、爱整洁，女孩子可以学习男孩子的勇敢、坚毅、果断等优点。

五、对孩子的异性交往，不可动不动就扣上早恋的帽子

恋爱是为婚姻做准备的，带有很明确的结合目的。而少男少女之间大多是玩伴关系，最多双方有好感或是相互喜欢而已。如果男女生之间接触过于频繁，家长和老师可以提醒他们，不要因为这种接触影响学习。如果孩子只单独和某个异性接触，也可以提醒他们不要错过和众多异性接触的机会，因为群体的交往不但有很多乐趣，还可以学习多个异性身上的优点。如果一味指责孩子，阻止孩子同异性交往，很可能使他们产生逆反心理，本来不是那么回事，也故意做出那样的事来，结果事态的发展与父母的初衷刚好相反，这样的教训并不罕见。

六、尊重、关爱孩子，做孩子的朋友

许多家庭里缺乏民主气氛，家长常对孩子指手画脚。然而，青春期的孩子尽管思想不成熟，却有很强的独立意识，他们的意见没有得到应有的尊重，就很容易和父母产生对立情绪，产生所谓"代沟"，孩子们心里的话也不愿意对父母说。所以，父母觉得孩子进入青春期以后，同自己的距离突然拉大了，很难同他们交流和沟通。然而，这一时期的孩子，又是让人操心的时期。由于同孩子交流的渠道不畅，有的家长就要靠偷看孩子的日记、信件或偷听孩子的电话来窥探孩子的内心及行为动态，从而使孩子更增反感，进一步加深孩子和家长的矛盾。

家长想要了解孩子，必须以尊重孩子为前提，没有得到尊重的孩子，很难学会尊重别人。在交友问题上，家长要耐心倾听他们的想法，然后帮助他们分析，建议怎样处理更好，以平等的态度和他们讨论问题。尊重会使子女和父母感情上比较融洽，良好的家庭气氛也有利于子女向父母敞开心扉，这对于家长及时发现问题是非常必要的。然而，现实是父母不能得到孩子的充分信任，有的孩子同异性同学交往过密，甚至有了非正常的关系，父母却是最后知道消息的。由此看来，家长同孩子的关

系非常关键。

有个读高一的男孩，一次回家，向父母宣布，他有女朋友了。他的父母说："好哇！你的朋友就是我们的朋友，我们非常愿意结识她，欢迎她来咱家做客。"男孩子果然带女朋友来家了。父母对男孩说："我们非常希望你结交更多的男女朋友，这能培养你的交往能力，也说明你的人缘不错。"为了给他创造交往机会，他们鼓励儿子和同伴一起参加一些有益的活动。孩子生日的时候，让孩子邀请一伙朋友来家，大家高高兴兴度过了一个愉快的周末。在休息日，他们尽量抽时间和儿子一块儿玩，那个男孩在浓浓的亲情和友谊之中，逐渐淡化了对那位女孩子的感情。然后，父母又以自己的经历和切身体会，向男孩说明在同女孩的交往中，怎样保持适度，怎样尊重对方，怎样才是负责任的行为。由于得到父母的指教，这个男孩的成长非常顺利。

总之，两性交往几乎贯穿于人的一生。从青春期两性的友谊开始，到成人期的恋爱择偶，到成熟期结为夫妻，到白头偕老走向人生的终点，异性交往是人生重要的生活内容。心理学家伊丽莎白·艾利斯说："父母只需要协助子女仔细检讨整个事件。青少年往往能自行想到叫人拍案叫绝的解决方法。"对少男少女的交往，如何理解而不封杀，支持而不放纵，父母应做孩子的顾问、盟友，而不要做经理人。顾问的职责只需细心聆听，协助选择，而不插手干预。

别让孩子跨过爱的禁区

现代性学家将人类的性行为分为三种类型：一是核心性性行为，即两性性行为；二是边缘性性行为，如接吻、拥抱、爱抚等；三是类性行为，最常见的是手淫，性幻想等。青春期的孩子身体还处于发育状态，性器官还没有完全成熟，如果发生性行为，尤其是第一种，会对身体造成很大的伤害，甚至造成无法挽回的后果。同时，青春期孩子的性行为具有盲目性，还具有一定的隐藏性——害怕家长、老师、同学知道，千方百计地掩饰。当孩子长期处于担忧、恐惧的精神状态下，会产生焦虑，严重影响心理健康，如果失去了赖以支撑的"爱情"，本已很脆弱的心理便崩溃了。

针对性萌芽状态的青春期少男少女，家长应该怎么做呢？

第一，首先让自己的孩子树立良好的恋爱观和性道德观。家长要让孩子充分认识到婚前性行为的潜在危险，不要轻易尝试。

第二，告诉孩子一些生理知识。目前很多青春期的少女，渴望了解正确科学的性与生殖健康知识，但大多信息都来源于非正规渠道，存在明显的误导。过早发生性行为，会影响学业，失去自信，产生愧疚和对性生活恐惧，甚至影响以后的婚姻生活，或造成不孕症，最终导致婚姻解体。

所以，家长要帮助女孩子全面了解女性生殖系统的结构和功能，告诉孩子怎样会导致怀孕，并了解一些常见的妇科疾病，如盆腔炎、阴道炎等的发生规律，定期清洗外阴，预防感染，遇到问题及时到医院检查治疗。

第三，让孩子拥有避孕意识。无论男孩还是女孩，都要有一定的避孕知识，尤其是女孩。最好采用安全套避孕，一则可以达到避孕的目的，一则可以减少感染的机会，尽量不要做人流手术，因为多次刮宫可能引起子宫内膜受损而导致不孕。

第四，孩子意外怀孕后家长须做的几件事。首先，和孩子冷静、理性地沟通。如果孩子怀孕了，家长首先要做的是冷静，然后找个时间和孩子好好沟通，问清楚事情的来龙去脉。一般来说，怀孕的孩子都知道自己犯了弥天大错，她们选择告诉父母，代表她们真的走投无路了。家长一定不要打骂孩子，增加孩子的心理压力，一定要让孩子明白：发生了再大的事情，爸爸妈妈还是爱她的，但是她必须从这件事情上吸取教训，并且走好以后的路。再者，及时带孩子就医。家长要及时带孩子去医院做全面的妇科检查，然后遵医嘱动手术或服药。家长千万不可为了面子带孩子去一些黑诊所，一定要去正规的大医院，这关系到孩子一生的幸福。

性教育，说出来怎么就那么难

在面对孩子的性教育问题时，很多父母选择回避，并希望求助于学校的教育。

青春期性教育的缺失造成的问题被越来越多的人关注。然而，在大多数家庭中，父母对孩子"谈性色变"的现状没有根本改变。青春期性教育在孩子成长过程中的缺失，到底是谁的过错？"谈性色变"的现状怎样才能改变？

"我有一个上中学的女儿，我每次来例假时都会特别小心，生怕孩子看到，可还是有一次很不小心被女儿发现了。当时我特别犹豫，这个该怎么跟孩子解释呢？要是学校能开设这样一门课程就好了，这样家长也不会羞于开口……"

"儿子现在念初二，最近他常表示不需要我帮他打扫房间，后来我才发现，他在垃圾筒里塞了好多用过的卫生纸……可我是个单身妈妈，我不知道怎么开口跟他谈这些成长中遇到的问题。"

"……儿子高中二年级，他的床底下藏的全是一些内容不健康的漫画书和杂志，我到底要不要骂他？我这做母亲的很难开口。"

"想和孩子说一些这方面的知识，但是感到比较尴尬，不知道从何说起……"

月经和梦遗是孩童转入青春期的重要象征。而令人忧虑的是，却有将近七成的男生不知道为什么会梦遗，有超过一半的女孩不明白初潮来临后的意义。甚至有近三成的学生认为，跟异性同床睡觉就会怀孕生子。

下面我们就来看看，处在青春期的孩子们的"性困惑"。

我和我的同学们常受到性冲动的困扰，很多时候无法发泄性冲动给自己带来的烦躁。有时候会到操场或者学校某个角落突然大吼大叫几声。

男生宿舍常常可以见到聚在一起的男生，聚在一起乱嚷嚷，唱歌不像唱歌，讨论不像讨论，我们也说不清自己到底想干什么，只是觉得这样做了，心情就会轻松一些。我们都想通过一些看似无聊的举动来宣泄自己由于性冲动无法排解而产生的烦躁。

——一位初三男生

我是个16岁的初中生，最近被一种难以启齿的念头扰得坐卧不宁，几乎无法学习。上个星期在上学路上我看到一个漂亮的女孩，心里突然产生一种强烈的冲动，突然感觉特别高兴，人骑在单车上都轻飘飘的。这之后又多次出现这种情况，对此我非常担心，怕控制不住自己而走上犯罪的道路，千方百计想抑制这种念头出现。可是，越是这样，念头反而出现得越多，以致我现在都不敢看女生。

说实话，我并不是那种道德品质不好的人，平时从没想过这种下流事，甚至见了女同学都会脸红。可现在不知是为什么，在莫名其妙的想法中似乎觉得自己变成了一个流氓，这真是太冤枉了，却又毫无办法。

——一位不想当流氓的男孩

以上烦恼很多青春期的孩子都有过，这些都是"性"带来的。而父母都是怎样看待孩子"性觉醒"的呢？

大部分的父母一方面自己不好意思开口对孩子进行性教育，同时又希望孩子能通过正当的渠道获得这方面的知识，所以他们将希望寄托到了学校教育上。

其实，在家长们对学校教育寄予希望的同时，不少学校教育却同样显得"苍白无力"，几乎没有设置青春期性教育方面的专门课程，多数教师对学生性知识的渴望也是抱着"谈性色变"的态度。

父母希望孩子长大后具有健康的性观念和性行为，但不要寄希望于"要是有个这方面的好老师就好了"——这些家长没有意识到自己就是孩子第一任且最好的性教育老师。

一、拓宽渠道，让孩子有一个吸取知识的空间

当孩子询问你的时候，至于答案，简单易懂就行，不要长篇大论向他讲述"生命的来源"，因为他对综合性的知识讲座毫无兴趣。如果你对这种简单回答也有点束手无策的话，现在书店里有很多适合不同年龄孩子性教育的书籍和家教杂志，建议你购买一本送给孩子，其中那些能帮助他理解生命现象、男女性别差异等问题的插图也可以给他看。这样，当孩子再问起这类问题时，你会感到自在得多。

现在各种传媒非常发达，对青少年进行性教育的电影、电视、光盘有很多，父母可以与孩子一同观看这些内容。在观看中可以通过讨论、讲解向孩子传授性知识和解答一些常识性的问题，把健康的性观念、性

知识在不知不觉中传授给孩子。

除了一般的性知识教育，家长要对孩子的身体发育进行仔细地观察并给予具体的指导。

二、善于回答孩子提出的性问题

不要对孩子特有的好奇心横加指责，应通过循循善诱来抹掉孩子心理上对性问题的神秘色彩，使之能正确对待性的问题。

"……妈妈，问你个问题啊，要如实回答，不许笑。你说接吻的时候怎么喘气呀？"12岁的女儿问得很认真。

"吸气的是鼻子，吃饭的是嘴。你用手捂住嘴巴，看看能不能喘气？"妈妈回答得大大方方。

女儿真的试了试，又问："我看电视剧里接吻的男女都是找个适当的角度，是不是怕鼻子碍事？"

"说对了！你观察得很细致啊。"妈妈赞许道。

当孩子的性知识还是一张白纸的时候，第一次涂上去的颜色最重要，父母不能给予孩子科学的性知识，他们就会通过某些渠道或是通过同伴交流来获取不科学的性知识。这些不健康的知识有可能对孩子的性意识、性观念、性道德观带来误导。

三、拉一把正在走入歧途的孩子

那么，如果你发现自己的孩子正在慢慢走入沼泽，但是除了呵斥和打骂之外，你又无能为力的时候，怎么办？

下面给大家看一封妈妈写给正在"变坏"的青春期女儿的信，希望对遇到类似情况的父母们有所启发。

孩子，自从你上了高中，你和父母之间好像越来越疏远了。周末回家，你经常躲在房间里，还在门口挂了个"请勿打扰"的纸牌。为这事儿，我和你爸也伤心过一阵子，觉得女儿长大了，就跟父母不贴心了。我们清楚地记得你读初中时还孩子气地搂着我的脖子撒娇，怎么一转眼到了高中，变化就这么大了呢？

你对父母关心得越来越少，对自己的服饰和化妆品却关注得越来越多，我们就忍不住猜想，你是不是恋爱了？于是受你爸爸的委托，我约你到一间叫"FOREVER"的酒吧。

听到我说"FOREVER"时，你吃惊地瞪大了眼睛，像不认识似的看着我。我拍拍你的肩说："女儿，你妈妈不像你想象得那么老土。"

在酒吧的角落，确信我们的谈话临桌的人听不到时，你把头向我这边探了过来，问："妈妈，我爱上了一个男人，他比我大5岁，但是他现在有女朋友，我想把他抢过来。我想，为了得到他，从今以后我要做一些调整了，我……"

你又咬住下唇，不安地搓着双手，见我鼓励你说下去，你放松了自己，说："我想他知道我的心事后，可能会要求跟我同居。妈妈你会支持我，对吗？"

我的头轰的一声炸开了，我的女儿是那么温柔娴静，怎么能说出这样的话来？

你轻咳一声，坐直身子。从你躲闪的目光，我看出你还有想问而又不敢问的问题。

你说："妈妈，你婚前有过性经验吗？"

调整了片刻，我肯定地摇摇头。

然后没有等你开口，我就说了下面这些话：

"你现在还太小，思想太单纯。如果你试图用身体去吸引你所爱的人，如果那人不爱你，如果不幸他又恰巧是个好色之徒，那你等于是给他一个占有你然后轻视你的机会；如果有幸他是个正人君子，那么你的大胆会让他误以为你是个轻薄之人，他会对你退避三舍。"

女儿，听妈妈说了这么多，不知你有何感想。你也许会说："如果两个人真的相爱，性也就不成问题了。"那么，我就要以一个过来人的身份告诉你：如果一个男孩真的爱你，他真的想娶你，他肯定会尊重你、爱护你的。因为爱的最高境界不是占有，而是尊重和爱护。

所以，我的女儿，你应该明白，性不应该成为保全爱情的牺牲品，而应该是爱情的果实和结晶。

多么睿智而又伟大的妈妈！在孩子深陷感情泥沼时，这位妈妈没有像大多数的家长一样，呵斥孩子、回避话题，而是用最完美的分析来开导孩子，带她走出困惑和危险禁区，这才是真正的"以柔克刚"！

离家出走，家里的世界很无奈

"这次期末考试没考好，你们老是责怪我。我现在走了，出去散散心，你们不要来找我，我自己会回来的……"

这是一位离家出走的孩子给家里留下的一封信。已经超过一星期了，这名14岁的女孩子还没有任何消息。随着时间一天天地过去，母亲李女士都快要急疯了。

小茵是一名初二学生。"女儿是个好孩子，聪明但又很倔强。"望着女儿收拾得整整齐齐的小房间，李女士忧伤地说。在小茵的房间摆放着一摞奖状，还有好几个奖杯：三好学生、舞蹈二等奖、乒乓球亚军……

这些都是孩子上学以来获得的荣誉。"初二下学期，女儿开始发生变化，逐渐喜欢打扮，有什么事也不太愿意和父母说。"

在小茵出走的前几日，她还给父母写了一封长信。信中说，物质上的满足是永远不够的，你们越爱管我这管我那，我就越做你们不喜欢的事情。信中表达了她对父母严厉管教方式的强烈不满。

李女士很困惑，这难道是爱所换来的结果吗？

当孩子到了青春期后，总和父母对着干，一些孩子还表现出不服从家长管教、与家长为敌甚至离家出走的行为。对于天底下做父母的来讲，最棘手的事情之一就是遇到孩子离家出走。孩子出走的原因也许单一、也许复杂，但有一点是共同的，就是孩子面对着巨大的心理压力，无法解脱，于是一走了之。

那么，什么样的孩子容易离家出走？主要有以下几种类型：

性格内向、不爱交际、自尊心强、学习有压力、成绩不理想并且常常忧虑的；

成绩明显落后、不爱学习、对金钱有浓厚兴趣的；

不守纪律、非常任性、对学校和家庭缺少感情的；

已有经常逃学行为的；

对父母管教抵触情绪很大，经常顶嘴和反抗的。

那么，造成这一现象的根源在哪里？父母就不能和处于青春期的子女和谐相处吗？要回答这个问题，关键是需要父母推开子女的这扇心门，解读"逆反"的青春期孩子们的心结。

青春期孩子离家出走的原因是复杂的，从社会心理因素分析，最主要的原因是与父母的矛盾和家庭问题。有的孩子因为父母骂了自己或是打了自己，一赌气就想索性离开这个家算了；还有孩子因为父母对自己的期望过高，或是父母对自己的干涉过多而想离家出走。不仅是这些，因为父母离婚而感到很伤心的时候，父母不关心自己而感到懊恼的时候，孩子都可能想到过要离家出走。总结一下，孩子离家出走的原因有四个方面。

第一，是人格异常与逆反心理所致。人格异常的学生会对周围的人抱有敌意和戒备心理，与学校或家庭的成员闹矛盾而突然出走。

第二，学生感到学习负担过重，厌学情绪就会产生，某种逆反心理也会形成，有些学生便以逃学或出走的形式表现出来。

第三，人际关系紧张。出走的青春期孩子大多因父母望子成龙心切、师生关系紧张及与同学相处不融洽，造成心理上的压抑，导致弃学离家出走。

第四，角色观念变异与拜金心理。学生通过各种信息渠道接受了大量信息后，一部分人会对读书不感兴趣，而热衷于读书以外的东西，比如早恋或沉迷于上网。

那么，父母该如何避免孩子做出这一举动呢？

远离语言暴力

大部分父母常常用一些话来恐吓、威胁孩子，因为他们觉得孩子对家庭是有依赖性的，离开了家他们不可能做出什么事来。于是当孩子做了什么让自己不满意的事，就会用像"滚吧，想去哪里就去哪里"这样的话来发泄自己的情绪。有些孩子可能会被吓着，但有的孩子觉得那是一种侮辱或抛弃，所以他们常常会选择离家出走，以示反抗。

比如：

"从现在开始，我不会再管你了！"

"你最好在我眼前消失！"

"再这样不听话，我不要你了！"

"我再也不管你了，随你便好了！"

"你给我滚！"

"有本事就别回来。"

父母应该多与孩子沟通，无论孩子做错了什么事都不应讽刺、打骂、挖苦、贬低。心理学家指出：精神上受虐待的孩子在成长过程中所遭受的心理伤害，可能比身体受虐待的孩子更深。不良的语言只能使孩子产生厌恶、恐惧及愤怒，甚至不良的后果。

有效预防家庭语言暴力的出现

第一，家长应该把自己放在和孩子平等的地位。如果语言过激，孩子要么产生逆反心理，要么心灵不堪重负，变得郁郁寡欢。

第二，当家长怒火中烧的时候，应该先冷静一下，你会发现孩子并不是一无是处，再和孩子交谈，就会避免过激的语言。而事实上，孩子也有他的是非观，过多地揪住过错不放，很容易引起孩子的反感。

第三，俗话说"良言一句三冬暖"，对于孩子尤其如此。多表扬、多鼓励，孩子就会一点一点地进步。

第四，对孩子的期望值不要过高，天才毕竟是少数，大多数孩子都很普通，多一点平常心，可能就少一点失望。

沟通得当，孩子就不会有秘密

细数一下现在青春期孩子和父母之间的对话，大家很容易就会想到这些：

"这都几点了，还在玩电脑！你明天到底还上不上学了！"

"什么？电动车？家里哪儿来那么多钱？你的自行车不是骑得好好的吗？"

"你数学为什么才考那么一点点？语文怎么学都学不好，你上课是不是不认真啊？"

"从下个月开始，零用钱减半！像你这么花钱，谁养得起你！"

用这些质问和居高临下的口吻来训斥他们，对于青春期的孩子来说，后果只会是一个字：烦！当这些烦恼越积越多，孩子就会反抗父母，厌恶家庭，从而想方设法地逃离。

所以，对于青春期敏感的孩子，父母一定要掌握主动权，因为很多孩子有心事都不会主动告诉父母，只会去和同龄人诉说。那么，青春期的父母如何在与孩子的相处中获得主动权，把孩子离家出走的小火苗熄灭呢？

下面我们就来看看，聪明的家长应该怎么做。

在平时，你可以随时和孩子交流，不过千万要注意一点：不要把孩子的学习成绩当成最主要的话题，这很容易引起孩子的反感。

可以在闲聊的时候，问问学校最近都发生了什么事，有没有什么心事，有没有需要为他解决的麻烦，然后你再施以对策。最重要的是，可以主动问孩子，作为父母，自己有没有做得不够好的地方，让孩子敞开心扉来告诉你。有时候孩子的答案会大大出乎你的意料。接收到了这些信息，你才能更好地施以对策，化解孩子和你之间的误解和矛盾。

如果你的孩子不善于表达，平时可能接收不到关于他的信息，那就学着给孩子发短信或者在周末的时候和孩子在网上聊天，文字的魅力有时候比谈话来得更有效，你会发现孩子内心深处的东西，而语言是完全达不到这个效果的。你也可以试图用朋友的身份问孩子：

"最近和同学的相处还好吗？"

"有没有什么需要的？妈妈给你买。"

在聊天的过程中要尽量加入孩子的谈话，也可以偶尔调侃，让孩子感觉和你是一条"战线"上的，比如：

"最近看你好像不开心啊，是不是妈妈又惹你生气了？"

"别说自行车，等妈妈挣够了钱，以后给你买跑车！不过现在经济还是很紧张，儿子你还是先骑自行车吧！"

这里面有很重要的一点，就是，在拒绝孩子要求和指出孩子错误的时候，语气要坚决，也要有孩子可以信服的理由，学会观察孩子的情绪。

这样就完全释放了孩子的压抑，孩子会感觉父母是自己的好朋友，随时和自己在一起。这样，孩子有了什么心事都会第一时间来告诉你。

而且在对父母不满的时候,也会主动沟通和交流。如果所有青春期的父母都做到这样,孩子的心灵一定会保持清澈如水,不会再有反抗情绪。

家庭是孩子避风的港湾,如果你让孩子觉得避风的港湾都不存在了,那家庭还有家的感觉吗?永远不要企图用"不管你""不要你"等恐吓孩子的方式来表现家长的权威,也不要用孩子的依赖心理来逼迫他们什么,孩子需要一个理解他们、充满关爱的家。

多些温情、少些压迫,是亲子沟通的甜美花蜜。唯有互动融洽的亲子关系,才是孩子爱家、恋家的源泉,才不会有想夺门离家的孩子。

让孩子走出抑郁的阴影

青春期阶段,随着生理的变化发育,个体心理变化也随之产生,尤其是进入中学阶段之后,自我意识发展迅速,情绪情感方面的变化也相对显著。这个时候的个体情绪具有迅猛、激烈、难以抑制等特点。因此,在遇到特定事件,尤其是自我内在长期压抑的那部分意识被激惹后,就很容易毫无征兆地产生两种情况:

一种是内在力量较强的个体,会表现出极端暴怒的反抗行为;另一种内在力量薄弱的个体,则会被压垮,表现得极端低落、消沉,对什么都没有兴趣、没有精神。

孩子一旦出现抑郁情绪或患上青春期抑郁症,作为父母不要着急,更不要在孩子面前表现出心灰意冷等不良情绪,这样不但不能让孩子走出抑郁的阴影,反而会强化孩子的行为,甚至出现不堪设想的后果。父母正确的做法,应该是耐心细致地分析出现这种情况的原因,给予孩子更多的爱和关怀，慢慢改变孩子的认知和行为，和孩子一起走出这段人生的阴霾。具体可以从以下几个方面努力：

💡 提升孩子的自我价值感

发现孩子的优势，并且强化孩子的优势，让孩子建立自尊感。同时，拓展孩子的兴趣范围。比如，有的孩子喜欢踢足球，家长可以让孩子参加足球俱乐部，带领孩子到球场参加各种比赛。在运动中，结识更多的朋友，帮助孩子建立积极的人际关系。

💡 理解与肯定

家长切不可把自己的思想强加给孩子。其实到了高中的孩子，完全能够清楚认识自己当前的学业水平，对未来也有一定的认识，家长需要做的是在一定的指导下多一些支持，尤其对孩子自身的想法，多一些理解与肯定。个体在被肯定与被尊重的心理环境下，才有更多的心理能量来发挥自己的优势与潜能。

💡 建立良好的亲子关系

良好的亲子关系，是化解一切难题的金钥匙。这就要求父母既要做孩子的良师，还要做孩子的益友。所以，父母要学会欣赏孩子，用发现美的眼睛去寻找孩子身上的闪光点，并不断地给予信任与支持。这种信赖关系一旦形成，父母就会成为孩子背后的靠山，成为他们克服困难的力量源泉。

💡 及时求助专业医生

当孩子抑郁现象较为严重时，父母应该积极带领孩子到正规医院去看医生，配合专业人员的治疗。

作为父母，无论孩子处于什么状态，要坚定相信，孩子是最棒的。他能够茁壮成长，可以做好很多事情，相信他能够走好这一步，拥有美好人生，只要给他来自家庭和社会的支持，而父母的肯定就是孩子最强大的社会支持。

向校园欺凌说"不"

近年来,关于校园欺凌引发的恶性事件屡屡见诸报端。

据 2019 年联合国教科文组织发布《数字背后:结束校园暴力和欺凌》报告显示:全球有 32% 的学生近一个月内,至少一次被学校的同龄人欺凌,每三个学生中就有一个曾遭受过同学的欺凌。

据央视新闻发布研究报告:每个受到校园欺凌的孩子中,校园欺凌致死占比高达 11.59%,31% 受到重伤,38% 受到轻伤。

当然,除了数据显示之外,还有很多被欺凌的孩子不敢声张,默默忍受着身体和心理的伤害。这种伤害不是暂时的,有的会跟随学生一辈子,心理脆弱的孩子可能就会用自杀这种极端的方式终结这一切。

一、什么是校园欺凌

校园欺凌又叫校园霸凌,是指发生在校园内外、同学之间,单次或多次蓄意或恶意通过语言、肢体、网络等手段,对另一方(个体或群体)实施欺负、侮辱等造成身体伤害、财产损失、精神损害等事件。

二、四种典型的校园欺凌

第一种是身体欺凌:表现在殴打、扯头发、故意推搡、抢夺毁坏东西等身体攻击与胁迫行为,致使他人受到明显的身体伤害;

第二种是语言欺凌:表现在给被欺凌者起侮辱性的绰号,公开讥笑,冷嘲热讽;

第三种是社交欺凌:通过孤立、排斥的方式,使被欺凌者难以与其他人正常相处;

第四种是网络欺凌：在网络上散播他人的隐私、造谣、恶意传播等行为。

校园欺凌是全世界面临的问题，尤其是青春期，由于孩子身体和心理发展的不平衡，成为校园欺凌的高发期。

校园欺凌形成的原因较为复杂，跟家庭、学校和社会都有密不可分发关系，下面着重从欺凌者和被欺凌者的角度分析。

作为欺凌者：

1. 在家庭饱受溺爱，养成了自私任性的性格，稍有不顺就会迁怒于别人。

2. 因为在家缺少关爱，父母经常吵架、殴打孩子，使得孩子受父母影响，习惯用暴力来解决问题。

3. 原来是被欺凌者，后来因为身体成长迅速或者结交了不良人员而成为了欺凌者，变本加厉地欺负其他同学。

作为被欺凌者：

1. 大多身材弱小，胆小怕事，平时唯唯诺诺，再或者有身体障碍、智力障碍，受人辱骂也不反抗。

2. 缺乏与朋辈相处的社交技巧，平日里不合群，性格孤僻，容易落单，这样的孩子容易成为欺凌者欺凌的对象。

3. 父母性格懦弱，家庭条件不太好，受家庭环境的影响，孩子自卑心理重；再则就是因为家庭不健全，父母离异、重组家庭、父母不在身边，缺乏与孩子的交流。

三、面对校园欺凌，父母应该怎么办

当父母知道孩子被欺凌后，有的表现为极度愤怒，决定以牙还牙，以暴制暴，直接找到欺凌者教训一顿；有的指责孩子，认为孩子连自己都保护不了太无能；还有的觉得自己没有照顾好孩子，内心开始极度悲

伤和愧疚，为了缓解自己内心的不安，开始转嫁别人，认为学校或者其他知情人应该负完全责任……

这些反应和做法都没有站在正面和积极的角度去分析和处理，不仅不利于问题解决，而且还会使问题变得更为复杂棘手，甚至发展到不可收拾的地步。

当父母确认孩子的确受欺凌了，应该冷静沉着，可以采取以下措施：

💡 安抚孩子，做孩子的坚强后盾

受到欺凌后的孩子，会感到自卑和害怕，父母是孩子最直接最有效的求救人员，这个时候应该安抚孩子受伤的心灵，告诉他，有爸爸妈妈在，一切问题都能解决，爸妈会给他撑起一片天，从而增强孩子自信，勇敢地维护自己的尊严和权利。

💡 积极和学校联系，让事情得到妥善解决

孩子受到欺凌后，家长应先跟学校取得联系，因为学校是欺凌者和受欺凌者的"中间地带"，能客观公正地处理问题。学校又是他们共同学习和生活的地方，既有责任和义务来处理发生的事情，同时又容易唤起双方的情感，很容易走进双方的内心。当然，家长在与学校交流前，要保持冷静，以处理问题的态度来和学校进行交流。

家长在和学校交流的时候，还要注意找自己信任的人作为交流对象，所找的人职务越高，处理起来越有利。当然还得根据事情的严重程度，一般来说找孩子的班主任老师即可。

父母找到学校后，要把孩子受欺凌的情况详细地介绍给老师，比如具体的时间、地点、参与者、伤害过程和程度等，客观地介绍，不可夸大其词，更不可无中生有。

在学校处理的过程中，父母和学校保持良好的沟通，帮助学校制订干预计划，监督计划的执行情况，了解事情的进展，关注行动的结果；配合学校老师的工作，共同努力，使学校变得更为安全、可靠。

当然，如果事态比较严重，要及时报警，父母和孩子应该拿起法律

的武器，维护自己的合法权益。

🍃 教给孩子对付欺凌的方法

首先，父母要和孩子保持良好的亲子关系，及时发现孩子被欺凌的情况，并教给他们获取帮助的方法。例如，鼓励孩子把被欺凌的经过大胆地告诉家长或老师；不要独自到容易发生欺凌现象的地方；遇到欺凌时要大声叫喊，向身边的人求助；等等。

其次，要培养孩子的自信心。俗话说："人善被人欺，马善被人骑。"这里的"善"指的是软弱、自卑。这样的孩子，也往往成为被欺凌的对象，且被欺凌后不敢对老师和父母说。作为家长，应该培养他们的自信心。自信的孩子对欺凌者来说也是一种威慑，即使被欺凌了也会寻找出较好的降低对自己伤害的方法。

再次，要鼓励孩子加强体育锻炼。体育运动会增加身体的协调性，增强孩子体质，降低"身体焦虑症状"，还能提高孩子的自尊心，改善同伴关系。

众所周知，校园欺凌会给受欺凌者带来严重的身心伤害。值得我们深思的是，校园欺凌同样会给欺凌者带来影响。如果孩子的欺凌行为没有得到及时制止，他们更容易分不清对错，内心也始终处于一种病态，长此以往这些欺凌者更容易出现行为问题，甚至会走上犯罪的道路。

然而，对于霸凌者，很多父母认识不足：如，有的认为暴力只是成长过程中的一个正常发展环节，"树大自然直"；有的认为孩子之间只是一些肢体游戏，不会给孩子造成真正的伤害，没必要大惊小怪；更有甚者认为只要自己的孩子不吃亏就行……

家长如果持有这样的信念，则不仅不会削弱孩子的霸凌行为，而且可能会起助长作用，甚至把孩子引向危险的道路。作为父母，面对有霸凌行为的孩子，正确的做法应该是：

🍃 查明情况，表明态度

家长首先要与孩子进行谈话，让孩子如实阐明参与霸凌的具体情况。

同时要表明态度，让孩子明白父母对这种行为是不能容忍的，应主动给受欺凌者道歉，努力得到对方的谅解。

💡 制订父母监督计划，教给孩子处理问题的正确方法

对于有欺凌习惯的孩子，家长要制订详细的监控计划，增加对孩子行为、活动地点及交往对象的监控。同时要和学校合作，形成家校合力。父母还要帮助孩子寻找和发现解决问题的方法，一个能够用恰当方法解决问题的孩子通常不会采用暴力行为达到目的。

💡 培养孩子的同情心

家长应培养孩子的同情心，让欺凌者理解欺凌行为给受欺凌者带来的痛苦，帮助欺凌者明确欺凌与玩笑不同。平时不让孩子浏览不良网站和影视剧，并确保孩子在家庭里面不看到家庭成员之间的暴力行为。

💡 发挥同伴的作用

家长要采取措施限制孩子与不良同伴的接触，减少他们对自己孩子的消极影响，同时鼓励孩子与具有亲社会行为的同伴交往，充分发挥同伴影响的作用。

俗话说，冰冻三尺非一日之寒。无论是孩子成了受欺凌者还是欺凌者，作为父母都应该深刻反思，检点自己哪些行为和观念影响了孩子，从而从根源上让孩子远离欺凌。

第九章

我用自己的方式爱你
——教育离不开科学的惩罚

有个节目曾探讨了当前家庭教育中颇有争议的一个话题：养出好孩子，严字当道还是宽为原则？在绝大多数孩子都被贴上"独二代"标签时，面对他们的偶尔犯混、故意找碴、屡教不改，家长该不该惩罚他们，如何惩罚？不少业内人士均提出：适当惩罚，有利于培养孩子的独立自主性。

引言：孩子，我为什么打你

有一天与朋友聊天，我说，我这一辈子，从没打过人……你突然插嘴说："妈妈，你经常打一个人，那就是我……"

那一瞬屋里很静很静。那一天我继续同客人谈了很多的话，但所有的话都心不在焉。孩子，你那固执的一问，仿佛爬山虎无数细小的卷须，攀满我的整个心灵。面对你纯真无瑕的眼睛，我要承认：在这个世界上，我只打过一个人。不是偶然，而是经常，不是轻描淡写，而是刻骨铭心。这个人就是你。

在你很小很小的时候，我不曾打你。你那么幼嫩，好像一粒包在荚中的青豌豆。我生怕任何一点儿轻微的碰撞，将你稚弱的生命擦伤。我为你无日无夜地操劳，无怨无悔。面对你熟睡中像合欢一样静谧的额头，我向上苍发誓：我要尽一个母亲所有的力量保护你，直到我从这颗星球上离开的那一天。

你像竹笋一样开始长大。你开始淘气，开始恶作剧……对你摔破的盆碗、拆毁的玩具、遗失的钱币、污脏的衣着……我都不曾打过你。我想这对于一个正常而活泼的儿童，都像走路会跌跤一样应该原谅。

第一次打你的起因，已经记不清了。人们对于痛苦的记忆，总是趋向于忘记。总而言之那时你已渐渐懂事，初步具备儿童的智慧，混沌天真又我行我素，狡黠异常又漏洞百出。你像一匹顽皮的小兽，放任无羁地奔向你向往中的草原，而我则要你接受人类社会公认的法则……为了让你记住并终生遵守它们,在所有的苦口婆心都宣告失效,在所有的夸奖、批评、恐吓以及奖赏都无以建树之后,我被迫拿出最后一件武器——这就是殴打。

假如你去摸火,火焰灼痛你的手指,这种体验将使你一生不会再去抚摸这种橙红色抖动如绸的精灵。孩子,我希望虚伪、懦弱、残忍、狡诈这些最肮脏的品质,当你初次与它们接触时,就感到切肤的疼痛,从此与它们永远隔绝。

我知道打人犯法,但这个世界给了为人父母者一项特殊的赦免——打是爱。世人将这一份特权赋予母亲,当我行使它的时候臂系千钧。

我谨慎地使用殴打,犹如一个穷人使用他最后的金钱。每当打你的时候,我的心都在轻轻颤抖。我一次又一次问自己:是不是到了非打不可的时候?不打他我还有没有其他的办法?只有当所有的努力都归于失败,孩子,我才会举起我的手……每次打过你之后,我都要深深地自责。假如惩罚我自身可以使你汲取教训,孩子,我宁愿自罚,哪怕它将苛刻十倍。但我知道,责罚不可以替代也无法转让,它如同饥馑中的食品,只有你自己嚼碎了咽下去,才会成为你生命体验中的一部分。这道理可能有些深奥,也许要到你也为人父母时,才会理解。

打人是个重体力活儿,它使人肩酸腕痛,好像徒手将一千块蜂窝煤搬上五楼。于是人们便发明了打人的工具:戒尺、鞋底、鸡毛掸子……

我从不用那些工具。打人的人用了多大的力,便是遭受到同样的反作用力,这是一条力学定律。我愿在打你的同时,我的手指亲自承受力的反弹,遭受与你相等的苦痛。这样我才可以精确地掌握数量,不至于失手将你打得太重。

我几乎毫不犹豫地认为:每打你一次,我感到的痛楚都要比你更为久远而悠长。因为,重要的不是身累,而是心累……

孩子,听了你的话,我终于决定不再打你了。因为你已经长大,因为你已经懂了很多的道理。毫不懂道理的婴孩和已经很懂道理的成人,我以为都不必打,因为打是没有用的。唯有对半懂不懂、自以为懂其实不甚懂道理的孩童，才可以打，以助他们快快长大。孩子，打与不打都是爱，你可懂得？

——节选自毕淑敏《孩子，我为什么打你》

没有规矩，不成方圆

有这么一个场景：一家人到一个旅游胜地游览，父母原本想让孩子看看美丽的风光，顺便自己也可以轻松休息一下。他们的女儿是个初中一年级的学生，出落得亭亭玉立。小姑娘也非常爱漂亮，总会买些小东西打扮自己。在他们快要结束游玩的时候，她又看到一条很精致的手链，爱不释手。但在父母看来，这跟她以前买的那些小饰品没什么两样，就没同意买，走到前面去了，而她自己的零花钱也用得差不多了。于是，这个小女孩就乘着有许多人在挑拣的时候摊主没注意，顺手拿走了这条手链。在回程的车上，她的父母还是发现了这条手链，追问起来，她承认是自己偷偷拿的。事情会如何发展呢？

第一种可能：父母发现后，非常恼火，要么当众发难，要么回到家以后再三堂会审，没完没了地数落她、批评她。父亲或者母亲会对着女儿大声吼道："你怎么能干出这种事，你这是偷人家的东西。我们以后怎么见人？你今天偷一条十块钱的链子，明天就会掏人家的口袋，然后就会偷人家的金银首饰，你终究会变成一个贼！"孩子又怕又伤心，再也抬不起头来。

第二种可能：她的父母发现了，知道她是偷拿的，或许就说了一句："拿了就拿了，以后可要注意，随便拿人家东西可是违法的！"言下之意，虽然你的行为是违法的,但只要不被别人发现就有利可图,有便宜好赚。让孩子觉得拿着这东西心安理得,其后果可想而知。

第三种可能:虽然已经是在回程的路上,但父母们发现之后,并没有当众批评、责骂,而是不顾旅途的劳累,又回到卖手链的那个小摊上。让孩子自己向摊主说明问题,承认错误,还回那条手链。

在这个案例中,实情就是孩子偷了一条手链,而不同的教育方式、手段就意味着不同的结果。像上面的第一、第二种可能中,父母的解决办法也许会使孩子开始慢慢滑向犯罪的边缘;也许会对孩子产生真正的触动,使他终生难忘,决定做个有着良好品行的人。但上面的第三种解决办法无疑是其中最为科学有效的。

所以,对于父母来说,敏感地认识到问题的性质,及时采取恰当的措施是非常必要的,也就是要在关键的时候,用规范去约束孩子,而这种规范的意识却是我们的父母面对青春期的孩子比较难以把握的。下面来谈一下如何在必要的时候以合理的方式规范孩子的行为。

一、建立孩子的行为规范

对一个人的行为影响最大的是这个人与之交往的社会群体,而这个社会群体掌握着能够影响人们行为准则的资源,具备规范行为准则的能力,群体自身也拥有特定的社会行为规范。对于我们孩子来说,在他没有真正独立踏上社会之前,与之交往最密切的无非就是抚养他的父母。如果一个孩子受违法行为的影响大于守法行为的影响,同时又认为违法行为是妥善的、可行的,那么他触犯法律的可能性就很大了。

就以上面的例子来说,偷拿手链是偏差行为,而父母对其的教育方式,也就是孩子得到的实际结果,对他是否会重复类似的行为有直接的作用。

因此,对于我们的父母来说,对孩子的行为,特别是比较严重的偏差行为采取何种反应就显得尤为重要。这里有必要强调一下偏差行为的性质，它并不是所有的父母所不认同的行为，而是指那种不加以正确引导会引起严重行为偏差恶果的行为，诸如像案例中的轻微偷窃行为等。要是父母对所有自己看不惯的行为都进行干涉，那就会让孩子觉得自己处处受压抑，慢慢开始抵制父母的说教；要是父母碰到孩子有了非常危险的行为先兆也置若罔闻的话，无疑会让孩子走上违法犯罪的道路。所以，对于我们家长来说，很有必要在孩子的发展过程中，逐步以家规的方式来约束孩子的行为。

从理论上来说，孩子要是在自己的家中就有比较明确的规范意识，知道哪些是规范所允许的，哪些是规范所不允许的，那么等他长大以后也会有较强的法律意识。

从实质上来说，法律也就是社会行为规范的最基本的要求和表述，而若是从小就被加以严格规范的话，那么个体就会很自然地接受社会对于自己行为规范的要求，成为一个遵纪守法的好公民。

二、家有家规

有的父母会抱怨，孩子大了，一点儿规矩都没有了。原来吃什么、穿什么、干什么都听父母的。现在都有了自己的主意，什么样的东西会发胖，不吃；什么样的衣服太老土，不穿；什么样的事太傻，不做。有的父母大棒一挥，什么都管，却感到力不从心，因为管不过来；有的父母知道孩子在成长，应该有一定的自由，却又害怕孩子自由过了头，无法无天。这种时候该怎么办呢？

其实方法并不复杂，就是以家庭"法律"的形式来确定父母与孩子双方在家庭中的权利和义务。对于经济上没有任何来源，生活在家庭中的孩子，他完全享有被父母照顾的权利，而他的义务则是接受父母的教育和指导。对于父母来说，抚养自己的孩子无疑是他应尽的义务，而采用合理的方式教育孩子既是他们的权利，也是一种不可推卸的义务。这种关系在孩子成年，开始独立生活之前一直存在，当然是最为基本的原则。

在具体的实践中，情况会因为孩子的成长而出现不同的变化。在青春期的孩子就会开始逐渐要求越来越多的权利，比如前面说的吃、穿、行等。父母确实是要将这些事的决定权慢慢移交给孩子，直至最后孩子享有一个独立的成年人都享有的一切人生权利。同样不能忘记的是，权利和义务是相辅相成的，有了权利就必须履行相应的义务。比如，孩子要求自由安排周末的时间，这可以看成一种对权利的要求。那么父母就可以给他这个权利，同时明确他的义务，例如，按时完成一周的作业，不去那些未成年人不准入内的场所，在规定的时间内回家等。

以这种方式的约束会让孩子从小就有规范的意识，明白自由是建立在规范的基础之上的，才不会因为要求自由而任意行事。我们的父母在解决孩子的问题时也可以"有法可依，有章可循"。对于孩子的奖惩事先都有明确的依据，这样对于孩子来说，又让他会以法律的方式思考问题，有什么主见也可以提出来与父母商谈。

父母完全可以以书面的形式与孩子签订"家庭行为约定"或者备忘录之类，先在原则上明确父母和孩子行为的几项基本准则，例如，不违背法律，互相保证诚实信用，互相尊重，遇到问题每一方都有发言的权利等，然后再讨论有关的细节问题。细节问题可以随着孩子的成长作适当的修改，原则应该是父母和孩子都始终遵守的。

如果我们的父母都是有心人的话，会发现孩子逐渐会主动地承担一些义务，从而来获取相应的权利，这就说明，他已经慢慢开始在意识当中有了对于社会规范本质的认识。在这样的环境下成长的孩子，又有什么可担心的呢！

三、批评的艺术

孩子在成长过程中，不可能不犯错。作为父母，也肯定会对孩子的某些行为提出批评。对于幼小的孩子来说，批评多为惩罚性质的，比如把他关在房间里，或者罚站。当孩子处在青春期时，身上不安稳的表现越来越多，父母对孩子的惩罚往往起不了作用，这也是让父母头疼的一件事。其实，这时候，父母未尝不可换个角度，把自己看成是某个组织或者团队的领导，而孩子只是属于自己团队的一分子。以这样的想法，可以减少批评中所夹带的恨铁不成钢的感情成分，使得批评更为理智，更能让孩子接受。

批评，其实也是人与人之间的一种交流的特殊形式，好的批评能让人接受意见，促使人积极上进，批评方法不当，也很容易产生相反的效果。就对孩子的批评而言，一定要注意以下几点。

批评要注意时间和场合

批评孩子不要在自己和孩子都气急败坏的时候，应该在双方都心平气和的时候进行。孩子大发脾气的时候，对于父母的批评往往会顶嘴，至少在心里大唱反调。即使是金玉良言，他也听不进去。同时也不要把饭桌当作批评的场所，在饭桌上批评孩子很可能会引起孩子不良的条件反射，不喜欢在家里吃饭，甚至厌食，而且也达不到教育的效果。

批评孩子不要当着别人的面，尤其要避开认识的人和孩子的同学、朋友

在友人和孩子的同学面前批评孩子，会大大损伤孩子的自尊心，而且往往引起孩子的抵触情绪，让孩子觉得以后没脸面对这些人。其实父母完全可以把孩子单独唤到自己面前，心平气和但又郑重地指出他需要改进的地方。

批评要及时

孩子犯了错误之后，要及时地给予批评。不然，孩子会以为所犯的错误并不重要，等父母想着批评的时候，他却已经忘到脑后了，不再为自己曾经做过这样的事情而内疚，那么批评还有什么意义呢？

注意站位问题，要把孩子放在和自己面对面的位置上

实际上，每个孩子都有他自己的想法，而且一般也不会无缘无故地犯错误，他这么做总有他的理由，即使他的理由看起来很滑稽。这时候，家长要做的不是讽刺、挖苦，而要尊重孩子的想法，慢慢地帮他理清思路，给他讲一讲自己是如何看待这件事情的，而且注意一定要一次讲清楚，不要没完没了，切忌唠唠叨叨和乱翻旧账。

父母关于惩罚的观点要一致

做父母的往往在教育孩子的问题上意见不一。

妈妈："你这样拖拉地写作业，按照咱们的约定，从今天开始不许看电视、玩电脑！"

孩子："爸爸说了，今天情况特殊，他同意不惩罚我！"

妈妈："爸爸什么时候说的？"

孩子："就刚刚啊，你回来之前！"

妈妈："不行，必须按我说的做。你现在赶快去写作业！"

孩子："哦……不知道该听你们俩谁的……"

妈妈这样说，爸爸那样说，作为孩子应该听妈妈的，还是听爸爸的呢？真是左右为难。这件事，应该怎么看呢？妈妈埋怨孩子，爸爸赞成孩子，且不说孩子的做法正确与否，仅就父母双方教育孩子的方法和态度来说，是不应该出现不一致的，尤其在惩罚孩子这件事情上更是如此。虽然父亲和母亲的做法其实都是以爱孩子为出发点，目的也是一致的，但是方法和态度不同，效果是可想而知的。

著名教育家陶行知先生认为："做父母的对子女的教育应有一致的措施。中国家庭教育素来主张刚柔并济。父亲往往失之过严，母亲往往失之过宽，父母所用的方法是不一致的。虽然有时相成，但弊端未免太大。因为父母所施方法宽严不同，子女竟至无所适从，不能了解事理之当然。并且方法过严易失子女之爱心，过宽则易失子女之敬意。这都是父母方法不一致的弊病。"马卡连柯也说："家庭集体的完整和一致，是良好教育的必要条件……谁想真正地、正确地教育自己的孩子，那么他就应该很好地爱护这个一致。"

青春期的孩子已经很会看家长的眼色行事了，爸爸若是管得松，肯定"投靠"爸爸，和爸爸一起来"对抗"妈妈。在妈妈的教训下，爸爸对孩子的行为给予肯定，不仅没有形成合力，反而造成家庭教育力量的互相抵消。青春期是孩子一生中的关键时期，父母必须要表现出教育的一致性来，这样才能发挥教育应有的作用。

那么，家长怎样才能达成意见一致呢？

一起制定奖惩机制

家长可以回顾一下孩子近期的表现，哪些方面有了进步，哪些方面没有明显变化，哪些方面有待继续改进。在此基础上，定下一个培养计划和奖惩机制，机制定下以后，严格按照规矩来对待孩子，父母双方要互相支持，不要互相"拆台"。另外，父母双方在教育孩子上可以有侧重点地分工，比如，父亲主管学习，母亲主管生活，在各自主管的那一块，有奖惩的话语权。这样就可以形成有合力、有目的的教育。

注意教育的客观性

在对具体事物的认识上，由于看问题的角度不同，会产生不同的看法。父母在遇到一些教育难题的时候，要事先沟通好，不能你一个说法、我一个说法，在惩罚孩子的时候产生分歧。但惩罚孩子有一个总体原则，父亲和母亲都要遵循教育规律，按照教育规律和儿童成长规律去教育孩子，不要从个人的立场、观点和方法出发。

和上一辈做好沟通

还有一种情况，父亲和母亲是一致的，爷爷和奶奶，或者姥爷和姥姥在惩罚孩子的问题上，为了护短，出现了与父母不一致的方法。本来孩子做错了事，应该批评，老人们却常常把孩子的缺点当优点，在老人们眼里看不到孩子做错事的危害，却只看到了孩子聪明的一面。本来不应该买的东西，因为溺爱，他们却满足了孩子的要求，父母看在眼里，觉得不对，但又毫无办法。

爷爷奶奶和父母是两代人，除了在年龄上有较大的差异外，思考方式、生活经历、个人爱好、生活习惯、社会条件以及所受到的教育等，都存在很大差距。在教育晚辈方面持有不同的意见、态度和方法是正常的；因此，父母既要看到老人溺爱孩子的"必然性"，可以先肯定老人的慈爱之心，尊重老人的劳动成果，对老人的哺育之情表示由衷感激。然后，向老人陈述正确教育孩子的责任以及溺爱孩子的危害性，希望老人配合共同教育好孩子。例如，不偏袒孩子的短处，不娇惯孩子，孩子来看望时，不要给孩子零花钱或唠叨"你妈不会照顾你"之类的话。如果采用了讲道理的方法解决矛盾，老人一般会通情达理，共同承担教育孩子的重担。

规矩要严格，但是要公平

家长对下面的场景应该比较熟悉：

孩子："我不想每天晚上都洗澡……"
妈妈："不行。这么热的天，一天下来，浑身上下有多脏！"

孩子:"你能不能给我点儿自由?"

妈妈:"咱们不是都约定好了吗?必须每天洗澡,你不遵守约定可是要受到相应的惩罚的哦!"

孩子:"我抗议这一条,能不能改改?"

妈妈:"不行,快去洗。"

一名合格的父亲或母亲,在孩子的每个发展阶段,都会为孩子制定规矩,并希望孩子能遵守规定。而在每个阶段,孩子都会尝试突破规定。孩子向来都是这样的。

如果家长不让婴儿爬出规定的范围,他就会哇哇大哭;如果学步孩童到了超市但家长不给他买糖吃,他会在收款台前哼哼唧唧;学龄儿童会抱怨家长约束他们看电视;小学生会因为做家务杂事而发牢骚;青春期的孩子则会什么都跟家长争辩一番。

为人父母的职责之一,就是要保证孩子做对他最有利的事情,即使家长跟他的观点不一致。一般来说,家长比孩子更明智,也更富有经验,所以家长的眼光更长远些。家长能预想,而不仅仅只看眼前。

不要因为每次限制了婴儿的大哭,就让他爬到家长不希望他爬到的地方。家长划定一个范围是有理由的,而小婴儿不可能知道原因。

不要因为学步孩童在收银员面前大发脾气就给她买棒棒糖,家长知道她多吃糖没有好处,但是她可能还不知道这一点。

不要因为学龄孩子不停缠着家长,就让他看太多电视。家长知道看电视太多了不好,约束他看电视是因为家长知道其他活动,比如体育活动或者阅读,对他更有好处,而孩子往往看不到这一点。

不要因为读四年级的孩子老绷着脸,家长就不再让他收拾碗碟刷盘子。生活中的有些事情孩子必须要去做,即使他不喜欢做,但家长要帮助他明白这一点。

不要因为青春期的孩子抱怨他比他的朋友们回家都早,家长就放宽平时（周末除外）他回家的时间。家长知道如果他睡得太晚，第二天早上在学校里会思维迟钝。在学校里精力充沛要比在外面和朋友们待到很晚重要得多，尽管孩子可能不这么想。

那么，家长在给孩子定规矩时应该注意什么呢？

一、在执行规定时妥协是不明智的

家长认为自己做得对时，就要严格，有些父母不够严格，这通常是出于两种原因：一是，许多家长在执行规定的时候，孩子总是抵抗，而放弃规定要比对付孩子的抵抗容易得多。二是，妥协可能是因为家长受不了孩子生他们的气。无论哪种原因，如果家长因为在执行规定的时候，让孩子占了上风，都是不明智的，原因有两方面。首先，妥协让孩子更多地发脾气。家长的行为会让孩子意识到，只要他坚持哭闹、发牢骚、不断哀求、生闷气，或者争辩，家长最终就会妥协。于是他哭闹、发牢骚、哀求、生闷气，而且以后发脾气会更多，每一个孩子都会这么做。其次，妥协意味着家长的规定并不重要。家长应该让孩子知道，因为某条规定很重要，家长才制定它。如果家长改变了主意，觉得某条规定不再重要了，也没有关系。但重要的是家长要告诉孩子原因，而不是让他以为规定虽然摆在那里，但是可以不遵守。

规矩，要定得严格且公平，尤其是对于人生观、价值观正在形成过程中的青春期孩子，这一点非常重要。

二、注重规矩的公平性、合理性、灵活性

公平意味着制定的规矩要合理，要适合青春期孩子的年龄特征，要有足够的灵活性以适应孩子的不断成长。家长给孩子制定的规矩要经过深思熟虑，要符合逻辑，要有一定的目的。

家长要时常检查自己给孩子制定的规矩，如果规定依然合理，目标

正确，那就没有必要改变它。当家长的配偶或者孩子指出一个规矩已经不再适用，如果他们说得对，那也没有必要墨守成规，严格并不等同于呆板。

有时候是孩子长大了，规定不再适用。比如，家长习惯坚持让孩子每天晚上睡觉前洗澡，但是现在孩子已经长大，他可以每天早上自己洗澡，而且说不定他喜欢早上洗。只要他每天洗澡，不管早上洗还是晚上洗都没有什么关系。家长的新规矩应该是孩子要每天洗个澡，不管什么时间，只要他觉得合适就行。

在其他情形下，很明显，新规矩可以和旧规矩起到一样的作用。比如，家长习惯于要求孩子出去玩之前必须做完全部作业，但是现在孩子已经能更好地安排自己的时间，所以只要坚持要求他上床睡觉前完成家庭作业就可以，让他自己选择做作业的时间。

在合适的时机改变规定，会向孩子展示规定的合理基础，表明这不仅仅是某个人说了算。这一点很关键，因为孩子只有觉得规矩公平合理，才能像父母所期待的那样遵守它。

三、对于"例外"要谨慎

给孩子制定规矩，明确家长的期望，并且坚持执行，除非有人说服家长应该改变规矩或者家长认为可以暂时例外一次。但是要记住，修改规矩或者暂时放松的决定权在家长手中，而不是在孩子手中，做这些决定的时候要有正确的理由，不要因为贪图省心就妥协而不坚持。

四、承受住孩子的怨气

规定可能会带来孩子的怨气，这种感受对家长和孩子都可能带来不好的影响，但是如果家长确信自己执行的规定正确，就要经受住孩子的怨气。比如告诉自己，家长强迫孩子不许玩电脑游戏，孩子暂时生家长的气，但总比他沉迷于游戏而松懈于学习要好。

五、别让孩子有"权威独裁"的感觉

家长不能为了规定而规定，或者仅仅想为了让孩子知道谁说了算就一味维护权威。这只会让孩子觉得家长的权威是独裁，会促使他进行反抗。谁都不想被孩子看作一位独裁的暴君吧？家长肯定希望孩子因为自己的智慧和良好的判断力而认同家长的权威。所以在告诉孩子一些规定的时候，要注意语气和方式，别让孩子有"权威独裁"的感觉。

让孩子品尝一下"苦果"

有些青春期的孩子喜欢反抗，对于自己的不良行为，他们会屡教不改，怒目圆睁的父母们用尽惩罚的手段仍无改观，这个时候不妨让孩子品尝一下"苦果"。通俗地说，就是让孩子自作自受。这种惩罚方式是18世纪法国教育家卢梭最先提出来的。他主张孩子犯了错误，不给予人为的惩罚，而是让孩子在错误所造成的直接后果中去自己体验不快或痛苦，从而迫使其改正错误。

在孩子的惩罚教育中，应多采用"自食其果"的自然惩罚办法，而尽量少使用人为惩罚。

那么，如何区分自然惩罚和人为惩罚呢？前者是依据等值、等同的原则，是对一种错误行为的回应，目的是让孩子在这种回应的经历中，增加这方面的不可替代的经验。后者是由父母根据孩子的错误行为，人为决定的惩罚回应。

几乎每个有孩子的家庭，都经常发生以下"弄得一团糟"的情形。

如孩子把衣服、袜子丢得满地都是，那么，这时谁来收拾残局呢？通常是由他人或父母。自然惩罚的原则是让孩子自己去收拾，并告诉他如果不这样的话，下一次，就不会给他买新衣服。显然，这是一个自然的后果，没有扩大，也没有减小，孩子自己也会有清楚的认识。如果坚持这样做下去，孩子也会改掉这个毛病。此外，还可以让孩子明白，任何快乐，都需要付出努力才能得来。

下面，再让我们来看看，美国著名教育家芭芭拉是如何平静地放手让儿子"自食其果"的。

一天，15岁的儿子约瑟夫歪着脑袋对芭芭拉说："我想把头发一侧留成双条式的发型。"

作为母亲，芭芭拉很不喜欢儿子留这样的发型。但她知道，这并不危及生命、道德以及健康，而且头发会重新长出来。

于是，她对儿子说："我不喜欢这种发型，而且凭我的经验，我知道周围大多数人也不喜欢这种发型。不过，如果这是你的决定，我可以忍耐。同时，你可能需要忍受其他人对你发型的非议。"

芭芭拉带着儿子去了发廊，美发师在给约瑟夫洗头时还夸赞他的满头金发非常漂亮。然后，约瑟夫描述了他想要的发型。美发师很惊奇地问芭芭拉："把你儿子头发的一侧剃成双条式能行吗？"芭芭拉回答："我并不喜欢这种发型，但那是我儿子的决定。"就这样，美发师剃去了约瑟夫一侧的头发，其中保留了两条，并尽量使这种发型在第一天显得好看一些。

但是，第二天早晨，约瑟夫就试图恢复原来的正常发型。可想而知，他第一天的遭遇肯定不愉快。可是，约瑟夫再怎么努力，也已经对那种怪异的头发无能为力了。他的姐姐只好费力地给他喷上发胶和摩丝，尽力使他的发型能够出去见人。

那一年中，约瑟夫又换了七八种奇特的发型，不过等到第二年，他就开始留传统的发型了，并且再也没有改变过。

芭芭拉在确认儿子对传统的挑战没有对他人造成实质性的危害的情况下，顺其自然，给予儿子足够的尊重和自我价值感。但儿子最终知道了什么是好的，什么是不好的。这样就避免了儿子在她背后喊什么"老古董"，也不会使儿子总是对"父母不理解他"耿耿于怀，当然，儿子也就更不会无端产生"代沟"的郁闷了。

但是芭芭拉"惩罚"孩子的方式的确是对父母们的一个考验。对父母而言，眼看着孩子犯错，造成尴尬或不快，让他"自食其果"，实在不是一件容易做到的事情。因为没有哪个父母不爱孩子；而且父母有着人生经历，他们对于事情的前因后果一目了然。

因此，父母在用"自食其果"的办法惩罚孩子时要注意以下几点。

一、确认孩子有承受这个结果的能力

父母既然要阻止孩子去做某一件事，那这件事对于孩子来说肯定应该是不利的。孩子之所以要坚持，那是孩子不懂得这样做是对是错，就说明孩子欠缺对这件事的判断力，对这件事的认识还带有盲目性。如果家长要采取"自食其果"的惩罚办法，就需要父母在放手之前，先判断一下孩子是否具有承受这个结果的能力。

比如，孩子经常会把铅笔、刀片或书包弄丢了，父母可以不给他买，直至孩子能够认识到这些用品的重要性后再买。这样的结果孩子是可承受的，只不过是着几天急，父母可以放任。

若是孩子试着去吸烟或者赌博，这就不能放任孩子去做了，因为这样的行为既伤害孩子的身体，又腐蚀孩子的精神。

所以说，让孩子承担行为后果，并不意味着对孩子说"你爱怎样就怎样，我不管你了"。家长需要发挥引导责任，最好是父母跟着孩子一起经历生活，时刻为孩子提供关爱、理解、鼓励和支持。

二、孩子在品尝"苦果"时，父母态度要坚决

采用这种"自食其果"的惩罚办法的关键是，父母要有清醒的头脑和坚定不移的态度。罚要罚到点子上，不要让孩子觉得无关痛痒；既然采取了这种方法，就要坚持到底，不能半途而废，否则反而让孩子认为父母好对付，降低了父母在孩子心中的威信，更重要的是不利于孩子认识错误。

让我们来看一下如下这个成功"惩罚"的小故事：

期末考试刚刚结束的一天，小桐趁妈妈不注意，从家里的抽屉里拿了50元钱去和同学玩游戏机。晚上被妈妈发现了，追问之下，小桐不得不承认了。妈妈严肃地指出了私自拿钱和去游戏厅这两个问题的严重性，并且提出了两个惩罚办法：第一，三天内不准看电视；第二，原定的周日到公园划船的计划取消。

妈妈知道，看电视是小桐的生活中必不可少的内容，每天除了综艺节目，还有体育节目，他都非常感兴趣。而划船呢，是在小桐的要求下，考试前一个月全家就商量好的，他还特意在日历上做下了记号。实际上这两项活动，比玩游戏机对小桐来说更重要。可是自己犯了错误，不得不接受这样的惩罚。

难耐的三天过去了，周日也过去了。妈妈严格按照惩罚办法做了，爸爸、奶奶的求情也没有让妈妈改变主意。这些天小桐非常痛苦，不时地反省自己的错误。他对妈妈说："以后我再也不会做那样的傻事了！"妈妈看到孩子的诚恳态度，感到很欣慰。恢复了孩子看电视的权利，并

且提出下周全家去划船,作为对小桐能够很好地承认错误的奖励。小桐别提有多高兴了,他对妈妈充满了敬重和感激之情。

可见,父母在采取让孩子"自食其果"的惩罚办法时,奖罚一定要鲜明、要坚决。该奖时就要郑重其事甚至煞有介事地奖,让孩子真正体会到受奖的喜悦;该罚时也应态度明确、措施果断,让其真正知道自己的错误之所在。只有这样,才能培养孩子明辨是非、知错即改的品行。如果在对孩子实施惩罚之后,父母中的一方认为孩子受了委屈,随即又用钱物或食品来安慰他,这将会使惩罚失去作用。

三、在孩子尝到"苦果"后,不要雪上加霜

需要父母们记住的是,当"后果"终于到来时,不要对孩子放手不管,也不要当"事后诸葛亮",批评孩子,而是给孩子时间和空间来体验其后果。当孩子因此而痛苦时,要给予同情;当孩子为怎样才能改进自己的行为感到一筹莫展时,要帮助他分析现状,要温和地重复提醒他未来可以做的事情。

让愤怒拐个弯

由于心理、生理的原因,很多青春期的孩子总与父母顶嘴或跟父母对着干,经常会引发父母的不满与怒气;有时,来自于生活的压力也会使父母们把孩子的过错放大,且"怒不可遏"。所以在教育孩子这件事

情上，父母一定要学会控制自己的情绪。

喊叫、怒吼其实是一种面对挫折的强烈回应。事实上，当父母一时没有更加有效的办法去管教和约束孩子的时候，就会不自觉地大发脾气。

对于父母来说，愤怒是一种代价很高的情感，如果在教育孩子时，愤怒起不到很好的效果的话，还是不要随便发怒的好。怒气应该以某种方式表达出来，这种方式应该能够使父母得到一定的解脱和轻松，给孩子一些启示，对任何一方都不应该有副作用。

然而，当怒气来临时，父母的行为就像完全失去了理智一样，对孩子大喊大叫、辱骂、抨击，当这一切结束时，父母们又会感到内疚，并郑重地决定，以后绝不重复这样的行为了。但是，愤怒会无可避免地再次来袭，破坏父母们良好的愿望。

所以，父母们不应该总是向孩子发怒，尤其是面对青春期的孩子，那只能让孩子的行为变本加厉，从而让父母们的怒火更盛。父母们要学会自己有意识地制怒，下面是一些简单可行的方法：

一、深呼吸能帮助"火山"暂时不喷发

家长在发火之前，可以告诉自己"停！停！等会儿！"，或者使用人称代词"我"，"我觉得被激怒了"。如果简短的陈述对拉长的脸并没有起效果，那么家长就可以尝试深呼吸，这样几十秒钟的平静呼吸是相当重要的，喝杯水或者洗把脸，在窗口透透气。等真的冷静了，再回来找到一个合理的劝说方式。比如，像下面这位父亲一样：

约翰的妈妈努力劝阻丈夫不要对孩子吆来喝去。一天晚上，她和丈夫在海边小屋的厨房里享用着美酒，她的丈夫注意到桌子上有一个海滨游泳袋，一件湿的游泳衣，一个沙滩球。他通常的反应是怒火上升，然后冲着孩子咆哮，就像一个军事训练中的军士。但是，这一次，他看到后，

先是压住了自己的火气，然后平静地描述了他看到的东西："我看到厨房的桌上有一个海滨游泳袋，一件湿的游泳衣，一个沙滩球。"

14岁的约翰从起居室的椅子上跳了起来，喊道："哦，那一定是我的。"然后他走进厨房，把他的东西收了起来。

约翰离开后，父亲愉快地对妻子说："我记住了，它真的有效！"

妻子并没有说"早告诉过你了"，而是举杯祝酒，说："为孩子干杯。"

像这位父亲就做得非常好，尤其是能够在发怒前控制情绪，让孩子自己意识到"错误"，并改正错误，达到了制怒的最好效果。

二、让孩子知道家长的愤怒

如若孩子依然我行我素的话，父母在向孩子表达时应加强愤怒的强度，比如："我生气了。我很生气。我非常非常生气。""我气极了。"

有时，仅仅表达出父母的感受（不用解释原因）就能让孩子停止不当行为。

下面这个故事就说明了一个母亲在释放她的怒气时是如何鼓励孩子，而不是辱骂或羞辱自己的女儿。

婷婷15岁，一回到家就大叫："我无法打乒乓球，我没有运动衣！"本来婷婷的妈妈可以给她一个可行的建议："穿那件宽松的上衣。或者，如果婷婷希望提供帮助，她可以帮助找一件衬衣，但是婷婷的妈妈没有这样做，而是决定说出自己真实的想法："我很生气，我真的很生气。我给你买了六套运动衣，你不是放错了地方，就是丢了。你的运动衣应该放在你的抽屉里，这样，当你需要的时候，你就知道该到哪儿找到它们了。"至此，婷婷意识到妈妈很生气了，马上跑到体育馆的衣帽间去找放错了地方的运动衣。

婷婷的妈妈表达了她的愤怒，但是她没有向女儿发火。这位妈妈一次也没有提过去的牢骚，没有翻旧账，也没有提到她女儿的名字，也没有说女儿是没有条理的人，或者说她不负责任。这位妈妈只是描述了她的心情，以及以后该怎么做才能避免不愉快。这位妈妈的话帮助女儿找到了一个解决办法。

在对孩子的教育中，父母的愤怒也可以起到一定作用。事实上，在某些时刻，不生气并不会给孩子带来好处，反而给孩子一种漠不关心的感觉，因为那些关心孩子的人很难做到一直不生气。不过这并不说明孩子能经受得住愤怒和暴力，只是说明孩子们能够理解这样的愤怒："我的忍耐是有限度的。"

三、让内心的愤怒发泄出来

如果父母们经过以上两个步骤的克制都不能使孩子有所收敛，那么父母就必须发怒了，只是要注意一下发怒的方式与最终的效果。最好是将内心的愤怒，以及生气的原因用语言表达出来，重要的是让孩子知道他们应该怎么做。可以试着这样说：

"当我看到鞋子、袜子、衬衫、运动衫扔得满地都是时，我很生气，生气极了。我真想打开窗户，把这一摊乱七八糟的东西扔到大街上去。"

"看到你打你的弟弟，我很生气，心里面像有团火在烧，我决不允许你再伤害他。"

"看到你们所有的人一吃完晚饭就冲出去看电视，把那些脏兮兮的盘子、油腻腻的锅留给我时，我非常愤慨！气得我简直七窍冒烟！我真想把所有的盘子砸到电视上去！"

这个方法可以帮助父母释放怒气，而不致引起伤害，而且，它甚至可以是一堂重要的教育课，教会孩子如何安全地表达愤怒。孩子可能会明白他自己的愤怒也不是什么大的灾难，可以释放出来，而不会伤害任何人。这堂教育课不仅仅需要父母把怒火表达出来，还需要父母向孩子指出情感表达的可接受的方式，要向他们说明表达愤怒应该采取的安全、可理解的方法。

事实上，即使精神健康的父母也不是圣人，在跟孩子打交道的时候，每一位父母都有权发脾气，并且不必感到内疚或者羞愧。但父母们要注意，在发怒时一定要考虑"安全"，要注意方式方法，而不要攻击孩子的人品或者人格。

让孩子学会自我反省

惩罚是帮助孩子反省的一种手段。自我反省的能力是人们认识自我、完善自我、不断进步的前提条件。对于成人而言，具备自我反省的能力，就能正确认识自己的优缺点，并自尊、自律、有计划地规划人生。遇到困难和挫折时，能够及时调整自己的情绪，积极进取，渡过一次次难关，一步步走向成功。在青春期，孩子尚未形成完备的自我意识，自我反省的内在人格智力还处于发展阶段，因此需要家长正确引导，培养孩子的自我反省能力。

那么，如何培养青春期孩子的自我反省能力，家长不妨借鉴以下几点：

💡 **不直接对孩子的错误进行指责**

当孩子做错事时，家长不要一味进行斥责，这样容易引起孩子的反感，对家长产生抵触情绪，使孩子的自我发展受到限制。这时，家长可采用冷静的态度，从侧面引导孩子进行自我反省，明辨自己的过失。比如，孩子残忍地将金鱼从水里捞出来，看着它死去，这时家长如果正面指责孩子："你怎么这么残忍！鱼会干死的，赶快把它们放回水里去。"就不如对孩子说："如果你口渴时不给你水喝，你会怎样呢？"这种侧面引导往往比正面指责要更能让孩子自我反省，认识错误，从而改正错误。

重视羞愧、内疚等负面道德情感的良好效应

给孩子灌输正直、善良、勇敢等正面道德情感，可塑造其美好的心灵，而让孩子体验羞愧、内疚等负面道德情感也会使其受益匪浅，而且羞愧、内疚等负面道德情感与正面情感相比，更能在孩子的心中留下深刻的记忆，促使他不断自我反省，区分好坏、是非、对错和美丑，然后改正错误。

因此，当孩子犯错时，家长可以适当施以惩罚，让孩子自我反省，让他们懂得羞愧和内疚。如孩子做错事，家长可直接平静地指出错误所在，扣除孩子一定的零用钱，促使孩子自我反省，激发起他的羞愧感和内疚感，使他以后不再犯此类错误。

让孩子学会总结经验教训

总结经验教训事实上就是对自我行为的一种反省。例如，一个中学生用打架来解决与同学之间的矛盾，如果他在打架上吃了亏，他会想："上次我感到生气的时候是用打架来表达我的愤怒的，结果我被别人打了，那么下次发生这样的情况时，我该怎么办呢？我不用打架可以吗？是不是有更好的解决方法呢？"

当孩子直接感受到行动与结果之间有某种关系后，他们往往会先想一想再采取行动。孩子们可能会对自己的行为有一个预先的评价，看是否会出现他们预期的结果，如果结果正如他想的，那么他会继续这么做。如果结果与他想的不一样，孩子就会总结经验教训，调整自己的想法，这也是一个人做事的一种反应机制。

这种时候，父母最好不要把自己的价值观强加给孩子，而是要善于

引导孩子进行总结。例如,父母不要这样说:"我早就跟你说过了,你就是不听,现在尝到苦头了吧?""不听老人言,吃亏在眼前,说的就是你这种人呀!"这种论调只会加强孩子的逆反心理。父母应该对孩子说:"怎么会出现这种结果呢,你好好想一想,如果用妈妈跟你说的方法去做,结果会怎样呢?""有时候,你需要听听他人的意见,这样就会避免一些问题。"这种语气,孩子一般会比较愿意接受。

如果孩子学会了经常总结经验和教训,他也就已经学会自觉地进行反省,这对他的人生会有很大的帮助。

监督比惩罚更重要

青春期的孩子总会犯各种各样的错,让家长操心不已,相对于犯错之后的惩罚来说,犯错之前的监督更为重要。

一旦孩子开始在家庭外消磨时间,家长就要开始监督他的行为,这一点特别关键。家长应该关注孩子的活动、同伴和行踪。不管在什么时候,白天或晚上,家长都应该能够回答下列三个问题:

我的孩子现在在什么地方?

我的孩子和谁待在一起?

我的孩子现在在干什么?

如果家长不能回答这三个问题,这并不是说孩子必然会发展得不好,但是家长的监督比较薄弱,会增加孩子产生问题行为的可能性,比如酗酒、赌博,或者过早的性行为。如果家长关心地问,大多数孩子会理解;

只有当他们觉得父母不信任他们的时候，他们才会开始隐瞒。

最难以监督的是那些即使父母问了，也不愿意说的孩子。他们回答问题的时候含糊其辞，问他"去哪里"，回答"去外面"；问"和谁在一起"，回答"大伙都在"；问"要干什么"，回答"不干什么"。这种情况从青春期早期就开始比较常见了。

很难解释为什么有些孩子不肯说自己的行踪、活动或者同伴情况。当然，这并不是说，不肯透露信息的孩子就会变坏，因为有些孩子的沉默寡言是要求独立的自然反应，在青春期有这样的现象是正常的。这时候，家长就要向老师和孩子的朋友了解情况，学会寻找其他的线索（在学校的成绩下降、萎靡不振、和不良孩子到处游荡）来推断孩子什么都不肯说是不是隐瞒了什么令人担忧的事。但是如果家长有足够的理由怀疑孩子做了危险的事情还瞒着家长，那么一定要立刻问孩子，直到家长得到满意的答案为止。

第十章

有爱就有一切
——让孩子在关爱中幸福成长

天底下没有一个孩子能让父母完全满意，这是我一直都深信不疑的至理名言。对孩子的教育在父母的眼中永远是吃力不讨好的事情，教育理论之多，方法之庞杂，让众多家长叫苦不迭，不知所措。不过如果要我说出一种方法，能让家长们绝对不会在教育子女的道路上犯下重大错误的话，那就是一个"爱"字，准确地说，是正确地爱。

引言：让孩子学会看病

儿子长得比我高了。一天，我看他有点儿打蔫儿，就习惯性地摸摸他的头，在这一瞬间的触摸中，我知道他在发烧。

"你病了。"我说。

"噢，可能是病了。我还以为是睡觉少了呢。妈妈，我该吃点儿什么药？"他问。

我当过许多年医生，孩子有病，一般都是我在家里给治了，他几乎没有去过医院。这次，当我又准备在家里的储药柜里找药时，却突然怔住了。

"你长大了，你得学会看病。"我说。

"看病还用学吗？您给看看不就行了吗？"他大吃一惊。

"假如我不在家呢？"

"那我就打电话找你。"

"假如……你找不到我呢？"

"那我就……找我爸。"

这样逼问一个生病的孩子也许是一种残忍。但我知道，总有一天他必须独立面对疾病。既然我是母亲，就应该及早教会他看病。

"假如你最终也找不到你爸呢？"

"那我就忍着。反正你们早晚会回家的。"儿子说。

"有些病是不能忍的，早治一分钟是一分钟。得了病最应该做的事是上医院。"

"妈妈,您的意思是让我独自去医院看病?"他说。

"正是。"我咬着牙说,生怕自己会改变主意。

"那好吧……"他摸着脑门,不知是虚弱还是思考。

"你到街上去打车,然后到医院。先挂号,记住,要买一本病历本。然后到内科,先到分诊台,护士让你到几号诊室你就到几号,坐在门口等。查体温的时候不要把人家的体温计打碎……"我喋喋不休地嘱咐着。

"妈妈,您不要说了。"儿子沙哑着嗓子说。

我的心立刻就软了。是啊,孩子毕竟是孩子,而且是病中的孩子。我拉起他滚烫的手,说:"妈妈这就领你上医院。"他挣开我的手,说:"我不是那个意思。我是说我要去找一支笔,把您说的看病的过程记下来,我好照着办。"

儿子摇摇晃晃地走了。从他出门的那一分钟起,我就开始后悔。我想我一定是世上最狠心的母亲,在孩子有病的时候,不但不帮助他,还给他雪上加霜。我就是想锻炼他,也该领着他一道去,一路上指点指点,让他先有个印象,以后再按图索骥。这样虽说可能留不下记忆的痕迹,但来日方长,又何必在意这病中的分分秒秒呢?

时间艰涩地流动着,像沙漏坠入我忐忑不安的心房。两个小时过去了,儿子还没有回来。虽然我知道看病是件费时间的事,但我的心还是疼痛地收缩成一团。

虽然我毫无疑义地判定儿子患的只是普通感冒,如果寻找适宜锻炼看病的病种,这是最好的选择,但我还是深深地谴责自己。假如事情重来一遍,我再也不会让他独自去看病了。这一刻,我只要他在我身边!

终于,走廊上响起了熟悉的脚步声,只是较平日拖沓,我开了门,倚在门上。

"我已经学会了看病。打了退烧针,现在我已经好多了。这真是件挺麻烦的事,不过,也没什么大不了的。"儿子骄傲地宣布。然后又补充说:

"您让我记的那张纸,有的地方顺序不对。"

我看着他,勇气又渐渐回到心里。我知道应该不断地磨练他,在这个过程中,也磨练了自己。

孩子,不要埋怨我在你生病时的冷漠。总有一天,你要离我远去,独自面对生活。我预先能帮助你的,就是向你口授一张路线图,它也许不那么准确,但聊胜于无。

不要因为工作将孩子遗忘

妈妈:"有事儿给我打电话,我走了!"

孩子:"妈妈,等一等!下个礼拜学校有画展,里面也有我的画,你来看吗?"

妈妈:"我要去香港出差,让你外婆来吧!"

孩子:"那还是算了吧……"

妈妈:"对了,妈妈刚给你交完学费,这是两张卡,一张银行卡,一张电话卡,你拿着。钱用完了就给我打电话,卡上就会有钱的。"

孩子:"哦。"

妈妈:"行,那我走了,有事儿联系。"

孩子:"再见。"

上述父母缺少与孩子最起码的沟通,沟通是一切教育的基础,而现在,很多父母与子女之间缺乏应有的沟通,父母没有真正了解孩子在想什么、需要什么,有些孩子甚至因为无话可说而不愿与父母同桌吃饭……

特别是孩子到了青春期，很多家长认为孩子大了，不用像小时候一样陪着一起玩儿、一起游戏了。其实不然，虽然孩子长大了，但是他们毕竟还是孩子，可以说，青春期的孩子更需要家长的陪伴，更需要家长与他们沟通。与家长的亲密关系，会让孩子的满足感、安全感、自豪感变得非常强。所以，家长不要因为工作繁忙而将孩子遗忘，使他们从心底产生隔阂。

暑假，或者孩子的其他假期里，他们的业余时间多，精力充沛，是与孩子进行沟通的好时机。家长应多抽一些时间跟孩子一起"玩"，从而"寓教于乐"。许多父母希望改变自己，多陪孩子玩玩，却总是力不从心。其实关键问题在于父母是否有心，同时是否懂得安排时间与孩子交流。

💡 找时间和孩子一起走进人文世界

人文世界是非常精彩的，孩子的人文教育也是非常必要的。如果家长不知道和孩子的沟通从何开始，不妨就和孩子一起走入人文世界吧！陪孩子一起去图书馆、电影院、博物馆；也可以在闲暇时候和孩子一起读一本好书，画一幅充满想象力的图画，讨论一下"先有鸡还是先有蛋"。

💡 组织一次短途旅行

生活是忙碌的，现在工作的快节奏和生活的压力，使很多家长无暇和孩子及时交流，了解孩子的学习状态。其实父母大可以在周末或节假日的时候，选择一个风景秀丽的地方进行一次短途旅行或爬山、野餐等活动，创造机会让父母与孩子敞开心扉畅谈，宛如朋友一样进行真诚交流，给孩子提供终身受用的精神滋养。这是为人父母的职责和义务，也是建立一个幸福和谐的家庭，让孩子健康、快乐地成长的基础。

💡 在孩子的床边停留一会儿

每天在孩子睡觉前，父母可以和孩子说说话，对孩子讲讲在这一天中发生和遇到的事情，讲解一些孩子感兴趣的事物，如孩子喜欢汽车，不妨陪孩子聊聊汽车的发明、汽车的分类。

让孩子做一些力所能及的事情

青春期的孩子学习任务比较重，所以很多父母从孩子一回家就把他赶进书房，只要他学习好，家务事一概不用孩子插手。殊不知，一方面，孩子本身需要休息；另一方面，牺牲了和孩子沟通的宝贵时间。孩子放学后，他一整天的学习过程及生活中的烦恼其实都需要向人倾诉，所以，在家的时候，父母可以让孩子做一些力所能及的事情，在这个过程中，可以问问孩子今天在学校的情况，而此时的孩子处于放松状态中，也比较容易沟通。

另外，也可选些孩子和父母都能做的运动，例如：打球、游泳、放风筝等，孩子喜欢，父母也可以在锻炼身体的过程中，走进孩子的内心世界。

从孩子的角度想问题

父母与孩子之间往往有太多的不同看法，如果双方都认为自己的意见是正确的，只站在自己的角度去看待问题，那就无法达成一致，更别说顺畅沟通了。

妈妈："星期天是你的生日，妈妈给你200元的预算，你自己决定怎样过生日。"

孩子："真的吗？"

妈妈："当然是真的。"

孩子："那好，我要约上我的好朋友到香山公园去玩，听说红叶已经红了！"

妈妈："不行！跑那么远，多危险！"

孩子："不会的，您用车送我们去，五六点的时候，我们在公园门口等您，您再接我们回来。"

妈妈："那也不行，万一出点儿事儿怎么办。我看还是在餐厅请你的朋友们吃一顿算了！"

孩子："每年都在餐厅过，一点儿意思都没有！算了，星期天我哪儿也不去了，过不过生日都无所谓！"

为什么不尝试一下站在孩子的角度，用孩子的眼光看待事情呢？说不定事情就能得到圆满解决。

💡 真诚地与孩子一起商量

有些父母表面上与孩子协商，实际上自己已经拿好了主意，最后还是按自己的想法来办，而不管孩子的意见是否合理。这样的结果只会让孩子觉得父母虚伪，让孩子反感。因此，站在孩子的角度想问题的首要前提是，一定要本着诚心的原则，如果孩子真的提出了合理的要求和有建设性的意见，父母一定要接纳和采用。要知道，孩子可不是傻瓜，他能够很容易地看出父母是否诚心，是否真的在跟自己商量。只有真正把孩子当成平等的人，尊重孩子的想法，尊重孩子的意见，父母才能够更好地与孩子沟通。

💡 用孩子可以接受的方式进行沟通

《德国孩子的"爱情"》中讲了这样一个故事：

一个德国男孩爱上了同班一个16岁的中国女孩，男孩因为女孩生病未到校而情绪低落，他告诉母亲自己爱上了那个女孩，想要和女孩结婚。男孩的母亲并未斥责他，而是和颜悦色地说："那好啊，但结婚要有礼服、婚纱、戒指，要有自己的房子、花园，还要花许多钱。可是你现在什么也没有，连读书都是妈妈给你付的学费。你要和这位可爱的中国女孩结婚，从现在起就得努力学习，将来拿到博士文凭，才有希望得到这一切。"那位男孩听后，擦干眼泪非常认真地读起书来。

其实，每位家长都曾从花季般的年龄走过，也经历过许多同样的"成长的烦恼"，如果孩子的想法真的是错误的、需要修正的，那么在沟通的过程中，为了能够让孩子更容易接受成人的观点，最好就从孩子的角度，将心比心地进行劝导。

以本节开篇母子间的对话为例，母亲如果可以从孩子的角度进行劝导，也许事情就不会弄得不欢而散了。

孩子："我要约上我的好朋友到香山公园去玩，听说红叶已经红了！"

妈妈："不行！跑那么远，多危险！"

孩子："不会的，您用车送我们去，五六点的时候，我们在公园门口等您，您再接我们回来。"

妈妈："你为什么那么想去香山？"

孩子："我们几个其实以前早就约好了，有机会要去爬香山，这不是个好机会吗？"

妈妈："哦，原来你早就想去了！可是你们自己去妈妈不放心，你看这样好不好，爸爸妈妈和你们一起去香山！"

孩子："别，他们该笑话我了！这么大了，爸妈还在后面跟着！"

妈妈："嗯，这倒也是。你看这样行不行，我们和你们分开玩，你们爬山，我们去植物园。这样你的同学也不会笑话你，如果你们遇到紧急情况需要帮助，我们就在附近，可以随时赶到！"

孩子："这倒是个两全其美的主意，好吧，就这么办！"

妈妈："那妈妈明天去买点儿你们爱吃的零食、饮料，让我儿子在香山过一个难忘的生日！"

孩子："妈妈万岁！"

在沟通的过程中，作为父母不一定非得硬性要求孩子按父母的想法做事，其实孩子都是懂道理的，他们有自己的爱好，有自己的处事方式，这个时候，家长最好将孩子看成一个独立的个体，从孩子的角度出发，平心静气地和孩子一起商量一个两全其美的方法。

引导孩子参与聊天

妈妈："作业做完了吗？"

孩子："做完了。"

妈妈："今天在学校里表现怎样？"

孩子："一般吧！"

妈妈："老师有没有对你说什么？"

孩子："没有。"

妈妈："那学校里一点儿事情都没有吗？"

孩子："每天都一样，有什么好说的。"

现代家庭中，父母与孩子之间可以聊的话题太少了。尤其孩子到了青春期，许多父母除了例行公事地询问孩子在学校的表现及学习成绩外，几乎没有什么可聊的。无怪乎，许多家长会发出这样的感叹："孩子越大越不喜欢跟我聊天了，难道我这么招人讨厌吗？"

事实上，许多父母与孩子在一起的时候，最习惯于对孩子说的话总是："早点儿回家，不要去网吧玩！""在学校听老师的话！""上课时认真听讲！""好好学习，考上大学！"

似乎父母与孩子之间的话题总是局限于孩子的学习方面，当然，对于青春期的孩子而言，学习确实是非常需要关注的，但这必然会引起孩子的反感。久而久之，孩子就会失去与父母沟通的愿望，他们宁愿把自己的事情深深地埋在心底，也不愿意告诉父母，尤其是在遇到挫折及困难时，他们更加不愿意向父母诉说，怕父母责骂自己，这样，亲子之间的沟通就越来越少，彼此之间的隔膜就产生了。

实际上，这是父母的问题。如果父母不把焦点指向孩子的学习，而是多关心孩子的日常生活及心理、情感状况，真正地走进孩子的心灵，那么，亲子之间的关系就会越来越融洽。

除了学习以外，孩子在学校里每天都会遇到一些新鲜事，父母可以让孩子把每天的新鲜事讲给自己听。另外，还可以聊聊诸如孩子与同学之间的事情，孩子外出发生的事情等。总之，聊天话题忌讳总是孩子的学习。

一、引导孩子参与聊天的技巧

在与孩子聊天的时候，需要有一定的技巧。

有些父母习惯于生硬地向孩子发问：

"今天学校里有什么新鲜事呀？"

"今天老师说什么了？"

这种问题，孩子容易给出消极的回答，比如，"没什么事"，"没说什么"。这样，交流就会停止。

如果父母能够先观察一下孩子的表情，针对孩子的不同表情有意识地引导孩子开口说话，这样的聊天往往会进行得比较顺利。

当发现孩子回家时比较兴奋，你就可以微笑着问："今天怎么这么高兴，是不是学校里发生了什么令人高兴的事，说来听听？"

当发现孩子回家时比较沮丧，你就可以关切地问："你是不是心情不好？是不是遇到了什么困难和问题，需要我帮忙吗？"

当发现孩子与人打架或者脾气比较大的时候，不要气急败坏，而要平静地问："哎呀，什么事情让你这么生气，说来听听？"

这种形式的问题因为关注了孩子的情感，往往比较容易引导孩子做出积极回答。

另外，父母在引导孩子聊天的时候，可以故意制造一点儿神秘感，激发孩子的兴趣。比如：

"我在超市买东西的时候，竟然碰到了一件奇怪的事情。"

"我去学校找你们老师，他跟我讲了一个你的秘密。"

"我们单位今天发生了一件好笑的事情。"

"你知道吗？原来你爸爸也有不可告人的秘密！"

这种神秘感较强的语言往往会激发孩子的好奇心，吸引孩子主动参与到聊天当中来。当然，父母要学会变换不同的语言和语气，不要老是使用同一种句式。只要父母抱着友善、平等的态度，主动去了解孩子，主动引导孩子聊天，就能让孩子在聊天的过程中倾诉内心的想法与情感，实现情感的沟通，融洽亲子关系。

二、聊天时间

现代生活中，往往孩子还没有起床，父母已经上班走了；孩子在学校上课时，父母也在忙。由于工作繁忙，很多父母没有时间管教孩子，只有吃饭的时候才可能在一块。聪明的父母会把这个有限的时间作为与孩子沟通的好机会。

但是若利用孩子吃饭的时间，对子女活动、交友等他们不想说的话题刨根问底、喋喋不休就欠妥了。不尊重孩子的私人空间，会挫伤孩子的自尊，扰乱孩子的生理和心理秩序。

家长还应该注意其他时间的选择，可在晚上睡觉前跟孩子聊些心事，但是时间不宜超过15分钟。

三、聊天内容

男孩子宽厚、直爽，心里有话相对容易坦诚地讲出来；女孩子爱面子、害羞、情感细腻，于是想得比较多，心里话一般不轻易对别人讲。所以与男孩子聊天，要观点明确，说话不拖泥带水；与女孩子聊天时则可以从她们的兴趣入手来拉近距离。总之，具体问题具体分析，针对不同的情况，选择不同的聊天方式和内容对亲子沟通是非常重要的。

另外，值得家长注意的是，当孩子进入青春期时，他们就不再每一件事都依赖父母了。这时候他们要求独立的愿望比较强烈。同这样的孩子谈心交友，首先应该肯定他们争取独立的愿望。在处事方法上尽量以朋友的口吻给他们提建议，告诉他们这只是参考意见，并鼓励他们遇到事情时勇于自己做出选择，敢于承担责任。信任是父母与这些孩子交往时必须要注意的最重要的准则。

聊天时，除了以孩子关心和感兴趣的话题为中心进行交谈外（当然，有家长和孩子都感兴趣的话题更好。这类话题交谈最容易产生共鸣，也便于掌握孩子的思想动向），还可以"规定"：不许谈孩子，不许谈家庭，更不许谈学习，以及孩子所讨厌的事情，就只说父母今天做的工作或者给孩子聊聊今天见到的事情等。

四、聊天态度

与孩子聊天时，语气要亲切自然，态度要诚恳，切忌一边跟孩子说话，一边做其他的事情。语气亲切自然才能让他们感觉无拘无束，感到父母是他的朋友,这样他才会把心里话告诉父母。

此外,家长还可以针对孩子一段时间遇到的事情或者可能有的心事与他聊天,可以告诉孩子自己小的时候有过的苦恼,以及自己后来解决的过程,通过这种推心置腹的方式自然能够拉近与孩子之间的情感距离,实现较好的沟通。

用温和的态度对待孩子

教育专家指出,父母的态度会影响青春期孩子的学习、行为与道德的发展。

大部分父母会认为:孩子的不良行为令自己对孩子的评价和态度不佳,而且自己对孩子的评价很公正,同时自己对孩子的不良评价和态度并不会影响孩子的学习。学习成绩的好坏,是父母的态度在先?还是孩子的智力水平在先?这两者的关系远比人们认识的要复杂得多。

首先,父母的态度与孩子的智力水平互为因果关系。父母或父母的态度对孩子的智力与能力是有巨大影响的。即使孩子真的差一些,父母如果能以较好的、温和的态度对待孩子,更多地给孩子积极的评价,那么孩子的态度常常是积极的,对周围事物的看法也是乐观与自信的。孩子会认为他人希望自己在学业上有所成就,而这种希望往往就会变为现实。消极的态度与评价只能使孩子的信心更差,使孩子更不敢或不会努力,其结果将使孩子的智力与能力水平更差。

其次,父母的态度不仅影响孩子的学习,还会影响孩子的行为与道德发展。当孩子步入青春期,他们会遇到很多需要自己处理的事情,以及复杂的人际关系，他们的行为会受到父母态度的影响。父母是用温和的态度鼓励孩子与其他孩子交往，还是限制孩子的交往，其结果是不一样的。父母是有意让孩子在某种环境受到挫折，得到锻炼，还是把孩子保护起来，害怕孩子受到挫折；当孩子受到挫折时是帮助、鼓励孩子，还是讽刺、嘲笑、忽视孩子，甚至让孩子在挫折面前逃避，都将对孩子产生重大的影响。

父母对孩子持消极、粗暴的态度，就会影响孩子的行为向不良或不健康的方向发展；父母对孩子持积极、温和的态度，就会影响孩子的行为向健康的方面发展。只有在父母温和的态度下，在父母的鼓励与帮助下，孩子才能在青春期建立起较好的自我评价与自我意向，从而很好地发展自主能力、独立能力与其他社会能力，为其顺利成长奠定良好的基础。

父母应如何保持温和的态度呢？

要学会对孩子的错误"冷处理"

父母打骂孩子常常是"情急之下"所为，因此，要学会"冷处理"。所谓"冷处理"就是在自己着急、上火、生气的时候尽量不要教育孩子，自己先消消气，等自己的心情平静了，再去教育孩子。当孩子生气、激动时，也不适宜进行教育，应该等孩子平静下来后，再用温和的态度进行教育。这样才能防止粗暴型教育，才能冷静地、客观地处理孩子的种种问题。

父母要控制情绪，平衡心态

千万不要失去控制对孩子大吼大叫，应冷静地分析一下孩子的意见是否正确。假如是正确的，就要给予支持；假如是错误的，父母应用温和的态度和孩子一起仔细分析问题，要倾听孩子的意见，不然会使孩子形成沉默寡言的孤僻性格。

不要让自己的坏情绪感染到孩子

父母还应注意自己日常生活中的情绪对孩子的影响。不要在孩子面前表现出消极的情绪，那样会使孩子处在一种不和谐的家庭环境中，受到父母消极情绪的影响而导致情绪上也发生坏的变化。

把"下命令"变成"提建议"

妈妈:"跟你说了多少遍了,不要趴着写作业,你怎么又趴下去了?快挺直腰板!"

孩子下意识地挺直了腰板。

(15分钟后)

妈妈:"你这孩子怎么这么不听话呀?让你不要趴着写作业,总是不听。"

孩子:"知道了,妈妈。你烦不烦呀!"

妈妈:"还嫌我烦了!我这是为谁好呀?以后变成驼背、近视眼看你怎么办!"

孩子:"驼背就驼背,近视眼就近视眼!"

妈妈:"什么?你这孩子怎么这么不懂事呀!真是无可救药了!"

孩子:"我本来就没什么出息嘛!"

妈妈:"真是白养了你,早知如此,就不应该生你!"

孩子:"我又没叫你生我。"

妈妈:"你……"

类似上面这样的事情会经常在家庭中上演。父母本来都是好意,都是为了孩子好,希望孩子不要做什么,告诫孩子应该怎样做才好。但是,许多父母却不知道怎样来表述自己的建议,往往把好好的一个建议,变成一种命令与强迫。结果,碰上逆反情绪很重的青春期孩子,不但不领情,反而对父母产生了对抗心理,使许多父母整天哀叹"可怜天下父母心"。

实际上,父母只要转变一下表述的方式,尝试用提建议的方式来教育孩子,孩子往往能够接受。

15岁的菁菁收到了一封情书,她怀着忐忑不安的心情,把情书藏在了书包的内袋里。但是,敏感的妈妈还是察觉到了异样。因为,家里经常会出现奇怪的电话,当妈妈接起的时候,电话总是断了。当菁菁接电话的时候,总是神神秘秘的,有时候声音特别轻,有时候则说让对方明天再打。

这天晚饭后,家里又接到了这样的电话。菁菁跑到了自己房间里去接电话。

妈妈对爸爸说:"女儿可能早恋了,怎么办呢?"

爸爸说:"那可真是件棘手的事。但是,我觉得你应该镇定。千万不要批评她,有人喜欢你女儿,说明你女儿比较优秀嘛!"

"你别瞎说,我晚上得找菁菁谈谈。"妈妈对爸爸说。

晚上,妈妈到菁菁的房间里,菁菁正在看书。

"菁菁,作业做完了吗?"妈妈问。

"做完了,妈妈。我预习一下明天老师要讲的新内容。"菁菁说。

"我女儿真用功。"妈妈禁不住夸奖道。

看到妈妈坐在自己身边,好像有事要谈。菁菁问道:"妈妈,有什么事吗?"

"哦,"妈妈说,"也没什么事,妈妈只是想找你聊聊。"

"聊什么呢?"菁菁说。

"妈妈真羡慕你呀!"妈妈故意说。

"我有什么好羡慕的,每天都要上学。"菁菁故意苦着脸说。

"你看,现在你有那么多的朋友,你们可以打电话聊天,妈妈那个时候可根本没有电话,朋友也很少。"妈妈说。

"哦。"菁菁有些警觉起来。

"你要珍惜同学之间的友情呀!妈妈时常想,小时候要是有那么多的朋友,成年后就是一种财富呀!"妈妈说,"人与人之间的友情可以延续一辈子,大家互相帮助,共同进步,以后一起上高中、上大学,你想想，多美好呀！"

菁菁也有点儿憧憬起美好的未来了。

紧接着妈妈又对菁菁说："孩子，妈妈一向是很开明的，妈妈希望你活泼开朗，希望你多交朋友。但是，妈妈也有个建议，你要不要听听？"

"什么，妈妈？"菁菁问。

"妈妈建议你在交友过程中遇到什么问题要与妈妈商量，你现在还是学生，要以学习为重，不能因此荒废了学业，知道吗？"

"我明白了，妈妈。"菁菁不好意思地看了看妈妈。

"妈妈知道菁菁长大了，妈妈不会干涉你的事情，但是，你自己一定要有个度，知道吗？"妈妈微笑地征询菁菁的意见。

"我一定会的。我刚才还在担心妈妈会怎么对我说呢，现在我知道妈妈是我的好老师。"菁菁调皮地对妈妈说。

一般来说，在孩子的成长过程中，父母是孩子的良师、顾问，但不是指挥者、操纵者。父母应该以提建议的方式引导孩子，而不能经常性地下命令。

美国成功学家卡耐基说："用'建议'，而不下'命令'，不但能维护对方的自尊，而且能使他乐于改正错误，并与你合作。"这句话对父母来说也是很好的忠告。

● 父母要与孩子分享自己的人生经验

父母的人生经历要比孩子广泛得多，甚至现在孩子的难处自己也曾经历过。因此只要认真思考，冷静处理，就一定能够给孩子一个好的建议，得到孩子的认可。

● 父母要考虑到孩子所处时代的差异

父母在给孩子提建议时，一定要充分考虑到时代的发展变化，不能以老眼光来看待现在孩子遇到的问题，否则即使孩子接受了父母的意见，最终也会埋怨父母，失去对父母的信任。

父母应适当反省自己的言行

孩子难免会有一些这样或那样的毛病，对于孩子的不足，很多父母都是给予严厉责备，但是有多少人真正明白，其实孩子身上的不少缺点都是源于父母的过失。"子不教，父之过"，很多父母都熟知这句话。但是，恰恰有很多父母忽视了这句话。不要把孩子的错误总归结到孩子身上，很多时候父母需要不断地反省自己，发现自身的不足，并改正，才会更好地帮助孩子成长。

孩子的任何问题都可以在家庭教育中找到一定的根源。孩子交际能力差，不爱说话，必然与父母不敢放手让孩子去接触社会、接触生活有关；孩子懦弱、不自信，必然与父母不善于发现孩子的优点，而一味地批评和指责孩子的缺点有关；孩子有暴力倾向，必然与家庭缺乏爱心、缺乏温暖有关。如果存在以上问题不知道改变，必然导致家庭教育的失败。那么，父母应该经常反思什么问题呢？

一、是否肯加强学习

教育孩子是一门很深的学问，不是无师自通或道听途说就可以做好的，家长应当学习一些教育学、心理学的知识，树立正确的教子观念，掌握科学的教育方法。同时还应建立与孩子共同学习、相互学习，自我改变、自我完善，一起成长的新理念。

二、是否成了孩子的表率

不知道家长们是否认真思考过这样一个问题：孩子之所以会有很多的不良表现，都是因为"榜样"的原因。孩子可以挑选学校，挑选老师，挑选班级，唯独不能挑选父母。以孩子打人为例，有关机构做过研究，有些孩子到了青春期，尤其是男孩子，碰到一些事情不顺自己的心意就大打出手。调查这些孩子的家庭背景，75%的孩子从小所受的就是"简单粗暴""动辄打骂"的教育。在打骂中长大的孩子，会认为只有武力才能够解决问题。所以，当他和他人发生争执的时候，也会不自觉地举起自己的手，对别人使用武力。

所以，为孩子做点牺牲，少玩一会儿，少看点无聊的马拉松电视剧，让孩子安心读书，不应该吗？家长对自己放任，不喜欢学习，打麻将、玩扑克，通宵达旦，有的迷恋跳舞、酗酒、赌博，彻夜不归。"己不正，焉能正人？"孩子就像一张白纸一样，你教什么，他就跟着学什么。父母作为孩子的"榜样"，要学会自我反省，遇到问题先要找寻自身原因，然后再与孩子真诚交流、沟通。

三、是否实事求是地为孩子考虑

很多家长的毛病是期望值高，但是抓不到点子上。盲目性充斥在家长的行为中，如盲目和其他孩子攀比，望子成龙；只问结果，不问过程，容易失望，于是搞"反面鼓励"，又用不好激将法，便走向另一极端；心理暗示变成了滥施压力，搞得孩子心怀不满，敢怒而不敢言，以至于精神恍惚，效果更差。家长不研究孩子学习不好的原因，只顾训斥打骂，形成恶性循环。于是孩子采取破罐子破摔的态度，形成严重对立。这就是因为家长没有充分考虑自己孩子的实际，应该知道：只有切实可行的目标，才能够对孩子起到督促和鼓舞的作用。

再看下面的案例：

孩子："我们班一个同学真恶心，整天对老师PMP！"

妈妈："什么是PMP？"

孩子："就是'拍马屁'的意思啦！"

妈妈："现在你是越来越不好好说话了，我看再这么下去，就完全听不懂你在说什么了！"

孩子："酱紫啊……"

妈妈："你能不能好好说话！"

孩子："老土！"

越来越多的家长发现，孩子嘴里不时吐出的字眼让自己搞不懂，他们担心：孩子动不动就"886""稀饭""虾米"地不好好说话，这会不会影响社会交往？要是把这些网络词汇用到作文里，老师看不懂怎么办？一位妈妈曾担心地说："孩子张口就是一些奇怪的词语，我们根本就听不懂那些话，很奇怪，为什么好好的'为什么'，孩子要说成'为虾米'，好好的'这样子'孩子要说成'酱紫'，真是觉得莫名其妙。"

但更多的父母则担心自己与孩子无法交流。一位爸爸曾说："儿子今年16岁了，经常会冒出一些自己听不懂的词汇，有时候真觉得自己老了，跟不上时代了。这样下去，真担心自己无法跟儿子交流、谈心。"

相信许多成年人会对一些另类文字看不太懂，孩子们却乐在其中。其实，孩子们只是用这些另类的语言来体验时尚的感觉，排解学习的压力而已，父母不用过于担心。

网络语言是一种新鲜的语言，而孩子们是最容易接受新事物的。

中国社会科学院语言研究所的一些专家认为，网络语言是一种语言实践，能在学生中间风靡，就说明它是有生命力的。但是，如果用网络语言写出来的东西大部分人都看不懂，影响了沟通，就失去了语言的意义。同时，父母应该用宽容和理解的心态看待这种现象。纵观历史，人类的每一种新文化的兴起都会带来一些新的词汇。远的不说，比如近年国内兴起的股民专用术语，熊市、牛市等词汇已经远远超出了股市的运用范围。现在的小孩，都是从读图时代长大的，他们需要更加简单、形象的交流工具。网络语言的产生与其说是迎合了新一代的需要，倒不如说是语言发展的必然。

既然"另类语言"可以增加沟通的乐趣，父母为什么不学习一些新鲜的词汇，主动使用一些健康而又有意思的词汇来促进亲子沟通呢？

四、作为家长，要理解并宽容孩子的另类语言

有时候，孩子运用另类语言来表达，只不过是想传递一种夸张的态度，比如，"帅呆了！""你真是美眉哦！"只是这种态度与传统的表达方式相比较有些夸张而已。作为父母，用不着呵斥或者制止孩子。如果父母持反对意见，孩子会认为父母是"大老土""老古板"，就会在无形中和父母产生一种距离感，父母要想融入到孩子当中就会感觉很困难，跟孩子谈心时就更吃力了。

五、父母要主动学习并使用一些另类语言

当孩子发现父母也在有意识地学习和使用这些"新新人类"使用的另类语言时，会觉得自己与父母的距离一下子缩短了，亲子沟通就会畅通很多。

父母切莫被手机"绑架"

手机曾作为身份、地位、财富的象征，一度出现在影视剧中。随着社会的发展，现如今手机早已褪去了昔日的金色光环，进入了"寻常百

姓家",并且随着功能一再升级,几乎成了每个人工作和生活的必需品,甚至有人调侃,智能手机"已成为人体器官之一"。刷"朋友圈"、看视频、聊微信,"手不离机"成生活常态,早就让人们进入读屏时代,而这其中不乏为人父母者。

曾有一项调查结果显示,有超过67%的父母平时每天玩手机的时间在2~3小时,11%的父母超过3小时,只有不到22%的父母把自己每天玩手机的时间控制在1小时以内。多年前国内首份《国民家庭亲子关系报告》显示,有近七成父母在陪孩子时玩手机,其中17.8%的父母在与孩子共处时经常看手机,51.8%的父母偶尔看手机。

这个数据意味着,如果一家人每天的相处时间从晚上下班、放学全都回到家至孩子入睡的几个小时里,几乎超过一半的父母把注意力主要放在了玩手机上,而忽略了和孩子及其他家庭成员之间的沟通。

被手机绑架的父母,不仅仅冷落了家人,孤独了自己,还影响了孩子。"世界上最遥远的距离不是千山万水,而是我在你身边,你却在玩手机。"这句调侃是"手机族"的真实写照。作为父母,或许是时候放下手机,听听孩子们的心声了。

有一个小学生写了一篇题为《爸爸的秘密》的作文。他的爸爸每天晚上吃过晚饭就关上门,把自己锁在书房里。爸爸每天很晚才睡觉,爸爸在书房里干什么呢?看书、写作、忙工作?孩子不知道。终于有一天,孩子半夜里起来上厕所,发现爸爸的门开了一条缝,他蹑手蹑脚地走了过去,在门缝里看见爸爸正忙着在五颜六色的电脑屏幕上打游戏呢……

还有一个学生,在《给老师的悄悄话》中写道:我每天晚上在家里学习,妈妈总是拿着手机在一旁监督我。做家长多好啊,可以上网购物、聊天、玩游戏……

言为心声。可以说,孩子的话是他们内心想法的真实写照。很多时候,家长都忽略了家庭生活场景中细节对孩子的影响。比如，有的家长在吃饭的时候，手里也忙着刷屏玩游戏，很少和孩子进行饭桌交流。

父母的陪伴是孩子成长中必不可少的因素，在陪伴中可以迅速建立亲密关系。还有，在孩子的成长过程中，他接触到的外界会给他带来一次又一次新的认知，而他的认知也非常需要父母的引导。女孩需要欣赏，男孩需要责任，而最好的效仿对象就是父母。

父母和孩子经年累月地生活在一起，父母从小就对孩子就有细致的教导，那么无论是饮食习惯、世界观价值观，还是语言表达、情感表达，孩子都会向父母靠拢。所以，想要让孩子成为什么样的人，父母陪伴的时候需要认真观察引导，但首先，陪伴的意识得是第一位的。

父母一旦被手机"绑架"，很多孩子就会出现行为问题。不是人在孩子身边就是陪伴，真正的陪伴是理解孩子，走进孩子的内心。如果父母经常在陪伴孩子时玩手机，这其实是对孩子进行着"冷暴力"，失去父母关注的孩子可能会以哭闹、砸东西的方式夺得父母的目光，也可能会用刷视频、打游戏等方式来自娱自乐，无论是哪一种，都会给孩子身心健康发展带来不良影响。

父母沉浸在手机的世界中，还会导致亲子关系的破裂。当陪伴成了一种形式，父母和孩子心与心之间的距离也越来越远。很多时候父母不知道孩子在想什么，孩子不理解父母的辛苦，长此以往，家庭问题一个接一个，孩子会越来越叛逆。

所以，父母要想高质量地陪伴孩子，首先要做到的就是放下手机。这里的放下手机，不是说全然不管工作的事情，而是要明白孩子才是第一位的。如果此时的家长用手机做的不是十万火急的事情，一些可做可不做的事情就推掉吧。另外，一些用来消遣的将时间碎片化的社交软件，如微博、抖音等，不用时刻关注或者可以关掉它们，因为它们没有你的孩子重要。

放下手机，固定时段陪伴孩子玩耍。虽然挣钱养家很累，但是孩子是养家的动力之一，作为父母也要承担自己的义务和责任。早起离开床之前，晚上入睡之前，都是和孩子进行沟通交流的最好时候。同时，在陪伴孩子时还要做到心无旁骛。很多家长陪伴孩子时，多多少少会做些别的事，这样孩子会觉得没有意义。

大家都有这样的经历，开一个很重要的会，这个时候来了个电话，你会小声说："喂，我现在正开会呢，待会儿我给你回过去啊。"如果你正跟孩子玩儿的时候手机响了，你当着孩子特别小声和对方说："抱歉，我现在不方便接电话，我正跟我孩子玩儿呢，我们俩正聊天呢，待会儿我给你打过去啊。"这样对孩子就是好的教育，他会觉得他在你心目中是很重要的，等于对他的尊严就是一种滋养。

总之，作为新教育时代的父母，在享受时代发展的红利时，更要明白自己的责任，分清利弊，别让手机成为阻碍您和孩子之间的屏障。

把手机放下，才能把孩子放心上。

"自我牺牲"式的教育不可取

父母之爱，自古以来就是人们歌颂的对象。它伟大无私，为孩子的成长撑起一方晴空，为孩子的发展铺就康庄大道。正是因为这份爱，才让世间充满了无限温情。可是，随着社会的发展，这份爱也渐渐被有些人理解为"自我牺牲"。

父母自己舍不得吃穿，把好东西都留给孩子；

父母忍受破裂的婚姻关系，想要给孩子一个完整的家；

父母缩减甚至放弃自己学习、工作、兴趣爱好、娱乐的时间，一心扑在孩子身上……有一份调查报告显示：82%的家长已经做好了为孩子的成功做出牺牲的准备；超过三分之一的中国父母完全丧失了自己的个人时间，尤其是妈妈。

然而，这样的"自我牺牲"对孩子真的好吗？

曾经热播剧《小欢喜》里，为了全心全意照顾女儿备战高考，宋倩辞去了自己金牌物理老师的工作，生活的重心全在女儿身上。

这样一种"牺牲"下，随之而来的是对女儿360度无死角的监督和控制：

把女儿房间的一面墙换成玻璃，这样可以随时看到女儿在做什么；剥夺女儿学习以外一切兴趣爱好，没收乐高，禁止参加天文馆活动；不许女儿去离家远的南大，一定要让女儿报考清华北大……

令人窒息的压力和控制，让母女之间频频爆发矛盾和争吵，女儿精神到达崩溃的边缘，患上了抑郁症。

这虽是电视剧，却也是现实生活的真实写照。演员朱雨辰的妈妈在一档节目中称：

"我是用我整个生命去对待我的儿子的"，"我这一辈子就是为儿子活的。"

她也确实是这样做的：

每天凌晨4点起床为儿子熬梨汤，这一坚持就是10年；

带着炊具食材，跟随剧组，不辞辛劳为儿子做饭、收拾屋子……

这样"无私"的付出，伴随着的，是对儿子生活的过度参与：不让孩子接会挨打的戏，儿子的每一段恋情，她几乎都会干涉，以至于朱雨辰39岁还是孑然一身。

近年，教育部将抑郁症筛查纳入学生健康体检内容，对测评结果异常的学生给予重点关注。为什么在物质较为丰富的当今社会，培养的孩子心理障碍发生率较高？

广州医科大学神经病学教授周伯荣，曾经接待过多名焦虑抑郁的大学生，这些来访者感受不到生存的意义，感觉在为了"父母的人生目标"而活着，始终没有获得自我认可和精神方面的幸福体验。

周伯荣认为，在物质匮乏时代，多数家庭的教育是自由发展式教育，俗称"放鸭子"教育，孩子家长和学校不存在明显学习攀比的现象。而孩子只要在某些方面努力，可以基本养活自己，就会产生社会认可和社会成就感。而当下的孩子生存的物质体验被较早满足，太容易生存，对生命反而容易不重视。

另一方面，现在知识量大，网络信息量也大，不少孩子从小就知道为有价值有意义的生活而感到高兴，他们更需要的是有意义的人生——孩子的生存"自由度"和"创造性"的精神需求较高，若受到社会、家庭各方面的压制，则容易出现问题。

在物质匮乏时代成长的父母，把自己的人生价值观"目标化"，把对人生的期待和目标都寄托在现代物质极大丰富的孩子身上，把自己的需求当做是孩子的需求，把自己"高逆商"的成功强行展示在孩子面前，而忽视了对自己的关注和思考。他们内心往往处于一种匮乏的状态，容易走进过度养育、过度控制的误区，他们用自己的方式管教孩子，对孩子的任何事情都横加干涉，希望能把孩子雕琢成自己喜欢的样子。当孩子没达到期望的时候，他们内心就生出不满和抱怨，对孩子进行"情感绑架"：

"我成天累死累活，你就考这么点儿分，对得起我吗？"
"要不是为了你，我早就和你爸离婚了。"
"当初要不是为了照顾你，我也去考研究生考公务员了。"

这种过度的爱，孩子无法承受，或者说，承受的代价太高。孩子一边处在愧疚和自责中，一边又不堪忍受父母越界的干涉和控制，身心处在痛苦之中，成长和发展都会受到限制。

还有，自我牺牲式的爱，往往隐藏着隐形的条件：你要顺从、要感激、要报恩，因我一切都是为了你。这样的父母，喜欢把自己的牺牲和付出挂在嘴边，然后站在道德制高点上评判孩子懂不懂事、应不应该。

这种亲子关系是不健康的，孩子被动成为了一个"亏欠者"。他们常常感受到一种如影随形的压力和束缚，不敢反抗父母，不敢做出父母不喜欢的事情，无法承受父母的失望，担心自己不能回报父母。

孩子经常处于患得患失的状态中，害怕自己成绩不好让父母失望，害怕自己找的工作不够好、赚得不够多，常常自我批判，对自己永远都不满意……很难真正地快乐。

有些孩子可能会选择反抗，脱离父母的掌控，亲子关系破裂，而更大一部分孩子，则是选择压抑自我，为了"报恩"活成父母想要的样子，难以体会到人生真正的幸福。

一直牺牲和付出，忽视自己的需求，父母很容易感到疲惫不堪，能量被掏空。这种状态下，父母是没有能力给孩子健康、自由的爱和正确引导的。正如美国作家苏兹·卢拉在《母亲进化论》一书中指出，一个内心匮乏、没有好好关照自己的母亲，就像一辆油箱已经空了的车子，无论你如何使劲踩油门，都不过是在"空转"。

因此，为人父母后，也要做好自我关怀、自我成长，对自己的人生负责，努力寻找和实现自我价值。这样一种相互独立而又互相促进的亲子关系，才是和谐健康的，父母和孩子都能以更好的状态面对彼此。

苏兹·卢拉说："我发现，当我关怀自己时，我的孩子是受益人。我们自身的转变是给孩子最伟大的礼物，可以让他们自由地成为他们自己。"

好孩子也会犯错误

初二（3）班的班长顾坤是个品学兼优的学生，从小学开始就是三好学生、优秀班干部。他黑黑的面色，长得比其他同学高出一个头，在班里，甚至整个年级都颇有威信。而且他也非常崇拜行侠仗义的英雄，时常会给他的伙伴们讲一些他看的英雄故事。有人还称他"小黑侠"，他听了更以侠客自居。

一天，隔壁班的两个小同学来找他，诉说被一个小混混阿丁抢走50元钱的事。顾坤一听，二话没说，趁刚放学同学们还没回家的时候，叫了一帮子同学去找阿丁把钱要回来。阿丁看到他们人多，怕吃眼前亏，又自知理亏，只好把强行索取的钱交了出来。

过了几天，阿丁带着一伙人又找到那两个小同学，加倍问他们要钱。两个人吓得满口答应，而后马上跑来找他们的"小黑侠"，顾坤觉得阿丁一伙是存心闹事，硬要与自己过不去，于是就约了同学，来找阿丁。阿丁更是因为前几天的事觉得很失面子，过来还没说话就打了顾坤一个耳光。顾坤马上怒火上升，从路边的水果摊夺过一把水果刀就往阿丁身上刺去……

可以说，发生在顾坤身上的事是非常令人惋惜的，一个品学兼优的好同学却因为故意伤害罪而受到法律的制裁。本来父母认为理所当然的考个好高中、念个好大学的希望变成了泡影。这是不是值得我们的家长深思呢？

或许有的家长，特别是认为自己的孩子成绩、平时表现都不错的家长，可能认为这只是个别的现象，其实并不尽然。就某个少管所对其监管的95名学生的调查，有49.5%的人曾经被评为三好学生或者其他荣誉称号；有19%的人曾被选为大队长或者班长；14岁、15岁的各占到35.8%和

42.2%。因而在这样的年龄阶段，不论孩子以往的表现如何，父母都应该多注意孩子的动向，以免上面的悲剧发生。

一、孩子为什么会犯罪

或许我们的家长对于青少年的犯罪还缺乏足够的认识，认为自己的孩子虽然不听话，但总还不至于犯罪。其实，很多的犯罪都是从一些生活中不被注意的细节中发展起来的。一些使青少年走上犯罪道路的心理特征，如侵犯人家后又将其杀死灭口，犯罪手段特别残忍，令人吃惊，发人深省。而蓄意报复则是青少年故意伤害、故意杀人的重要动机之一。由于青少年心理状态不稳定，控制力不强，容易冲动，当遇到别人的挑衅时，往往表现得格外烦躁，缺乏理性思考。前面提到的顾坤的案例，就属于平时一直处于优越地位，而缺乏法律、规范意识的培养，一旦自尊受到打击，被人侮辱，就不顾一切地进行报复。

二、健康的家庭，健全的孩子

据某省少管所的资料，在该所服刑的少年犯，犯罪原因80%和家庭环境有关。由此可见，家庭的负面影响是青少年犯罪的一个重要原因。的确，因为孩子除了在学校，其他的大部分时间都在家中度过，家长的所作所为和家庭环境的好坏，对孩子有着极其重要的作用。如果由于父母的原因，造成家庭的不健康，那么处在青春动荡期的孩子就是最有可能将家庭的不健康表现出来的载体，结果就是孩子的违法犯罪。

这里所说的家庭健康并不是指家庭成员的身体状况，而是整个家庭的氛围与思想。健康的家庭就是父母致力于创造和谐的家庭氛围，以身作则地为孩子树立行为规范的榜样。不健康的家庭虽然各有不同的表现，对子女的负面影响却是近似的。

教育方法欠妥造成家庭的不健康，加重孩子的逆反

有的父母对做错事或学习成绩不好的孩子，采取打骂的方法，造成孩子的逆反和对抗。

父母不和睦——家庭濒临瓦解或已经破碎

这样的家庭环境很容易使孩子心灵上受到严重创伤。随着离婚率的上升，失去父爱或母爱的孩子越来越多。有的孩子因父母离异，家庭破裂，失去了家庭的温暖，心灵上受到严重的创伤，有的还因此引起父子或母子之间的矛盾，甚至引发犯罪。

过分的溺爱，造成家庭总是"头重脚轻"，主次颠倒

从小娇生惯养，要啥有啥，要啥给啥，使孩子养成好逸恶劳、追求享受的不良习惯，也使孩子普遍存在任性、孤僻、内向、骄横、脆弱的性格特点，容易走上极端。

父母的行为本身不够健康，造成"上梁不正下梁歪"

有的父母只看重金钱，就知道赚钱，将金钱至上的恶疾传染给了孩子。

缺少沟通而形成思想隔阂

当前，很多父母为子女辍学、离家出走等问题所困扰，其原因多数是父母与子女不能良好沟通造成的。一方面，孩子处于"心理闭锁"期，不太愿意将心中的话向父母诉说；另一方面则是我们的父母忽视了与子女必要的亲情沟通。

所以，青少年的行为，特别是一些会走上极端的行为与家庭的影响有着密切的、直接的关系，要预防和减少他们犯罪的可能，首先要加强家庭教育，消除家庭尤其是父母的负面影响，这是关键中的关键。只有家庭整体健康，才能使孩子的生理、心理健康地发展。

三、有效的控制

看了上面的内容，是不是感觉捏了一把汗，生怕孩子一时糊涂，误

入歧途。其实，做父母的也不必过于紧张，只是因为孩子在这一阶段的变化会比较明显地影响他个人今后的发展，所以只要父母不放松对孩子必要的监管，一般不会有什么问题。

但有的父母在经历孩子幼时的操劳后，可能已经比较习惯于放手让学校、教师教育孩子，自己则松了一口气，这种想法是非常错误的。我们可以根据西方学者在研究青少年犯罪方面运用最多的社会控制理论来说明这个问题。与其他众多的理论相反，社会控制理论不问人们为什么会犯罪，而是问人们为什么要遵守社会的行为规范，为什么不违反规章制度和法律。

人们这种违规犯法的倾向在社会上是普遍存在的，必须受到社会有效的控制，如果一个人犯了法而又不会受到惩罚的话，那么，每个人都有可能犯法。社会控制理论认为，青少年行为偏差的主要原因是从青春期开始的同家庭关系的弱化，父母不妥当的教育方式，以及子女对其他家庭成员关系的疏远。

因此，对于控制，不仅不应该减弱，还应当适当加强。当然这种控制要更为讲求方式、方法。概括起来只有八个字："密切关注，分别对待。"

所谓"密切关注"，就是积极地注意。不是强行去盘问、去干涉，而是仔细地注意，从不同的侧面去了解孩子。这在前面介绍怎样与孩子交流的时候已经详细分析过了。

"分别对待"，就是要因时、因地、因人的不同而对具体的问题采取不同的方式。孩子成绩一向不错的，老师肯定也比较喜欢，会让他担任班干部孩子，慢慢会有优越感。这时，父母就要注意对孩子进行挫折教育，以免他一跌跟头就爬不起来，也要注意规范意识的培养。孩子在学校里的表现不尽如人意，万万不可怨声载道，没完没了地指责，而应该多发现他的优点，多鼓励。如果孩子大错不犯，小毛病不断，说明孩子还没"开窍"，更要注意孜孜不倦地引导与帮助他。如果孩子喜欢跟家长说些他周围的事情，可以适时地与他讨论一下某些青春期孩子常会面临的问题，也可以让孩子设想一下在某些场景下，比如有人当众侮辱了自己该怎么办。如果你的孩子总也不对父母多说一句话，那么父母就必须更多地利用自己的观察等途径来了解孩子，再以适当的方式让孩子接受自己合理的建议。